dtv

»Als sie in die zweite Volksschulklasse ging, horchte sie eines Morgens auf. Sie lag noch im Bett, in einem der kleinen Zimmerchen bei der Tante Minnie. Sie hörte die Türglocke, Stimmen, die plötzlich erregten Schritte ihrer Mutter. Etwas Einschneidendes würde sich ereignen, das war ihr schon klar, bevor die Mutter das Kabinett betrat, sich über sie beugte und sagte, der Vater sei aus der Kriegsgefangenschaft zurückgekommen, sie würden ihn heute noch wiedersehen.« Erika Pluhar erzählt von ihren Kriegserlebnissen in Wien, von einer Gegenwelt voller Zauber in einem kleinen österreichischen Dorf, vom Leiden der Heranwachsenden, die ihren Körper als Feind und das Frau-Werden als eine Kette von Demütigungen erfährt. Sie erzählt von den ersten Erfolgen am Max-Reinhardt-Seminar und am Burgtheater, von ihrer großen Liebe und ihrer ersten Ehe – und rekonstruiert so Stück für Stück die Geschichte einer sich selbst bewußt werdenden Frau. Ein bemerkenswertes Stück Autobiographie der großen österreichischen Schauspielerin, Liedermacherin und Schriftstellerin.

Erika Pluhar ist seit ihrer Ausbildung am Max-Reinhardt-Seminar Schauspielerin am Burgtheater Wien. Sie textet und interpretiert Lieder und Chansons, hat einen Film gedreht und mehrere Bücher veröffentlicht, darunter ›Aus Tagebüchern‹ (1981), ›Lieder‹ (1986), ›Als gehörte eins zum andern. Eine Geschichte‹ (1991), ›Zwischen die Horizonte geschrieben. Lieder – Lyrik – Kleine Prosa‹ (1992) und ›Marisa. Rückblenden auf eine Freundschaft‹ (1996).

Erika Pluhar
Am Ende des Gartens

Erinnerungen an eine Jugend

Deutscher Taschenbuch Verlag

Von Erika Pluhar
sind im Deutschen Taschenbuch Verlag erschienen:
Marisa (20061)
Als gehörte eins zum andern (20174)

Ungekürzte Ausgabe
April 1999
Deutscher Taschenbuch Verlag GmbH & Co. KG,
München
© 1997 Erika Pluhar
© 1997 der deutschsprachigen Ausgabe:
Hoffmann und Campe Verlag, Hamburg
Umschlagkonzept: Balk & Brumshagen
Umschlagfoto: © Barbara Karban
Satz: Utesch Satztechnik, Hamburg
Druck und Bindung: C. H. Beck'sche Buchdruckerei,
Nördlingen
Gedruckt auf säurefreiem, chlorfrei gebleichtem Papier
Printed in Germany · ISBN 3-423-20236-X

1

Am Ende des Gartens gab es einen Graben, der ziemlich tief war und grasbewachsen. Dahinter begannen bereits Felder und Baumgruppen, Landschaft. Zaun gab es keinen, der Graben schien als Abgrenzung auszureichen. Oder sie kann sich an keinen Zaun erinnern.

Woran sie sich aber deutlich erinnert, und was sie beharrlich als die erste klare Erinnerung ihres Lebens bezeichnet, ist eben dieser Graben. Das scharfe, glänzende Gras darin, jeder Halm ein deutlich abgezeichneter, kräftiger Schaft, hellgrün, nur in der Tiefe des Grabens ein wenig dunkler. Und dort unten hatten sie eines Tages den Stahlhelm gefunden. Wer ihn entdeckt hat, weiß sie nicht mehr genau, sie selbst? Oder Dudusch? Aber wie die Metallkuppe plötzlich vor ihnen aus dem Gras geragt hatte, wie anfänglich nur diese Rundung den Blick auf sich zog und man noch nicht wissen konnte, was es war. Das weiß sie. Das liegt als erfahrenes Bild in ihrem Bewußtsein. Das erste Bild, an das sie sich erinnert.

Die Äste eines Apfelbaumes, weiße Kleider aus Organdy – davon gibt es ein Foto, kein erinnertes, sondern ein festgehaltenes Bild. Sie und Dudusch, weiß gekleidet. Jedenfalls sieht es auf dem alten Schwarzweißfoto so aus. Ihre Mutter erzählt, das Kleid sei hellblau gewesen. Wie das der um fünf

Jahre älteren Schwester, beide wurden sie in denselben hellblauen Organdy gehüllt, es waren die berühmten Organdykleider, ein geflügeltes Wort innerhalb der Familie. Hoch oben in den Ästen eines Baumes stehen sie und lächeln manierlich herunter. Daß der Baum ein Apfelbaum war, ist wahrscheinlich Erfindung, es klingt lyrischer.

Zwei kleine Mädchen auf einem Baum. Auf manchen Fotos dazu der kleine Junge. Aber es gibt auch eines, wo nur sie mit Dudusch in den Ästen steht. Er mit seinem dunklen, auf der Stirne schnurgerade geschnittenen Haar. Sie muß das Foto hervorsuchen. Er war der erste Freund ihres Lebens, das steht fest, der erste Mensch, mit dem sie sich innig und unerschütterlich verbunden fühlte. Den sie mehr geliebt hat als Vater und Mutter.

Und gemeinsam haben sie und Dudusch an diesem Tag, dem ersten, der in ihrem Bewußtsein erhalten zu sein scheint, einen Stahlhelm gefunden und aus dem Gras gezogen. Sie liefen mit ihm zum Haus zurück und schrien aufgeregt. Wer immer sie zuerst damit entdeckte, auf jeden Fall wurde er ihnen schnell entrissen. Man schien keine Freude an diesem Anblick gehabt zu haben, kleine, pausbackige Kinder, etwas mehr als drei Jahre alt, einen riesigen, verdreckten Stahlhelm schleppend wie eine seltene Trophäe. Zu einer Zeit, wo allerorten Männer mit Stahlhelmen herumliefen. Man fragte sich wohl auch besorgt, wie der Stahlhelm in diesen friedlichen hausnahen Graben gelangt war.

Hinter dem Abenteuer, in den Graben hinunterzuklettern, nach dem metallenen Ding zu greifen und es hochzuziehen, kam gleichzeitig die erste Ahnung von Dunklem, Beängstigendem auf. Zum ersten Mal wurde ihr bewußt, wie ein Schatten sich über alles legen kann, auch wenn Sonne und Wiesengrün unverändert bleiben. Dieser Schatten, den die eigene Angst, das eigene Unbehagen auswirft. Sie erinnert sich, daß sie, als der Stahlhelm hervorgezogen war, den dazugehörigen Toten erwartete als folgerichtige nächste Entdeckung. Sie hatte sich umgesehen – nach einer Hand, einem Stiefel, nach einem leblosen Profil, aus den dichten Grashalmen ragend.

Inwieweit Dudusch diese Erwartung mit ihr teilte, kann sie nicht mehr sagen. Und auch nicht, woher sie selbst von toten Soldaten wußte. Lebte sie doch abgeschirmt in dem großen Haus mit dem großen Garten, in einem Randbezirk von Lemberg, der polnischen Stadt, an die sie sich nicht erinnert.

Das heißt – sie sieht ein winterliches Bild vor sich, Schnee, so dicht gefallen und knirschend gehäuft wie kaum jemals danach. Oder lag es daran, daß sie erstmals Schnee so dicht und weiß gesehen hat? Jedenfalls zog ihr Vater den hölzernen Schlitten, auf dem sie saß. Zog er sie durch Lemberger Straßen, oder war es ein Park? Sie erinnert sich jetzt an verschneites Stadtgebiet, der Schnee sauber und im kalten Sonnenlicht blitzend und in ungeheurer Fülle aufgetürmt. Nur das.

Im übrigen reduzieren sich ihre Eindrücke auf das große Haus und seine nähere Umgebung. Jedenfalls glaubt sie, daß das Haus sehr groß war. In jedem Stockwerk umzog es ein Balkon aus dunkelgestrichenem Holz. In einem Eßzimmer mit langen weißen Vorhängen hat sie eines Nachmittags endlose Zeit vor dem Teller mit einer kaltgewordenen Grießnockerlsuppe gesessen, während Dudusch im Garten nach ihr rief. Sie versuchte ihm vergeblich zu signalisieren, daß sie von einer plötzlichen Erziehungsmaßnahme ihrer Eltern am Tisch festgehalten wurde, »du stehst erst auf, bis du aufgegessen hast«. Er konnte nicht verstehen, warum sie so lange im Eßzimmer bleiben mußte, und brüllte immer wieder ihren Namen. Sie saß vor der kalten Suppe, die sich langsam mit einer Haut gestockten Fetts überzog. Und den Ekel vor Grießnockerln hat sie Jahre ihres Lebens nicht ablegen können, er blieb das einzige Resultat dieser ungewohnten elterlichen Strenge. Die Suppe hat sie jedenfalls nicht aufgegessen. Und als man sie endlich entließ, waren ihre Augen vom zornigen Weinen verschwollen, ihr Herz jedoch ungebrochen und stolz. Sie kroch mit Dudusch unter die Brombeerhecken und berichtete von der erfolgreich abgewehrten Demütigung. In all der Zeit hatte er nicht damit aufgehört, unter dem Fenster in enervierend regelmäßigen Abständen »Eeeeerka!« hinaufzubrüllen, verzweifelte Schreie eines verlassenen Jungtieres, die ihre Eltern derart zermürbten, daß man sie schließlich freigab.

Die Brombeerbüsche wuchsen hoch und wild und erfüllten einen beträchtlichen Teil des Gartens. In ihrem Inneren gab es Gänge, Höhlengänge, geschaffen durch hindurchkriechende Kinder. Denn wenn die Beeren reif waren, fand man in der Tiefe die größten und dunkelsten. Aber auch in Zeiten, in denen es nichts zu ernten gab, kroch sie gern in den Schatten der Hecken und kauerte dort, still wie ein lauschendes Tier. Der Erdboden in den Gängen verlor nie seine leichte Feuchtigkeit und Kühle, die Brombeerblätter standen still, fügten sich trotz ihres Wucherns seltsam geordnet ineinander. Am liebsten hockte sie allein da drinnen, sogar ohne Dudusch und den ergebenen Blick seiner runden dunklen Augen. Allein und regungslos, beide Arme um die Knie geschlungen, ohne irgend etwas oder irgend jemand zu vermissen, in köstlicher Zufriedenheit. Sie verlor sich in einem Naturgefühl. Als gäbe es nur noch Erde unter ihren Fußsohlen und dichtes Blattwerk um ihren Kopf und die Geräusche der Würmer und Insekten ringsum. Kreatürliche Einsamkeit wurde ihr bewußt, oder sie empfand sie nur. Konnte sich, in sie gehüllt, von sich selbst lösen.

Immer wieder hat sie einen solchen Zustand, wenn es ihr gelang, ihn zu erfahren, als Krönung und Rechtfertigung ihres Lebens empfunden. Wenn sie das beunruhigte Wissen um sich selbst ablegen konnte, wurde sie mit sich eins.

Dann war da das Nachbarhaus. Wohl noch um einiges größer und mächtiger. Ein herrschaftliches Haus mit Park. Und mit einem kleinen Teich, der im Winter zufror. Sie erinnert sich an Schlittschuhlaufen und Wintermäntel mit pelzgefütterten Kapuzen, aber es war ihre Schwester, es waren andere Kinder, die über das Eis liefen. Sich selbst sieht sie am Rand des Teiches stehen, frierend zuschauen und mit schlechter Laune kämpfen. In der Eiseskälte fühlt sie sich unbehaglich, vom Treiben der anderen ausgeschlossen.

Und mit schlechter Laune bleiben alle ihre Erinnerungen an das Nachbarhaus verbunden. ›Der Gouverneur‹ lebte dort mit seiner Familie. Ihr Vater war Sekretär dieses Gouverneurs, jedenfalls untergeordnet bei ihm tätig. Offenbar bedeutete es eine Ehre, wenn man als Kind bei den Kindern dieses Hauses eingeladen war, man wurde hübsch angezogen und zu artigem Benehmen ermahnt. Sie erinnert sich jedoch an winterlich dunkle Zimmerfluchten, in denen das Licht abgedreht wurde, an wild herumhuschende, kichernde und erhitzte Kinder, die sie in der Finsternis anrempelten. Sie erinnert sich an Empfindungen größter Verlassenheit.

Erzählt wurde ihr, sie habe immer laut zu plärren begonnen und die anderen beim Spiel gestört. Sie selbst hätte eher angenommen, sie wäre stumm und isoliert geblieben, zu Stein erstarrt. Schon damals also der Kontrast zwischen innerer Befindlichkeit und äußerem Anschein.

Der *Gouverneur* – das war der deutsche Gouverneur in Polen. Ein Obernazi, um es unmißverständlich auszudrücken. Er hieß Franz Wächter, floh nach dem Krieg und beging in irgendeinem Kloster Selbstmord. Ihr Vater war ebenfalls Nazi, zu seinem Glück kein Obernazi. Er war der Prototyp des Befehlsempfängers, dabei durchaus enthusiastisch, seine Befriedigung stets im Gehorsam findend, ziemlich feige und mit allen Fasern seiner Seele autoritätsgläubig. Sein Drang zur Unterordnung erwies sich später als Vorteil, er hatte im Naziregime keinerlei Position erlangt und eine solche auch nie angestrebt. Er war der typische Mitläufer. Gegen Ende des Krieges ließ er sich von Polen aus direkt an die Front versetzen – wohl die einzige Möglichkeit, nicht mit ansehen zu müssen, was sich ihm mehr und mehr als schauerliche Wahrheit aufdrängte. Ihre Mutter *sah* Lastwagen, vollgepfercht mit Juden. Ihre Mutter *wurde* von jüdischen Menschen um Hilfe angefleht. Ihre Mutter *wußte* von Konzentrationslagern. Sie erzählte es später. Ihr Vater hat nie darüber gesprochen, auch später nicht. Er floh vor dem Unübersehbaren. Verdrängte es, wie er vieles in seinem Leben verdrängt hat.

Sie war also ein behütetes, wohlgepflegtes Nazikind, eines von vielen dieser Zeit. Im Februar 1939 geboren. Ein paar Monate später begann der Krieg. Sie war ein hübsches Kind mit Lockenkopf, anfänglich waren diese Locken sogar blond. Auf manchem Foto aus dieser Zeit lächelt sie kokett. Man hatte ihr wohl oft gesagt, sie sei herzig, und dessen war sie sich bewußt.

Es lag also nicht an ihrem Aussehen oder daran, daß man ihr mit Abneigung begegnet wäre, wenn sie sich im Kreis anderer Kinder schmerzlich ausgeschlossen fühlte. Sie geriet in diese Vereinzelung, ohne es zu wollen, ohne daß irgend jemand es gewollt hätte. Unvermutet erhoben sich unsichtbare Wände und schlossen sie ein, umschlossen sie wie Glas. Alles war für sie sichtbar und nah, aber sie konnte nicht hingelangen. Blieb verstummt und erstarrt bei sich.

Als bei einem dieser Kinderfeste eine riesige chinesische Vase zerschlagen wurde, tat es ihr verboten wohl. Diese Vase schmückte in der großen Halle den Treppenaufgang. In der Dunkelheit, nur von den Atemzügen herumschleichender Kinder erfüllt, ertönte plötzlich ein Krachen und Klirren, das ganze Haus hallte davon wider. Eine kurze, schreckliche Stille. Dann wurde das Licht angedreht. Die Kinder standen verkrümmt und schreckensstarr herum, bemüht, sich unsichtbar zu machen. Aus verschwitzten, blassen Gesichtern blinzelten sie in die plötzliche, erbarmungslose Helligkeit. Die kostbare Vase war in unzählige Scherben zersprungen.

Nicht die Zerstörung der Vase tat ihr wohl, sondern die einer Zusammengehörigkeit, in der sie keinen Platz gefunden hatte. Ihre eigene Isolation war mit dieser Vase zersprungen, mit den verstörten, verunsicherten Kindern konnte sie wieder Kontakt aufnehmen, die Furcht hatte sie vereinzelt. Die Kinder glichen ihr wieder oder sie ihnen, wie auch immer.

Sie litt unter der homogenen Kraft einer Gruppe, weil sie sich ihr nicht anschließen konnte. Viele einzelne, die einander zunicken, das hätte ihr gefallen. Und gefällt ihr heute noch. Gefällt ihr heute noch weitaus besser als jede Gruppierung, jeder Verein, jede Partei. Freunde, das mag sie. Ein Miteinander, immer von Angesicht zu Angesicht und immer freiwillig. Und wenn es nicht so ist, fühlt sie sich schmerzhaft allein, zwischen Sternen, die dunkel vorbeitreiben. Dann ist sie das Kind von einst, das dieses Tapsen und Fangen in finsteren Zimmern als unsinnigen Zeitvertreib empfindet, sich langweilt und nicht fassen kann, daß keines der anderen Kinder diese Meinung mit ihm teilt.

Ein weiteres Bild aus dieser Zeit: In einem dunklen, kühlen Winkel, vielleicht in der Küche, wird eine große Scheibe Brot, dick mit dunklem Sirup bestrichen, von oben her, über eine Schürze und die Düfte eingetrockneter Speisen hinweg, zu ihr hinuntergereicht. Sie verfolgt dieses Nahen eines Genusses mit prüfenden und geduldigen Augen. Sie weiß, er wird sie nicht verfehlen. Der Vorgeschmack des süßen Sirups füllt bereits ihren Mund.

Sie weiß noch, wie die Brotscheibe sich anfühlte, die ihre kleine Handfläche ganz bedeckte und noch darüber hinausragte. Es galt, sie waagerecht zu halten und Siruptropfen, die träge über den Brotrand glitten, von der knusprigen Rinde zu lecken. Ohne Hast ausgeführte Handlungen, die nichts verzögerten, nur ihre Bereitschaft steigerten, dieses Stück Brot mit aller Sinnenfreude aufzuessen. Und auch an die klebrige Süße erinnert sie sich, die auf ihren Lippen und Fingern zurückblieb und ebenfalls abgeleckt werden mußte, als Abgesang der vorhergegangenen Lust.

Die Eltern bewohnen ihre ersten Erinnerungen nur schattenhaft. Es muß Feste gegeben haben oder schlichte Einladungen, die ihr kindlicher Blick in pompöse Feste verwandelte. Ihre Mutter jedenfalls machte sich schön. Künstlichere, grellere Farben und Düfte umgaben sie, helleres Licht in den Räumen, Kleidungsstücke fielen nieder und wurden hochgerissen. Die Mutter eine schwebende Wärme. Dann das Spähen durch Türen, einen Spalt geöffnet. Die Schritte fremder Menschen, das Vorbeiwehen von Frauenkleidern, Männerbeinen, Männerhüften, waren sie in Uniform? In die Nacht flutender Lärm aus fernen Zimmern, Dünste von Speisen und menschlichen Körpern in Wellen das ganze Haus ergreifend, und das Kind, das in Fremdes hinauslauscht, von einer vagen Ahnung wachgehalten, von einem Wehen am Horizont seines kleinen Wissens.

Wie lange ist sie mit den Eltern und der älteren Schwester in Polen geblieben? Vielleicht ein Jahr. In dieser Zeit muß sie mehrmals einem Menschen begegnet oder ihm zumindest über den Weg gelaufen sein, der erst Jahrzehnte später wirklich in ihr Leben trat. Ein junger Jude, der im Haus des Gouverneurs und in dem ihrer Eltern Schlösser reparierte, später fliehen konnte und überlebte. Sie versucht, ihn dort zu sehen, in den Häusern und Gärten, inmitten der Bilder, die sie in sich trägt. Jahre nach dem Krieg wurde er, Erwin Axer, ein bedeutender polnischer Theaterregisseur. Seine Gegenwart in ihrem Leben wurzelt dort, er, der Jude, hat mit ihren Eltern gesprochen, mit dem Gouverneur, sah die Kinder herumlaufen, also auch sie, das kleine Nazimädchen. Jahrzehnte später entstand bei gemeinsamen Theaterarbeiten eine Freundschaft, die für beide zum Inbegriff von Versöhnung wurde.

Die rhythmischen Geräusche eines dahinfahrenden Eisenbahnzuges, ein schwachgolden leuchtendes Lämpchen im Innern eines Schlafwagenabteils. Der geneigte Kopf der Mutter, fern und unwirklich, eine Linie von Sorge und Schwermut. Da wußte die Mutter bereits um das in ihr heranwachsende dritte Kind und fuhr mit den beiden anderen zurück in ihre Heimatstadt und in den Krieg.

Sie kehrten in ihre Wiener Wohnung zurück, in den 19. Bezirk, nach Döbling, in den zweiten Stock eines dreistöckigen Hauses am Trautenauplatz. Dieses Haus und diese Adresse erzeugen nach wie vor Abwehr in ihr. Trautenauplatz. Dieser Name hat sich für sie ins Gegenteil verkehrt. Keine Au, in der sich's traulich sein läßt, kein Platz trauter Gemeinsamkeit. Nein. Sie sieht das halbe Haus von einer Bombe wegrasiert, weg die Hälfte der Wohnungen, Parkettböden, die ins Leere hinausragen, weißer durchsonnter Staub unter dem Mittagshimmel, die tonlose Stimme der Mutter neben ihr, »unsere Wohnung ist noch da –«

Aber noch einige Zeit lebten sie relativ ruhig, und es fielen keine Bomben. Sie weiß von einer warmen Hausecke, von Frühlingssonne und kleinen Korbstühlen, von einem Mädchen gleichen Alters, das Magrit hieß. Sie kennt Magrit heute noch, das Gesicht unter dem gekräuselten Haar ist unverändert geblieben und wird ihr für immer von Kinderspielen in der warmen goldgelben Hausecke erzählen, einer friedlichen Nische, in der nichts sie bedrohte.

Als die Stadt immer öfter bombardiert wurde, verbrachten sie viel Zeit mit anderen Kindern im Hartäckerpark, auf den Wiesen neben dem Bergwerksstollen. Sobald die Sirene zu heulen begann – bis heute kann sie keine Sirene hören, ohne den Atem anzuhalten und für eine Sekunde panisch zu werden –, packten sie alle irgendwelche vorbereiteten Habseligkeiten und rannten, von der Mutter angetrieben, zu diesem Park. Die ältere Schwester nahm jedesmal zwei kleine Schildkröten, die Fifi und Ata hießen, in einem Körbchen mit sich, und wenn diese nicht gleich aufzufinden waren, gab es Szenen. Sie selbst hatte sich angewöhnt, die Zeigefinger in beide Ohren zu stecken und während des ganzen Weges laut und anhaltend zu schreien – um die Sirene nicht hören zu müssen, um alles mit der eigenen Stimme zu übertönen, die Angst, die Bombengeräusche, die laufenden, flüchtenden Menschen. Sie habe mit ihrer Schreierei alle anderen wahnsinnig gemacht, erzählte man später.

Aus der ganzen Gegend kamen Menschen zu diesem aufgelassenen Stollen gerannt, vor allem Frauen und Kinder. Dann saßen sie auf Klappstühlen im lehmigen Morast, die Taschenlampen erhellten nasse gelbe Erdwände, der tief in den Hang hineinreichende Stollen war dunkel und kalt. Wie verhielt man sich dort drinnen während der Angriffe? Schweigend? Redselig? Schrien Kinder, trösteten Mütter? Sie erinnert sich nur an die Nässe und lehmfarbene Dunkelheit, an den kalten Geruch der Erdtiefe, an die Blässe spärlich erleuchteter Gesichter, an diese Bergwerksstimmung.

Manchmal ging man nach der Entwarnung – ein anderes, linear anhaltendes Sirenengeräusch – nicht nach Hause. Die Erwachsenen wußten dann wohl, daß der nächste Angriff nicht lange auf sich warten lassen würde. Man verließ den Stollen und machte es sich auf den umliegenden Parkwiesen gemütlich. Lagernde Menschen, strickende, plaudernde Frauen, spielende Kinder, eine gewisse Gemütlichkeit entstand.

Es muß Sommer gewesen sein. Gras und Sträucher unter der Helligkeit eines weiten Himmels. Nur Vogelstimmen und die milden Geräusche menschlicher Anwesenheit. Und genau das ließ sie erstarren. Sie erlebte einen Augenblick der Konzentration, der sie von den anderen Kindern hinweghob in ein einsames Grauen. Sie blieb reglos stehen. Nach wie vor gab es Blätter um sie, in der Nähe einen Baum, einen Grashang zu ihren Füßen. Der Friede eines Parkgeländes am Rande der Stadt war scheinbar unversehrt. Aber das war Betrug, sie wußte es. Alles um sie her war Fassade. Es würde zerbrechen und auseinanderfallen, Abgründe des Verderbens freigeben. Mehr als das Fallen der Bomben ängstigte sie dieser trügerische Sommertag, weil nicht abzusehen war, wie lange er standhalten würde. Ohne sich zu bewegen, stand sie in der Sonne, und Finsternis griff nach ihr, ein Schauder davor, wehrlos weiterleben zu müssen.

Krieg.

Indem sie begriff, was Krieg ist, begann sie zu begreifen. Erfuhr sie die Welt in Zusammenhängen, die ihr eben erst erwachtes Leben bedrohten.

Ihre Angst war schnell sehr erwachsen. Warum Krieg geführt wurde, warum Menschen sich dem allen unterzogen, ohne davonzulaufen, wohin auch immer, verstand sie natürlich nicht. Aber daß sie zu Recht Angst hatte und daß nichts und niemand sie schützen konnte, war ihr klar. Verschont konnte sie werden, das schon. Aber Schutz gab es nicht. Mit dieser einfachen Schlußfolgerung nahm ihr Leben eine jähe Wendung, und sie verlor ihr kindliches Vertrauen für immer. Nicht den Menschen mißtraute sie, den einzelnen, die sie umgaben. Aber was dahinterlag, jederzeit bereit, alle zu vernichten – eine unbändige dunkle Kraft ohne persönliche Absicht, allgegenwärtig und unberechenbar –, davor blieb sie auf der Hut. Das Wissen um die Möglichkeit der Katastrophe ergriff von ihr Besitz. Typisches Kriegskind-Syndrom, hieß es später. Im Jahr 1944 jedoch hatte ihr Kindsein noch kein Etikett.

Sie weiß nicht, wann der eine gewaltige Bombenangriff geschah, der die Familie so schnell ereilte, daß sie den schützenden Bergwerksstollen nicht mehr erreichen konnten. Dieser Tag krönte ihr Entsetzen, bestätigte ihr jede Ahnung lauernden Unheils und zerstörte ihr Vertrauen in diese Welt, in der sie gezwungen war, zu leben, nachdrücklich und für alle Zeit.

Sie liefen die helle Straße hinauf, die zu einer modernen, weißverputzten Kirche führte, und an ihr vorbei Richtung Hartäckerpark. Sie liefen schnell, die Sirene heulte, sie selbst heulte und schrie. Sie erinnert sich an die weiße Helligkeit der Luft, ein schrilles Licht, und die Mutter neben ihr atmete Angst.

Jemand riß sie von der Straße in einen Keller. Auf einmal saßen sie dichtgedrängt zwischen keuchenden, fluchenden Menschen, die nach Angstschweiß rochen. Das heißt, sie saß nicht, sondern kauerte vor der Mutter am Boden und vergrub den Kopf in deren Schoß. In dem Keller hielten sich auch einige Nonnen auf, die laut beteten und dadurch besonders beunruhigend wirkten. Der Keller lag nicht tief, und es war hell darin. Sie erinnert sich, daß manchmal ein Mann hereinschaute, mit heiterem Gesicht, und einen Scherz hinunterrief. Sie weiß nicht, worüber er scherzte, aber sie weiß, daß dieser Mann Witze machte. Sie hob den Kopf aus dem Schoß der Mutter und schaute zu ihm auf. Weil er die Kraft hatte, mit seinem Lachen der Verzweiflung zu trotzen und Zuversicht zu behaupten, liebte sie ihn, kurz und heftig. Sie wäre gern zu ihm gelaufen. Aber da ging es los. Die Wände schwankten. Staub rieselte von der Decke. Immer wieder und rundherum das Sirren und Einschlagen von Bomben, die Schreie der Menschen. Die Gebete der Nonnen wurden zu einem Kreischen. Sie selbst versuchte in den Schoß ihrer Mutter zurückzukehren, preßte deren Schenkel gegen ihre Ohren und schrie leise und monoton in den angstvollen Leib hinein, der sie dunkel umgab. Die Erde hatte sich aufgetan, sie alle stürzten unaufhaltsam in den Abgrund, dieses ohrenbetäubende Fallen nahm kein Ende und bedeutete doch das Ende, sie erwartete den Aufprall und das Ausgelöschtwerden, ja, sehnte es herbei.

Sie war noch keine sechs Jahre alt.

Kinder bekommen das alles nicht so mit. Lüge. Kinder bekommen alles mit. Damals wurden Bilder und Empfindungen eingebrannt. Nach der Hölle dieses Klosterkellers war sie mit einem Ruck um vieles älter. Und wenn heutzutage und sehr nah, in Europa, wieder Kriege geführt werden von Menschen, die jeder Belehrung unzugänglich sind – schreit das Kind, das sie einmal war, voll Empörung auf.

Das Kind, das sie war, hat überlebt. Alle Menschen, die in diesem Keller waren, überlebten ein weiteres Mal. Niemand weiß, warum. Und warum zur gleichen Zeit so viele Menschen starben. Plötzlich herrschte Stille, eine seltsame, unnatürliche Stille, durch die Staub rieselte. Langsam krochen alle zwischen Mauerteilen und Steinbrocken ins Freie. Vielleicht war der Keller in die Luft gerissen worden und weggeflogen? Sie glaubte, einen fremden Planeten zu betreten. Die vertraute Straße, die Häuser waren schwer wiederzuerkennen, durch die Lücken, die von den Bomben gerissen worden waren, hatten die Silhouetten sich verändert.

Die Luft war weiß und von Staub erfüllt.

Und dann an der Straßenbiegung – die Straße fiel hier leicht ab, und man konnte von dort das Haus am Trautenauplatz zum ersten Mal vor sich liegen sehen, wenn man vom Park zurückkam – hielten sie alle den Schritt an. Das Haus war amputiert worden, stand mit heraushängenden Gedärmen hilflos da, entzweigerissen, zur Hälfte zermalmt. Und da war es, daß die Mutter leise sagte – die Worte fielen ihr von selbst aus dem Mund –: »Unsere Wohnung ist noch da –«

Umgestürzte Milchflaschen, Scherben, alles von weißer Milch überflossen – das muß in der eigenen Küche gewesen sein. Dann sieht sie die ins Leere hängenden Parkettböden, auf denen noch einige Möbelstücke schwebten, ein abenteuerlicher Anblick, der ihr gefiel. Auch das robuste Vorgehen der Nachbarn, die nicht mehr weinten, sondern handelten. Alle Hausbewohner halfen mit – sie hat eine plötzliche, fast heitere Gemeinschaftlichkeit in Erinnerung, die Kinder weggescheucht und doch immer dabei, Zaungäste erstaunlicher Unternehmungen. Stricke wurden ausgeworfen, Männer wagten sich waghalsig weit vor, um Möbel einzufangen oder deren drohenden Absturz zu verhindern. Und wie sie den scherzenden Mann im Luftschutzkeller geliebt hatte, bewunderte sie jetzt den unermüdlichen Elan, mit dem Menschen Habseligkeiten retteten. Vor allem, als es gelang, ein Klavier fast gegen das Gesetz der Schwerkraft aus einem aufgerissenen, schräghängenden Zimmer in den Gang hinaufzuziehen. Wurde applaudiert? Wenn ja, dann hat sie mitgeklatscht. Die Kraft, nicht aufzugeben. Die Kraft zum Weiterleben. Sie machte sie sehnsüchtig. Im Tiefsten konnte sie nicht nachvollziehen, wie man mit allem Einsatz ein altes Sofa, eine Nachttischlampe retten konnte, während der Krieg weiterging und alle ins Nichts hinausstürzen und vernichten würde.

Am schlimmsten war die nächtliche Angst. Wenn in der Nacht Fliegeralarm ausgelöst wurde, sie und ihre Schwester von der Mutter aus dem Schlaf und aus den Betten geholt wurden, man schlaftrunken und dennoch in höchster Eile in die Kleidung kroch. Dann legte sich Furcht erdrückend eng und kalt um sie. Mühsam stolperte sie neben der Mutter her, aus dem Nachthimmel konnte noch so viel mehr Bedrohliches auf sie niederstürzen. Und in der Kälte des Bergwerksstollens fror sie an Leib und Seele, beide drohten zu erfrieren.

Jeder in der Familie trug einen einsamen Kampf um das Überleben aus, jeder blieb für sich allein, auch mit seiner Angst. Sie erinnert sich nur an das an sie geschmiedete Grauen. Anscheinend hatte es alle anderen Lebenseindrücke aufgesogen. Irgendwann, noch vor Kriegsende, kam ihre jüngere Schwester zur Welt. Ihre Mutter war krank, vor oder nach der Geburt, eine schmerzhafte Nierenentzündung. Und sie hört die Mutter stöhnen, sieht das hohe alte Doppelbett bei der Großmutter, steht selbst in einem dunklen Alkoven und lauscht hinüber. Aber das weht vorbei.

Dann befindet sie sich plötzlich auf einer sandigen Landstraße, zwischen Wiesen, grün und hochstehend. Mit einer Sonne, die aus der Mitte des Himmels auf sie herniederleuchtet. Die Mutter und die Schwester ziehen einen Leiterwagen, auf den Reisegepäck und Hausrat getürmt sind. Und irgendwo muß auch die kleine neue Schwester Platz gefunden haben, ein fest eingepackter Säugling. Vielleicht seufzte die Mutter. Dahinzuwandern und einen Handkarren hinter sich herzuziehen bedeutete für sie sicher eine neuerliche Härte. Dazu das Neugeborene und ihr eigener müder Körper. Sicher waren die Gedanken der Mutter dunkel. Sie selbst aber erinnert sich nur an ihr helles Glück. Auf einmal war sie glücklich, war ihr das Leben zurückgeschenkt. Der Krieg war unsichtbar. Bis zum Horizont nur sanfte Hügel, Wiesen, Felder und Obstbäume, dazwischen Waldungen, rundum Land, Gerüche nach Laub und Himmel. Sie umkreiste den Leiterwagen mit seinen knirschenden Rädern, lief ihm voraus oder blieb zurück, betrachtete Blumen und Gräser, schwang einen Stock durch die Luft und fühlte die warme Sonne auf sich.

Sie waren zu einem kleinen oberösterreichischen Dorf namens Pfaffstätt unterwegs, nahe bei Mattighofen. Man hatte sie dorthin ›evakuiert‹, so hieß das, sie merkte sich dieses Wort gut, obwohl sie es nicht verstand. Es hatte etwas mit Entrinnen zu tun, mit dem Verstummen der Bomben und einem Schwall von Leben. Erst da scheint ihr Atem wieder eingesetzt zu haben – und ihre Wahrnehmungsfähigkeit.

Lange waren sie zu Fuß unterwegs. Nachts ein dunkles Bauernzimmer, ein hohes Holzbett mit riesigen, klammen Plumeaus und Kissen, in dem sie dicht aneinandergedrängt lagen. Ein kreisrunder weißer Mond stand vor dem Fenster und erhellte den kahlen, ernsthaften Raum. Diese Nacht, heimatlos in einem fremden Bauernhaus verbracht, hatte etwas von Ausgesetztsein an sich. Und trotzdem fühlte sie tiefes Behagen. Nur menschliches Atmen und Seufzen war zu hören. Der Mond schien ruhig auf sie herab. Das Federbett lag schwer und feucht auf ihr, barg sie jedoch. Geborgenheit war wieder zu einer möglichen Empfindung geworden.

Irgendwann gelangten sie nach Mattighofen und verbrachten einige Tage in einem Gasthof. Regentage, große hölzerne Wirtshaustische, auf denen sie zeichnete, ein eintöniger, langgezogener Dorfplatz und eine besorgte Mutter, deren Unglück sich schwermütig übertrug.

Und dann betrat sie ihr erstes Paradies.

Einige wenige Plätze auf Erden hat sie als paradiesisch erlebt, sie zu ihren Paradiesen erklärt.

Dieses erste hieß Pfaffstätt. All ihre Eindrücke dort hatten etwas mit Schönheit zu tun, wie sie ihre Kinderseele erträumte. Zu dem kleinen Dorf gehörten eine Mühle und ein Landschloß. Die Kirche und der Friedhof lagen an einem steilen Hang. Ein schmaler Serpentinenweg mit einem Holzgeländer führte zum Fluß hinab. Oberhalb dieses Hanges und gleich neben dem Friedhof lag das Haus, das sie endlich zugewiesen bekamen. Ein kleines einstöckiges Haus, von Holzschindeln überzogen. Eine hölzerne Treppe führte zu den zwei gegenüberliegenden Zimmern, von einem dunklen Gang getrennt. Dort würden sie wohnen.

Während die Mutter sich einrichtete, ging sie, zögernd anfangs, ins Freie. Schaute sich um, betrachtete die Gräber hinter der Friedhofsmauer und faßte sehr schnell Zuneigung zu dieser schweigenden Versammlung von Kreuzen und Grabsteinen, zwischen denen es blühte. Umkreiste dann langsam das Haus, geriet auf Wiesen, über den Abhang zum Fluß hinunter. Und etwas geschah mit ihr, ein verirrter Falter, der lange gegen Wände gestoßen war, hatte plötzlich das geöffnete Fenster gefunden. Sie wirbelte davon, es war wie ein Taumel. Die Wiesen am Bach waren gelb von Himmelsschlüsseln, sie pflückte dicke Sträuße und brachte sie nach Hause, stürzte immer wieder davon, bis die anfänglich geduldige Mutter kein Gefäß mehr fand, die Blumen unterzubringen, und sie beschwor, aufzuhören. Also lief das Kind weiter herum, ohne von all dem Schönen, das es sah, etwas mitzunehmen. Dort, wo der Bach ruhig stand, konnte sie Forellen beobachten, die sich kaum bewegten. Sie genoß die Wärme besonnter Scheunenwände, lehnte ihren Rücken dagegen und verfolgte das Gehabe der Hühner zwischen Huflattichblättern und Grashalmen. Sie betrat den Friedhof, setzte sich an Grabränder und betrachtete die steinernen Engel, kleine liebliche Statuen auf den Kindergräbern. Sie alle wurden ihr zu lebendigen Gefährten, mit denen sie Gespräche führte. Eine lange Kette von Eindrücken, die ihr eine Liebe zu Landschaft und Ländlichkeit ins Herz legten, an der sie noch leiden sollte, Jahre später, als ›Rustikalität‹ modisch wurde und das ›Gestalten‹ der Natur einsetzte. Als allmählich ausgerottet wurde, was sie damals liebte.

In den letzten Kriegstagen umgab es sie in unzerstörter Fülle, das sommerlich werdende oberösterreichische Land. Die Mutter erzählte oft, wie mühevoll es für sie war, alle satt zu bekommen, wie sie die Bauernhöfe abwanderte und Habseligkeiten gegen Brot, Speck, Eßbares eintauschte, ›hamstern‹ nannte man das. Sie selbst genoß, was die Mutter vom Hamstern heimbrachte, die kleinen gelben Brotfladen, harte Wurst. Sie aß alles und alles mit leidenschaftlichem Appetit. Am Morgen dicken Haferbrei mit gezuckerter Milchhaut darauf, eine weiße rahmige Schicht. Manchmal ging sie nach dem Frühstück in eine fernere Wiese, mitten hinein, sie spürt noch die Feuchtigkeit, den Duft, die Stille des Morgens und den süßen Frieden ihres Herzens. Sie stand mitten in der Wiese und aß Sauerampfer. Sie stand malmend im Gras, kam sich wie eine kleine Kuh vor, wählte die feinsten Blättchen und genoß den frischen, säuerlichen Geschmack. Auch die gewöhnlichen Futterrüben auf den Feldern schmeckten ihr. Oder Äpfel, die noch nicht reif waren. Die Bauern erlaubten nicht, daß man Äpfel von den

Bäumen pflückte. Also kaute sie alles, was am Boden lag und ihr gefiel, ob reif oder unreif. Sie weiß kaum von einer anderen Zeit ihres Lebens, in der sie das Essen so genoß. Alles schmeckte ihr. Mutter und Schwester buken aus ärmlichsten Zutaten Bleche voll Zuckerplätzchen. Keine feine Praline, kein Demel-Törtchen erschien ihr später so als Inbegriff süßer Köstlichkeit wie diese rosa Zuckerhäufchen auf dem Backblech.

Die kleine Schwester ist in ihrer Erinnerung noch nicht vorhanden. Ein einziges Bild taucht auf. Da steht das winzige hellblonde Kind aufrecht mitten in einer Wiese, trägt ein langes weißes Kleid und wird bewundert. Hatte es eben gelernt zu stehen?

Mit den Mädchen des Dorfes konnte sie wenig anfangen, nichts zog sie zu ihnen hin, und sie schienen langweilig auf Spiele begrenzt, die alle etwas Häusliches, Enges an sich hatten. Ganz anders mit Stefan. Mit ihm durchstreifte sie die Wälder, wo sie am dunkelsten waren. Mit ihm saß sie oberhalb des Wehrs, wo das Wasser steil hinunterstürzte, und baumelte mit den Beinen. Von ihm wurde sie gefordert und zugleich beschützt, ihre Zweisamkeit war innig und wild. Der arme Stefan mußte deswegen viel Spott ertragen, die anderen Dorfkinder hänselten ihn, weil er sich so getreulich an ihrer Seite hielt und den Bubenspielen fernblieb. »Menscherbua! Menscherbua!« schrien sie ihm hinterher, was soviel hieß wie: ein Bub, der sich mit Mädchen abgibt. Sie selbst, als Pendant, war ein »Buamamensch«, ein auf Buben fixiertes Mädchen. Erst später fiel ihr auf, daß im ländlichen Dialekt ein Mädchen als Mensch bezeichnet wird. Stefan jedenfalls schien es tatsächlich so zu sehen. Er nahm allen Spott in Kauf und hielt unverbrüchlich zu ihr.

Aber da war noch jemand, den sie liebte. Irgendwann war der Mutter eine Arbeitskraft ›zugeteilt‹ worden, eine der Perversionen des Krieges. Die junge Russin hieß Tonja, ein weiches, warmes Wesen. Wenn Tonja das kleine Mädchen auf den Schoß nahm, fuhr es ihr gerne mit der Hand in den Ausschnitt und fühlte dort den Ansatz ihrer Brüste, denn dort konzentrierten sich Weichheit und Wärme. Tonja ließ sich das gern und schweigsam gefallen. Es waren sanfte, prickelnde Augenblicke, die das Kind hätte endlos ausdehnen wollen, und sicher seine erste erotische Erfahrung.

Sie und Stefan waren Freunde und liebten einander kindlich, ihre Gegensätzlichkeit bereicherte nur, sie verwirrte nicht. Eines Tages sagte sie in aller Unschuld: »Wenn ich groß bin, werde ich entweder Schauspielerin – oder ich heirate den Stefan und schlafe mit ihm im Heu«, und war dann erstaunt über die Blicke der Erwachsenen, ihr zweideutiges Gelächter, das diese Äußerung hervorrief. Irgendwie kam sie sich plötzlich wichtig vor, ernst genommen, da mußte sie etwas gesagt haben, wovon die Großen mehr wußten als sie selbst – sie lächelte und tat verständnisvoll. Die Gräfin mit ihrer tiefen Stimme lachte laut und tief und hustete ein wenig dazu.

Man sprach von dieser Frau nur als von ›der Gräfin‹. Sie hatte jedoch nichts mit der Adelsfamilie zu tun, die das Schloß unten am Fluß bewohnte, das richtige. Trotzdem hieß die Villa der Gräfin ebenfalls ›Schloß‹. Es war eine recht große Villa, und man konnte sie über einige Wiesen hinweg sehen, von einem hohen Zaun und dichten beschnittenen Sträuchern umgeben. Als das Mädchen eines Tages an diesem Zaun entlangstreifte und durch die Blätter in den Garten zu spähen versuchte, hörte es eine männliche Stimme von unerhörtem Volumen. Noch nie hatte es einen Menschen so tönend laut sprechen hören, im ersten Moment erschrak es und fühlte sich entdeckt. Aber der unsichtbare

Mann hinter der Hecke sprach weiterhin große schallende Sätze und lachte dazwischen ebenso laut, manchmal ein wenig dreckig. Als sei das Leben nun mal ein übler Scherz, als täte man gut daran, es zu verlachen. Sie lauschte eine Weile, auf seltsame Weise von dieser Stimme angezogen, die aus einer anderen Welt herüberzuklingen schien.

Später sagte man ihr, die Gräfin habe einen Schauspieler zu Besuch. Einen Burgschauspieler noch dazu. Sein Name sei Alexander Trojan. Was für ein klingender Name! Zu Gesicht bekam sie den Mann erst zwanzig Jahre später, als sie gemeinsam Theater spielten. Da konnte sie ihm von Pfaffstätt erzählen, von ihrem heimlichen Lauschen hinter der Hecke – und er erinnerte sich: »Ach Gott, ja, die alte Gräfin Kristallnik – was *die* gefurzt hat!« Er erwies sich als ebenso theatralisch tönend und herzhaft frech, wie ihr damals seine Stimme erschienen war.

Woran er sich erinnert hatte, war eine Tatsache. Die Gräfin, eine kleine, knorrige, sehr kluge Person, litt an diesem Gebrechen. Beeindruckend war, wie wenig sie tatsächlich darunter litt und mit welcher Souveränität sie es hinnahm. Sie hatte sich mit der Mutter angefreundet, beide sehnten sich nach ein wenig Schöngeistigkeit und pflegten sie in ihren Gesprächen. Ab und zu unternahmen die Frauen Wanderungen, um den Hund der Gräfin auszuführen, und manchmal sollte auch das Mädchen die drei begleiten. Sie tat es widerstrebend und hauptsächlich des Hundes wegen, der ›Trimpussa‹ hieß. Es war ein großer grauer Schnauzer, der zu ihrem Entsetzen ständig in den Wald hineinlief, weit ab vom Weg. »Laß nur«, sagte die Gräfin begütigend, »der findet uns immer wieder – er kennt seinen Weg!« Und bekräftigte dies mit machtvollen Leibesgeräuschen. Unaufhörlich ging das so. Auch die Mutter wurde gleichmütig und erstarrte nicht mehr, wenn Gespräche über Beethoven oder

Thomas Mann auf diese Weise interpunktiert wurden. Die Gräfin selbst verzog keine Miene, Scham schien ihr fremd zu sein. Oder sie hatte gelernt, mit ihr zu leben.

Dem Kind blieb die Sache ein wenig peinlich. Aber es mochte die Gräfin, diese alleinstehende, energische Frau, die trotz ihrer Herbheit ein wenig Kultiviertheit in das Dorf brachte. Es spürte hinter dieser Frau etwas, worauf es zugehen wollte. Ein anderes Leben als das tatsächliche, eines, das mit Büchern und Schauspielerstimmen und Nachmittagstee zu tun hatte. Außerdem war sie der erste Mensch, der das kleine Mädchen ›begabt‹ nannte und ihm eine Zukunft weissagte. Die prüfenden, gedankenvollen Augen der Gräfin verlockten es dazu, sich zu produzieren. Ohne Scheu tanzte es ihr vor. Sie war ein gutes Publikum.

Im Obstgarten neben dem Haus fand bei einem Besuch der Gräfin – es war wohl Sonntag, weil man sein bestes Kleid trug – zum ersten Mal etwas statt, das einer Vorstellung ähnelte, einer Darbietung. Und das Mädchen fühlte sich gut danach, denn die Gräfin lobte es, und die Mutter schien stolz zu sein. Der kleinen Darstellerin tat wohl, daß etwas sich aus ihr gelöst hatte und anschaubar geworden war. Daß etwas Gestalt annahm, und sei es die eigene. Erste zarte Fäden zogen sie zu einem künstlerischen Leben hin, einem, das gelebt wird, um verwandelt zu werden.

Realer jedoch war ihr Wunsch, in die Schule zu gehen, obwohl die große Schwester einen mühselig langen Weg zum Gymnasium nach Mattighofen zurücklegen mußte, zu Fuß und bei jedem Wetter, während sie selbst in der warmen Stube bleiben konnte. Zur Volksschule des Dorfes brauchte sie bloß an Wiesenrändern entlangzuschlendern, in der Vormittagsstille an einem aufgelesenen Apfel oder am süßen Ende eines Grashalms kauend. Auch in dem würdevollen einstöckigen Gebäude herrschte Stille. Doch diese Stille schien zu vibrieren von all dem Wissen, das leise in Kinderköpfen erstand. Lautlos umkreiste das Mädchen das Haus und versuchte, durch Fenster zu spähen. Wenn sie über die Hefte geneigte Haarschöpfe sah, wie Tiere auf einer Weide damit beschäftigt, Nahrung aufzunehmen, geistige Nahrung, wurde ihr ehrfürchtig zumute. Lernen zu dürfen, was für ein Geschenk. Sie stand auf Zehenspitzen, schaute hinein in die Klassenzimmer und war traurig, noch nicht zu den Beschenkten zu gehören.

Man hänselte sie deswegen. »Du wirst noch lang genug zur Schule gehen«, sagten ihr die Erwachsenen. Sie aber blieb lernbegierig, um sich eine innere Welt gegen die vom Krieg zerstörte äußere zu errichten.

Auch in der Mutter hallte der Krieg noch wider, das dörfliche Leben hatte sie in keiner Weise beruhigt. Eines Tages erfuhren sie, daß der Krieg nun zu Ende sei. Die Mutter geriet in Panik. Sie setzte die kleine Schwester in den Kinderwagen, packte ein paar Habseligkeiten dazu, befahl den älteren Töchtern, ihr zu folgen, und wollte tief in den Wald flüchten. Ihr Gesicht war aufgelöst, ihre Hände zitterten. Die besonnene große Schwester begann mitten auf dem Feldweg mit ihr zu argumentieren. Die kleinere stand ratlos daneben und fühlte nach langer Zeit wieder eine kalte Welle von Furcht. Überredet, kehrte die Mutter zögernd und matt ins Haus zurück.

Sie war sicher gewesen, daß die Juden sich nun erheben und Rache üben würden. Daß kaum noch welche übrig waren, sich zu erheben – so weit reichten ihr Wissen und ihre Vorstellungskraft offenbar nicht. Aber daß Schreckliches gesühnt werden mußte, das wußte sie, und es verfolgte sie.

Eines Tages stand ein Lastwagen vor dem Haus, direkt unter dem Fenster. Es regnete. Auf dem Lastwagen lag eine nasse Plane, und zwei schmutzige Stiefel ragten hervor. Ein regloser Körper zeichnete sich ab. Ein Toter, wurde dem Kind gesagt. Es schaute lange hinunter und erwartete irgendeine Bewegung, aber nichts geschah. Der Regen fiel, und dieser Mensch unter der Plane, von dem es nicht wußte, wie er aussah, würde sich nie wieder bewegen, nie wieder atmen. Es war die erste direkte Anschauung von Tod.

Dieser Lastwagen war Vorhut des sich auflösenden Krieges. Immer öfter zogen Soldaten vorbei. Alle fürchteten sich schrecklich vor den Russen, aber dann waren es die Amerikaner, die auftauchten. Sie erschienen den Kindern als groß, eine hoch aufragende Spezies von Mensch, und die Gesichter waren satt und freundlich. Auch die Farbe der Uniformen hatte etwas Freundliches. Obwohl die Mutter es nicht wollte, stellte das Mädchen sich mit den anderen Dorfkindern an, um ein Stück Schokolade zu ergattern. Manchmal warf man es ihnen zu, als wären sie kleine Tiere, aber auch das störte sie nicht. Sie hatte ewig lange keine Schokolade mehr gegessen. Sollten die großen Männer sich ruhig aufführen, als wären sie unter Wilden. Sie schossen mit Pistolen in den Bach, um die schönen, stillen Forellen zu töten. Nahmen den Bauern die Pferde weg und ritten mitten durch die hochstehenden Weizenfelder, zertrampelten das Getreide. Die Bauern konnten nur zähneknirschend danebenstehen und schweigend zuschauen.

Währenddessen zeichnete sich das Ende ihres Aufenthalts ab. Die Mutter wollte nach Wien zurück.

Das Mädchen wäre gern auf dem Lande geblieben, obwohl Erinnerungen an die Großeltern lockten, die Vorstellung von der Stadt, die nun kein Bombenkrieg mehr erschüttern würde, und auch ihr kindlicher Sinn für Neuerungen machte den Gedanken an die Abreise erträglich. Aber sie liebte alles hier. Das Haus mit seinem Geruch nach Holz, die Marmorengel auf dem Friedhof, die kleine, bunte

Kirche, wo sie sich in der Messe langweilte und doch gern ruhig dasaß und die umständlichen Vorgänge verfolgte. Außerdem saß Stefan meist neben ihr, und sie sahen sich immer wieder aufmunternd in die Augen. Vom überdachten Eingang der Kirche aus konnte man durch ein Glasfenster den Steilhang hinunterblicken, in eine Wildnis aus Sträuchern, und unten der blinkende Bach. Sie mochte das große Mühlhaus mit seinem Rad, dem Wasserrauschen und dem Spalier von Birnbäumen. Die Müllerin war eine schöne, blonde Frau, die allein mit ihren alten Eltern lebte. Als die Birnen reif waren, schenkte sie dem Kind welche, ganz weiche, große. Der Hang zum Bach war im Frühjahr von Brennesseln überwuchert, und dann ging die Mutter mit Handschuhen mitten hinein und pflückte die hellsten, frischesten Blätter. Davon machte sie Spinat, der köstlich schmeckte. Alles hier war schön und köstlich.

Aber die Mutter sagte: »Wir gehören nach Wien.«

Noch ehe sie Pfaffstätt verließen, gab es jedoch ein Erlebnis, das eindringlich auf Zukünftiges verwies.

»Wir gehen ins Kino«, hieß es eines Nachmittags, und sie wußte nicht genau, was das hieß. Aber bereits der kleine Saal, die Stuhlreihen und die sich erwartungsvoll versammelnden Menschen brachten ihr Herz zum Klopfen. »Da vorn ist die Leinwand«, wurde ihr erklärt, und sie starrte auf diese einförmige Fläche, als müsse sie sich öffnen wie eine Zaubertür. Als das Licht im Saal erlosch, hielt sie den Atem an. Und vergaß ihr eigenes Leben, wurde aufgesogen von einem fremden Geschehen. Sie sahen den Film *Krambambuli*, aber sie wußte weder, daß Filme Titel haben, noch, daß Schauspieler in ihnen Rollen verkörpern – sie lebte, was sie sah. Dem treuen Hund schenkte sie ihre Liebe, ihn liebte sie sofort am meisten, mehr als die Menschen um ihn. Und als er zuletzt zum Grab seines toten Herrchens schlich, sich dort hinlegte und der Schnee auf ihn niederfiel, da weinte sie nicht nur. Sie schrie und heulte, und die Mutter mußte sie aus dem Kino zerren, weil die anderen Besucher sich beschwerten. Sie war kaum mehr zu beruhigen. Die Mutter machte sich Vorwürfe. »Ich hätte bedenken müssen, wie tierlieb du bist...« Aber das allein war es nicht, es riß sie mit sich, dem Schmerz beim Anblick des sterbenden Hundes konnte sie nichts mehr entgegensetzen. Unvorbereitet und vorbehaltslos war sie in eine andere Welt geraten, die von ihr Besitz nahm.

»Sie hat einfach zuviel Phantasie«, kommentierten die Mutter und die Gräfin diesen Vorfall und meinten es wohlwollend, das fühlte sie. Aber das stimmte nicht ganz. Nicht eigene phantastische Erfindungen hatten sie überwältigt, sondern der Einblick in andere Leben, die abliefen ohne sie.

›Reise‹ ist ein zu glattes, zivilisiertes Wort für die wüste, beängstigende Fahrt zurück nach Wien. Übergangslos befindet sie sich mit der Mutter und den beiden Schwestern in einem Viehwaggon, der langsam und schwer über die Gleise dahinrumpelt. Ein leerer Waggon mit ein wenig Stroh am Boden und einer Schiebetür. Solange sie dahinfuhren, war alles ganz lustig. Aber es gab endlose Aufenthalte. Einmal standen sie nachts auf dem Nebengleis einer kleinen, schlecht beleuchteten Station. Die Mutter mußte sie allein lassen, um Eßbares aufzutreiben. Es waren Stunden der Angst. Außerhalb des heilen Dorfes, das sahen sie jetzt, hatte der Krieg alles verrottet und geschunden zurückgelassen. Sie fuhren tagelang dahin, alle Menschen schienen ratlos und auf der Suche zu sein. Niemand wußte Bescheid, nichts funktionierte. Einmal blieb der Zug so stehen, daß ihr Waggon sich auf der schmalen Eisenbrücke direkt über einem reißenden Fluß befand. »Das ist die Enns«, sagte die Mutter und hielt sie von der Schiebetür fern. Lange standen sie über dem rauschenden Wasser, Sonne schien auf den Bretterboden des Waggons, und sie hatte das Gefühl, niemals mehr irgendwo anzukommen.

2

Eines Tages jedoch mußten sie Wien erreicht haben, obwohl diese Strecke, für die man heute mit dem Auto einige Stunden benötigt, kaum überwindbar schien.

Man hatte ihnen die Döblinger Wohnung weggenommen, weil der Vater Nazi war. Er befand sich in Kriegsgefangenschaft, sie hatte sich in all der Zeit nicht um ihn geängstigt, kaum an ihn gedacht. Nur wenn anfangs Päckchen mit Rosinen und getrockneten Feigen aus Griechenland kamen, fiel ihr die Abwesenheit des Vaters auf – aber recht angenehm.

Die Mutter war also weiterhin auf sich gestellt und mußte eine Unterkunft finden. Ihre älteste Schwester erklärte sich bereit, sie samt den Kindern vorübergehend bei sich aufzunehmen – und die zwei kleinen Kabinette bei der ›Tante Minnie‹ sind die nächsten Erinnerungsbilder. Die Zimmerchen so mit Möbeln vollgeräumt, daß nur schmale Durchschlüpfe blieben. Die Mutter, eng an eine Küchenkredenz geschmiegt und mit Heißhunger ein Schmalzbrot nach dem anderen verschlingend, die Augen wie abwesend vor Gier. Sicher hatte sie, um die Kinder zu ernähren, selbst lange Zeit gedarbt. Sie hatte Strapazen hinter sich, sie mußte das Leben der Familie fest in die eigene Hand nehmen und hatte gelernt, selbständig zu sein. Und sie war hungrig. Aber was das Mädchen beobachtete, war noch ein anderer Hunger, und der verwirrte es. Nur ein sekundenschneller Eindruck. Als hätte es die Mutter bei etwas Verbotenem überrascht.

Aber das Mädchen mochte das Leben in der Wohnung der Tante. Der zugehörige Onkel war ein etwas unfreundlicher, ständig belehrender Mann, aber das störte die Mutter mehr als die Tochter. Sie spielte mit ihren beiden Cousins. In Peter, dem jüngeren, fand sie wieder einen willfährigen Kameraden, der begeistert ihre Spiele übernahm und auf jede ihrer Ideen einging. Und die bestanden sehr bald in Geschichten, die entweder gezeichnet oder dargestellt werden mußten. In dieser Wohnung, im letzten Stock eines Eckhauses in der Gymnasiumstraße, in den hohen, kleinbürgerlich eingerichteten Zimmern, hier begann sie, mit der Phantasie zu spielen. Hier fehlten Wald und Hügel, die ländliche Weite, also schwärmte sie in erdachte, erträumte Landschaften aus.

Als es Herbst wurde, kam sie endlich zur Schule. In die erste Klasse der Volksschule in der Köhlergasse. Ihre Lehrerin war eine kleine, rundliche Frau mit gewellten weißen Haaren, die im Nacken geknotet waren, und einem freundlichen, rosigen Gesicht. Als Schülerin hatte sie das Glück, gleich zu Beginn eine so liebenswürdige Lehrperson zu erfahren – und dieses Glück blieb ihr treu. Nie hat sie unter Lehrern gelitten, viele von ihnen sogar geliebt und bewundert. Sie hat die Schule nie gehaßt. Anfangs litt ihre Umgebung sogar unter ihrer glühenden Begeisterung. Sie verlangte ihr Frühstück zwei Stunden vor Schulbeginn, um eine Stunde vor Schulbeginn beim noch geschlossenen Schultor stehen zu können, aufatmend und in der Gewißheit, nicht zu spät zu kommen. Die Wege durch das Cottage – baumbestandene Straßen zwischen Villen – lief sie trotz der frühen Stunde und genoß dann die Wartezeit vor der Schule, meist noch lange allein.

Sie lernte fast andächtig. Schreiben und Lesen. Damit wurde ihr der Schlüssel zu ihrem weiteren Leben in ihre Hand gelegt, das wußte sie sofort. Dafür nahm sie auch das Rechnen in Kauf.

Nachmittags saß sie in einem der schmalen Kabinette und machte ihre Aufgaben. Sie liebte diese Ruhe und Konzentration, liebte die Buchstaben und die Möglichkeiten, aus ihnen Worte zu erschaffen. Es entzückte sie. Keiner mußte sie drängen, das Lesen zu üben. Nachdem sie erkannt hatte, daß aus Büchern Geschichten fließen, sobald man sie entziffern kann, wollte sie nur noch Meisterin im Lesen werden. Sehr bald schrieb sie kleine Märchen auf gefaltetes Papier, damit es aussähe wie ein Buch, illustrierte sie mit selbstgezeichneten bunten Bildern, und der Cousin Peter tat es ihr nach. Tante Minnie, eine herzliche, mollige Frau, die seit eh und je silbergraue Haare hatte – »seit ihrer Jugend«, sagte ihre Mutter –, war von dieser künstlerischen Tätigkeit entzückt und lobte deren Einfluß auf ihren Sohn.

Der Cousin tat zwar nichts aus eigenem Antrieb, aber er schloß sich an. Als Kind war sie auf unbekümmerte Weise autoritär. Ihre Intensität schien sich auf andere zu übertragen und Interessen zu wecken. Sie hatte so viel Lust an dem allen, daß sie anderen davon abgeben konnte.

Eines der Märchen aus diesen illustrierten Büchlein beginnt so:

Es lebte einst auf einem hohen, von tausend scharlachroten und himmelblauen Blumen übersäten Berg eine wunderschöne Zauberprinzessin mit langen rabenschwarzen Locken und einem prächtigen Kleid. Mit einem goldenen Szepter regierte sie über das Land, und alle Tiere und Blumenelfen im weiten Tal kamen zu ihrem Thron, um sich Rat zu holen. Aber nur ein wenig zu stolz war sie, und jeder, der sich nicht ihrer Hoheit unterwarf, mußte seinen Kopf unter dem Schwerte lassen. Und überall, wo ein Blutstropfen hinfiel, wuchs eine blutrote Blüte empor. Aber sie beschenkte auch viele. Und wo ihre Freudentränen hinfielen, wuchsen zartblaue Kelche in lieblichen Büschen. So entstand der Berg des Stolzes und der Demut...

Wenn sie am Tisch saß, ein Blatt Papier vor sich, das sie sorgsam faltete, mit dem Lineal den gewünschten Raum für die Illustration festlegte und dann zu schreiben begann, erfüllte sie Zufriedenheit. Das mit Bleistift gezeichnete Bild bemalte sie mit Buntstiften. Diese Buntstifte hütete sie, es gab sie damals nur begrenzt zu kaufen. Alles gab es nur begrenzt. Das heißt, es gab von allem fast nichts. Trotzdem kann sie sich nicht erinnern, an irgend etwas Mangel gelitten zu haben. Sie wurde satt, sie durfte zur Schule gehen. Und der Krieg war vorbei.

Etwa zwei Jahre verbrachten sie bei Tante Minnie. In diesen beiden Jahren nach dem Krieg lernte sie ihre Großeltern kennen, oder besser, sie traten ihr ins Bewußtsein.

Die Eltern ihrer Mutter lebten nicht sehr weit entfernt in der Schulgasse. Durch eine große Toreinfahrt gelangte man in einen Hinterhof, der ländlich weit wirkte wie ein Dorfplatz und um den mehrere Häuser lagen. Im Parterre des mittleren Hauses befand sich die Wohnung der Großeltern, aber im rückwärtigen Teil dieses Hauses gab es noch ein Untergeschoß, in dem die Werkstatt des Großvaters untergebracht war. Und von dort gelangte man in einen tiefer liegenden Garten mit Kiesplatz, Wiese, Obstbäumen, einem kleinen Hügel voller Ribisel- und Himbeerstauden und einem ›Salettl‹ unter Kastanienbäumen. In diesem hölzernen Gartenhäuschen fand so manches Spiel mit den Cousins statt, es bot Raum für Geschichten und Erfindungen. Vor allem, wenn auf dem Kiesplatz der Tisch gedeckt war und eine der unvermeidlichen Familienjausen stattfand, deren Langeweile die Kinder schnell entflohen, Kuchenstücke in der Hand.

Die Mutter hatte drei Schwestern, und so gab es neben Tante Minnie auch noch eine Tante Trude und eine Tante Hedi, drei dazugehörige Onkel und einige Cousins, die alle meist bei den Großeltern zusammentrafen. Der Großvater war ein gutaussehender, schnauzbärtiger Mann von kleiner Statur und zu dieser Zeit Wiens bekanntester Glasmaler. Da so viele Kirchenfenster zerstört waren, florierte sein Betrieb, sogar für die Stephanskirche schuf er bunte Glasfenster mit religiösen Motiven, oder ist das eine der Übertreibungen jeder Familienchronik? Jedenfalls gehörten der Geruch nach geschmolzenem Blei und die immer leicht verstaubten, bunt geätzten Glasteile, aus denen Madonnenblicke sie trafen oder ein Christus mit blutiger Stirne seine Augen senkte, zu diesen Großeltern wie die weißen Kaninchen in den übereinandergebauten Holzställen und die Frage der Großmutter, ob man des Sonntags auch sicher in der Kirche gewesen sei. Sie war eine freundliche kleine Frau mit frischem Teint und unerbittlicher Religiosität. Vor ihren blauen forschenden Augen wurde reichlich gelogen, weil niemand zur Kirche gehen, aber auch keiner ihr Gezeter anhören wollte. So brachte ihre Frömmigkeit eine Menge Ketzerei, ihr Wunsch nach Gottgefälligkeit viel Lug und Betrug hervor. Sie terrorisierte die ganze große Familie. Ansonsten war sie durchaus eine Großmutter, die man gern hatte – sie hieß ›Omama‹, genauer ›die kleine Omama‹. Das mußte sein, um sie von der anderen zu unterscheiden.

Und die hieß Oma. ›Die große Oma‹.

Die große Oma wohnte im achten Bezirk. Man mußte mit der Straßenbahn fahren, wenn man sie besuchen wollte, beim großen dunklen Gebäude des Landgerichts aussteigen, dann die Florianigasse hinaufgehen und links in die Schlösslgasse einbiegen. Die macht an ihrem Ende einen Knick und führt auf einen kleinen Platz. Das Haus der Oma lag vor dieser Biegung, linker Hand.

Mit der Straßenbahn zur großen Oma zu fahren war nicht allzu kompliziert, und sie lernte früh, sich selbständig auf den Weg zu machen. Die hölzernen Wagen rumpelten dahin, und sie schaute durch das Fenster auf die vorüberziehende Stadt. Daß überall Schutt herumlag, zwischen ganzgebliebenen Häusern immer wieder Ruinen standen und seltsame Durchblicke schufen, sei es in den Himmel oder in die nächstliegende Straße, daß ganze Häuserfronten von Einschußlöchern gezeichnet waren und der Staub eines großen Krieges dunkelgrau und schmutzig die Stadt bedeckte – es kam ihr wie das Normalste der Welt vor. Aber als eines Nachmittags ein anderes Kind neben ihr im Straßenbahnwaggon stand und einen enorm großen, hellgrünen Apfel verspeiste, immer wieder krachend in ihn hineinbiß, da hätte sie gerne einen Mord begangen, um diesen Apfel an sich zu reißen. Sie starrte jedoch nur hinüber, und ihr Mund füllte sich mit Speichel. Obwohl sie nie Hunger gelitten hatte, gab es dennoch diese Gier. Sogar auf dem Weg zur großen Oma, die nichts anderes tat, als sie zu füttern und sich Leckerbissen für sie auszudenken.

Wenn sie beim Landgericht die Straßenbahn verließ, lief sie immer möglichst schnell an diesem Gebäude vorbei. Es war so riesig, so bedrohlich, die Mauern dunkel, fast schwarz, und man hatte ihr gesagt, daß es voll gefangener Menschen sei, ein Gefängnis also. Jahrzehnte später, als sie gezwungen war, dieses Gebäude zu betreten und einen Gefangenen zu besuchen, der ihr sehr nahe stand, dachte sie an diesen Eindruck ihrer Kindheit zurück. Sie war als Kind vorbeigerannt, an einer dunklen Ecke der Welt vorbei, die sicher nie etwas mit ihr selbst zu tun haben würde. Als Erwachsene lernte sie, dieses Gefangenenhaus mit einiger Gelassenheit zu betreten, und nicht nur dieses.

Eilig bog das sechs-, siebenjährige Mädchen in die Schlösslgasse ein und zog dann an der Wohnungstür der Großeltern die Türglocke. Meist saß der Großvater gleich hinter dieser Tür, am Vorzimmerfenster, und rauchte seine lange, geschwungene Pfeife. Er mußte dort sitzen, weil die große Oma in den anderen Zimmern den Pfeifenrauch nicht duldete. Und weil sie ihn haßte, glühend und unerbittlich. Den Grund für diesen Haß erfuhr das Mädchen Jahre später an einem Weihnachtsabend, als es lesend – und bald atemlos lauschend – in der Nische hinter dem Tannenbaum kauerte und die große Oma, wohl vom Wein oder einer seltenen Herzlichkeit gelockert, ihren Eltern zu erzählen begann. Ihre große Oma war eine junge, schöne Hedwig gewesen, Wirtstochter in einem böhmischen Dorf. Ihre Eltern schickten sie jedoch nach Wien auf eine Klosterschule, und dort erhielt sie eine ungewöhnlich gute musische Ausbildung. Vom rauhen Leben wußte sie wenig, als sie als gebildete junge Dame in das dörfliche Wirtshaus zurückkehrte und der dortige Stationsvorstand um sie freite. Das war der Großvater. Mit Sicherheit ein sehr derber Mann, dem der feine Körper des jungen Mädchens gefiel, der aber mit dessen feiner Seele und Kultiviertheit nichts anzufangen wußte. Sie sei ihm dreimal davongelaufen, erzählte die große Oma an jenem Weihnachtsabend, dreimal nach Hause gelaufen, und jedesmal hätten ihre Eltern sie wieder zurückgeschickt. Also fügte sie sich, gebar dem Mann vier Söhne und haßte ihn fortan.

Was damals, in den Nachkriegsjahren, sichtbar wurde, war jedoch nur ein wortkarger Großvater, wuchtig, weißhaarig und mit Pfeife, den alle ›Otta‹ nannten, der in einem Alkoven ohne Fenster schlafen mußte, von der großen Oma tyrannisiert wurde und niemals aufmuckte. Den zu brechen ihr gelungen war. Sie, die große Oma, war zu einer rauhen, abgearbeiteten Frau geworden, die ›böhmakelte‹. Auch der Otta natürlich. Diese Großeltern waren exemplarische Gestalten der großen Monarchie, die, als sie nach Wien zogen, noch den Kaiser von seinem Balkon in der Hofburg hatten herunterwinken sehen und ihren tschechischen Akzent nie verloren.

Wenn sie also geläutet hatte und allein vor der Tür stand, wurde sie von der großen Oma mit Jubel begrüßt und ihrer Selbständigkeit wegen gelobt. Und dann kam die unausbleibliche Frage: »Und was, glaubst du, gibt es heute?«, gefolgt von ihrem eigenen unausbleiblichen Triumphschrei: »Germknödel!!« Und es gab Germknödel, sie wußte es, weil Germknödel zu dieser Zeit ihre Leibspeise waren, die große Oma sie unvergleichlich gut zubereitete und Freude an ihrer Freude hatte.

Es gab bei ihr sämtliche Gerichte der böhmischen Küche, die alle zu Liedern oder Kabarettnummern inspiriert haben und als »bemmisch« in den Wiener Dialekt eingezogen sind: Powidltatschkerln, Liwanzen, Zwetschkenknödel ... Aber die großen, flaumigen Germknödel, mit Powidl – Pflaumenmus – gefüllt, mit Mohn und Zucker bestreut und heißer Butter übergossen – nichts erfüllte damals ihre kulinarischen Sehnsüchte mehr.

Die große Oma hinkte und hatte Schmerzen. Später starb sie sogar an diesem Leiden, das sich in unseren Tagen durch eine Routineoperation beheben ließe. Ihre Hüfte war kaputt und schädigte schließlich den ganzen Körper. Aber sie klagte kaum, und ihr energisches Herumhinken, ab und zu von einem rauhen Fluch begleitet, war jedem Selbstverständlichkeit, es gehörte zu ihr. Wie die Hände mit den großen braunen Altersflecken und das lange eisgraue Haar, das ihr bis zur Taille reichte. Immer trug sie es kunstlos aufgesteckt, manchmal ließ sie sich ›frisieren‹, setzte sich geduldig hin, und die Enkelin durfte mit Kamm und Kinderungeschick in dieser Haarfülle wühlen.

Als sich die große Oma später entschloß oder dazu überreden ließ, das lange Haar abzuschneiden und die ›praktischere‹ Dauerwelle einer Kurzhaarfrisur auf sich zu nehmen, war auch die Zeit des ›Frisierens‹ vorbei, und diese Veränderung fiel der Enkelin nicht sonderlich auf. Aber die große Oma bleibt für sie eine alte Frau mit langen grauen Haaren, die sie in vielem nachhaltig beeinflußt hat.

In der Wohnung in der Schlösslgasse wohnten – oder nächtigten zumindest – immer viele Menschen. Sie war nicht allzu groß, hatte jedoch geräumige, hohe Zimmer und allerlei Nebenräume. Außer Ottas dunklem Alkoven gab es hinter einem Vorhang eine Art Badezimmer, in dem ein uralter Badeofen das Wasser langwierig erhitzte, weshalb baden zu dürfen eine kostbare Seltenheit bedeutete. Es gab ein großes Wohnzimmer voll schwerer altdeutscher Möbel, ein Schlafzimmer mit einer seidenbespannten Deckenlampe, die einen Saum langer Fransen trug. Und hinter der Küche – einer unvergeßlich gemütlichen alten Küche, reich an Nischen, mit einem einzigen Fenster zum Lichthof hinaus – lag das Kabinett, in dem die große Oma schlief.

Wenn die Enkeltochter dort übernachtete, schlief sie ebenfalls in diesem Kabinett und im selben Bett. Sie erhielt den Platz zur Wand hin, und wenn das Schnarchen der alten Frau sie nachts weckte, hoben sich die Umrisse der großen Oma gegen das hellere Fenster ab, schützend wie ein dunkler Hügel. Dann fühlte sie sich friedlich behütet. In diesem kleinen Zimmer roch es wie in einer Speisekammer, denn die große Oma lebte auch in einer Speisekammer. Neben dem Bett füllte ein riesiger Tisch diesen Raum, dicht von Vorräten und Essensresten bedeckt. Da standen Pfannen und Töpfe, denen bittere, würzige Gerüche entstiegen, kaltgewordene Knödel, Gurken, Schmalz, Zwetschkenkuchen, Speckseiten und Powidlgläser. Manchmal sah sie den Morgen aus dem Lichthof hereindämmern, fühlte sich warm vom schweren, erschöpften Atem der großen Oma und von unerschöpflichen Essensvorräten umgeben. Eine Weile hielt sie die Augen geöffnet, schaute zufrieden ins Dunkle hinaus und schlief dann schnell wieder ein.

Hier lebte auch die schöne, große Cousine Liesi. Uneheliches Kind einer Schwester des Vaters, der Tante Ritschi, war sie bei der großen Oma aufgewachsen und deren ganzes Glück. Sie war älter als ihre ältere Schwester, ein feinhäutiges, stattliches Mädchen mit großen hellen Augen und dunklem Haar, groß gewachsen, in der Schule immer die Beste, ein wenig verwöhnt und von allen bewundert. Die Tante Ritschi kam nur selten vorbei, hatte große Zähne, wenn sie lachte, und konnte fünfzehn Zwetschkenknödel hintereinander essen.

Wer bevölkerte die Wohnung noch alles? Immer war irgend jemand da. Zum Beispiel jenes wahnsinnig gewordene Dienstmädchen, das, als man die Klotür aufriß, dort im Schein unzähliger Kerzen, mit aufgelöstem engelsblondem Haar und weißem Hemd vor Heiligenbildern kniete, das Gesicht ekstatisch erleuchtet. An den Anblick des strahlend erleuchteten Klosetts, dieser verzückten Frau mit den nackten Schultern erinnert sie sich ganz genau. Es gab Aufruhr, man bezichtigte die Betende einer verbotenen Handlung, hatte sie wohl schon öfter in diesem Zustand entdeckt. Das

Kind wurde weggeschickt, und später holten weißgekleidete Männer das Dienstmädchen ab.

Neben dieser Gestalt, die ihr wie das Bild aus einem Traum erscheinen will, zogen höchst reale Menschen durch die Wohnung, Verwandte, Bekannte, alle mit gutem Appetit gesegnet, und alle von der großen Oma verköstigt. So knapp nach dem Krieg Nahrungsmittel in diesen Mengen aufzutreiben war nicht leicht. Deshalb fuhr die große Oma wiederholt aufs Land, nach Sittendorf am Rand des Tullnerfeldes. Sie blieb dann längere Zeit bei einer Bauernfamilie auf deren Hof und nähte und flickte den ganzen Tag alles, was an Wäsche und Kleidung auszubessern und umzuändern war. Als Gegenleistung konnte sie mit einem Rucksack voller Eßwaren wieder nach Hause fahren, mit Eiern, Fleisch, Obst, allem, was in der Stadt nicht aufzutreiben war.

Auch nach Sittendorf hat die große Oma sie einige Male mitgenommen – oder nur einmal? In der Kindheit vermehrt sich Zeit. Später fließt sie eilig davon. Es gefiel ihr in Sittendorf. Die stille Dorfstraße, Holundersträucher an den Scheunenwänden. Und jener Abend, an dem sie müßig die Mücken beobachtete, die im goldenen Licht spielten, während die große Oma in der späten Sonne ein Gurkenfeld aufharkte. Rundum stand eine so große und friedliche Ruhe, daß sogar die regelmäßigen Schläge der Harke sich in ihr aufzulösen schienen. Und wo schon der Schatten des Abends lag, erhob sich ein kühler Geruch nach Erde und feuchtem Gras, strich zu ihr her, die noch in der warmen Sonne stand.

Aber das Leben auf dem Bauernhof bedrückte sie auch. Wenn sie sich den Tieren zuwandte. Und das geschah häufig, denn zeit ihres Lebens muß sie sich Tieren zuwenden, wenn sie ihnen begegnet. Erstmals erfuhr sie so das Leid der Kreatur – wie der Mensch mit ihr umgeht, sie nicht wahrnimmt oder nur zu seinem Nutzen wahrnimmt. Nicht nur das Schlachten der Tiere bestürzte sie, auch die fühllose Haltung den Haustieren gegenüber. Daß einfach keiner mit dem Hofhund sprach, dessen Augen unaufhörlich Antworten der Liebe erheischten. Wie man die Katzen verscheuchte und die Kühe herumstieß. Immer sah sie die Augen der Tiere und darin die stumme, trauervolle Frage nach Sinn und Bestimmung. Wenn sie mit ihr darüber zu sprechen versuchte, sagte die große Oma ohne viel Mitgefühl: »So ist das bei den Bauern«, und hob den Kopf nicht von der surrenden Nähmaschine. Auch das erschien ihr bedrückend, daß die große Oma unaufhörlich zu arbeiten hatte. Die Bauersleute waren sicher freundlich – dennoch war es, als bedienten sie sich einer Sklavin. Die große Oma als Sklavin, das war unvereinbar. Aber sie saß in der dunklen Stube und nähte oder half auf dem Feld und schuftete. Kann sein, daß sie es freiwillig tat, sich selbst versklavte im Gefühl, etwas schuldig zu sein – das Kind an ihrer Seite litt darunter. Manchmal saßen sie bei Most und Speckbroten beisammen, dann schnitt die große Oma diese Brotscheiben für sie in handliche Schnittchen, wie sie es immer tat, lachte mit den Bauersleuten ihr rauhes Lachen, ruhte sich aus und war dicht neben ihr. Dann war eine Weile alles gut.

Aber es gab diesen einen langen nächtlichen Weg zum Bahnhof. Sie mußten an einem Bach entlanggehen, der finster rauschte. Auch die Bäume rauschten im Nachtwind, außer ihnen beiden schien auf Erden niemand mehr unterwegs zu sein. Die große Oma trug einen riesigen, zum Platzen vollgestopften Rucksack, er drückte ihr den Oberkörper nach vorne, sie ging gebückt und keuchend. Schließlich griff sie nach der Schulter des Kindes, bohrte die Finger tief ein, um sich abzustützen, und begann, unflätig zu fluchen.

Gleichzeitig sagte sie immer wieder Beruhigendes wie »Is' nix« oder »Gleich hamma's« oder »Mach dir nix draus«, aber das Kind, das die verzweifelte Klammer dieser Hand auf ihrer Schulter fühlte, wußte plötzlich, unter welchen Schmerzen die große Oma durch ihr Leben ging. Die schwere, fluchende Frau, die einsame Finsternis rundum, die Geräusche nächtlicher Natur wurden ihr unheimlich, sie hätte gerne geweint.

Irgendwo kamen sie jedoch schließlich an, sei es in einem erleuchteten Wartesaal oder in einem erleuchteten Bahncoupé, es gab wieder Helligkeit und andere Menschen, irgendwo konnte die große Oma sich niedersetzen, den Rucksack ablegen, dem Kind aufmunternd ins Gesicht lächeln und über die Wange streichen, und es vergaß schnell und bereitwillig, was es dunkel angerührt hatte. Viele Jahre später, als die große Oma starb, machte die Enkelin sich Vorwürfe, weil sie niemandem von dieser Erfahrung berichtet hatte.

Andere klare Bilder aus dem Leben der großen Oma begleiten sie. Da ist der Bäcker Pflamitzer auf dem kleinen Platz hinter der Schlösslgasse, bei dem man die knusprigsten Kipferln kaufen konnte. Da sind die Bänke im Rathauspark, auf denen die alte, hinkende Frau bei ihren Spaziergängen gern ausruhte und die braungefleckte Hand hob und über die Ringstraße zu einem großen zerstörten Gebäude hindeutete, das in Bretter und Planken gehüllt war. »Das war das Burgtheater«, sagte die große Oma feierlich und langsam, als dürfe man dies nicht einfach mitteilen. Als Klosterschülerin hatte sie das Theater besucht, und wenn sie davon erzählte, wurde ihr Gesicht mädchenhaft und spiegelte die fernen Träume ihrer Jugend wider. Gewiß haben diese Erzählungen und Träume in dem Kind Wurzeln geschlagen, gewiß förderte die Theaterbegeisterung der großen Oma seine Neigungen. Gemeinsam besuchten sie später Vorstellungen im Raimundtheater, wo die Sängerin Ljuba Welitsch »Meine Arme sind schmiegsam und weiß« sang und gleichzeitig zwei ungeheuer weiche weiße Arme, entblößt und ein wenig wabbelig, um sich schwang. Welch beeindruckende Koinzidenz! Auch ins Kino gingen sie häufig, kamen immer zu früh und saßen als erste Besucher in leeren Foyers. Wenn sich das Kind in seinem Sessel bewegte oder in normaler Lautstärke eine Frage stellte, kam sofort ein »Pschsch!!!« heruntergezischt, die Oma saß feierlich und regungslos da, sie begab sich in Theater- und Kinosäle wie in Kirchenräume. Etwas von dieser Ehrfurcht muß das Kind übernommen haben, denn es revoltierte nie dagegen. Nichts liebte es leidenschaftlicher, als vor einer Bühne oder Kinoleinwand zu sitzen und in fremde Geschichten einzutauchen, und die Feierlichkeit der großen Oma schärfte seine Konzentration und Aufnahmefähigkeit. Sie beide waren ein zutiefst einiges, fast verschworenes Paar, sprachen bei diesen Besuchen wenig miteinander, ließen das sprechen, was sich vor ihnen abspielte, »gingen darin auf«, ohne den anderen mit Kommentaren oder Kritik zu belästigen.

Als sie in die zweite Volksschulklasse ging, horchte sie eines Morgens auf. Sie lag noch im Bett, in einem der kleinen Zimmerchen bei der Tante Minnie. Sie hörte die Türglocke, Stimmen, die plötzlich erregten Schritte ihrer Mutter. Etwas Einschneidendes würde sich ereignen, das war ihr schon klar, bevor die Mutter das Kabinett betrat, sich über sie beugte und sagte, der Vater sei aus der Kriegsgefangenschaft zurückgekommen, sie würden ihn heute noch wiedersehen.

Als der Vater dann wirklich kam, bärtig und verwildert, schien für sie alle ein Fremder heimgekehrt zu sein, Umarmungen und Küsse konnten die Befangenheit nicht mildern. Das Mädchen starrte diesen dunklen, mageren Mann an und fragte sich, welchen Platz er wohl in ihrer aller Leben einnehmen würde. Aber sachlich und ohne Furcht stellte es diese Frage und ließ sie vorläufig unbeantwortet. Nichts störte das Gleichmaß ihres Lebens. Nur war sie an dem Tag, als der Vater heimkehrte, gezwungen, zur Schule zu laufen, mit Herzklopfen dahinzuhasten, und das ärgerte sie – mehr als die Rückkehr des Vaters sie freute.

Doch nun ertrug die Mutter es nicht mehr, zur Untermiete in der Wohnung ihrer Schwester zu leben. Immer häufiger gab es Streitereien mit dem quengelnden Onkel und verdüsterte Gesichter, von denen Schwaden erboster Gedanken auszugehen schienen. Die Eltern bemühten sich verzweifelt um eine eigene Wohnung, das war unzähligen Gesprächen zu entnehmen, die sie bei Tisch oder vor dem Einschlafen umspülten, ruhige oder erregte Wortbäche immer gleichen Inhalts. Der Vater arbeitete vorläufig in der Glasmalerwerkstatt des Großvaters. Und die innere Nervosität der Mutter fiel sogar dem Kind auf, das in seiner eigenen Welt aufgehoben war. Die höhere Stimme der Mutter, enge Augen und verächtliche Mundwinkel – sonst sporadische Anzeichen von nahendem Unmut – zeigten sich nun immer häufiger. »Die Situation wird untragbar«, lautete ein bestimmender Satz dieser Zeit.

Und es kam der Tag, an dem sie mitgenommen wurde, die ›neue Wohnung‹ zu besichtigen. Die Straßenbahnfahrt schien kein Ende nehmen zu wollen, sie stiegen wiederholt um, fuhren auf einer großen Brücke über einen großen Fluß. »Schau, die Donau«, hieß es. In der Ferne begrenzten Hügel den grausilbernen Fluß – »der Kahlenberg, siehst du? Und dann der Leopoldsberg.« An diesem heißen, staubgelben Sommertag schaute sie zum ersten Mal von der Brücke aus über die Donau und zu den Hügeln hin, fuhr sie zum ersten Mal nach Floridsdorf, dem Randbezirk von Wien, in dem sie von nun an ihre Jugend verbringen sollte.

Die Straßen wurden immer ländlicher und staubiger. Jedenfalls die eine bestimmende Straße, die schnurgerade Brünnerstraße, die aus der Stadt hinausführte. Zuletzt kamen sie am Gelände einer Lokomotivfabrik vorbei, eine Bahnlinie überquerte auf schmaler Brücke die Straße, sie sah den grasbewachsenen Bahndamm und Schrebergärten. Dann, linker Hand, drei aneinandergebaute mehrstöckige Häuser, eine eigenartige steinerne Insel. Das letzte dieser Häuser schien neueren Datums zu sein, grüngestrichene Balkons starrten auf die Straße hinunter. Und dorthin strebten die Eltern jetzt, was in ihr selbst Widerstreben auslöste. Ein häßliches Haus, dachte sie.

Aber sie gelangten in einen Hof, in dem Schwertlilien blühten und der sich zu Gärten hin öffnete. Bei einer Teppichklopfstange standen mehrere Kinder und starrten herüber.

Die neue Wohnung war ein Schlauch aneinandergereihter Räume – ein schmaler Korridor mit Klo, Bad und Küche, ein erstes und ein zweites Zimmer und eine kleine Veranda mit Glasfenstern, die in einen dichtbelaubten Lindenbaum hineinragte. Die Wohnung war zu klein für eine fünfköpfige Familie, aber es war eine Wohnung. Und die Veranda im Lindenbaum gewann sofort ihr Herz. Sie schaute hinunter, sah neben der Linde die Klopfstange und die Kinder, die auf ihr herumturnten. Ein größeres, fülliges Mädchen mit blonden Haaren, die zu dünnen Zöpfchen geflochten waren, winkte ihr zu. »Kumm oba!« rief sie einladend und lächelte zu ihr hinauf. Da die Eltern mit Metermaß und schweren Überlegungen durch die Zimmer schweiften und keinen Blick für sie hatten, ging sie hinunter.

Aber der Weg vom Haus bis zur Klopfstange wurde ihr schwer. Die Gruppe der Kinder hatte aufgehört zu spielen, man schaute ihr unbewegt und prüfend entgegen. Wieder dieses beklemmende Gefühl, fremd zu sein, ähnlich den Empfindungen im Haus des Gouverneurs in Polen – aber hier noch um einiges drastischer, denn diesen Kindern war sie wirklich fremd. Die meisten von ihnen waren barfuß und trugen spärliche und schmutzige Kleidung. Sie schienen in ein verbindendes Wissen um diesen Sommertag und seine Spiele, um das gesamte Leben in diesem Vorstadt-Mietshaus eingehüllt. Sie trat ihnen entgegen wie nackt. Im Hof des Gemeindebaus, auf dem Weg zur Klopfstange, dem Zentrum einer Prüfung, während die Augen der Kinder sie kalt erwarteten, dachte sie an Flucht. Setzte sie nur noch automatisch einen Fuß vor den anderen.

Und dann kam ihr dieses eine größere Mädchen entgegen und blieb vor ihr stehen. Ein helles Gesicht mit kleinen, blondbewimperten Augen sah sie an, der übermäßig volle Mund öffnete sich zu einem Lächeln von so unmittelbarer Herzlichkeit, daß sie sofort zurücklächeln mußte. »I bin die Hilde Bruckmüller«, sagte das Mädchen, »aber alle sag'n Hilla zu mir. Und wie haßt du?«

Sie nannte ihren Namen, und eine Freundschaft war besiegelt.

Von den anderen Kindern schien ein Bann abzufallen; was ihr stumm und feindlich entgegengeblickt hatte, verwandelte sich wieder in eine Schar turnender und lärmender Spielgefährten, sie nahmen sie in ihren Kreis auf, indem sie sie nicht mehr sonderlich wahrnahmen. Was die Herzlichkeit eines einzigen halbwüchsigen Mädchens zu bewirken vermochte, hat sie bis heute nicht vergessen und diese Hilde, die Hilla aus Floridsdorf, nie aus den Augen verloren. Eine stattliche Frau wurde aus ihr, die kinderlos blieb, aber unzähligen Neffen und Nichten mütterliche Wärme schenkte. Noch heute ist ihr Gesicht, wenn sie sich nähert, so hell, ihr Lächeln so herzhaft wie damals.

Die Volksschule, in die sie nun ging, befand sich noch ein wenig weiter stadtauswärts. Es gab die Möglichkeit, auf der Brünnerstraße geradewegs zur Schule zu gelangen, vorbei an Häusern und unbebautem Gebiet, auf der Fahrbahn die damals höchst seltenen Autos, die Fuhrwerke und Fahrräder, und daneben die Straßenbahnschienen. Aber wenn keine Eile not tat, also fast immer beim Nachhauseweg, ging sie über die Felder. Damals hatten die Randbezirke Floridsdorf und Jedlersdorf noch dörflichen Charakter. Die Ausläufer der Stadt mit ihrem Durcheinander an alten einstöckigen Häusern, wild hinzugebauten Nachkriegsschäbigkeiten und ersten Ansätzen zu Industriebauten erstreckten sich entlang der großen Ausfallstraße. Dahinter fand sie zu ihrem Entzücken Landschaft – ausgedehnte, zum Teil landwirtschaftlich genutzte, zum Teil sich selbst überlassene Landschaft. Sie konnte auf sandigen Wegen an raschelnden Kukuruzfeldern vorbeigehen, es gab schmale, von Obstbäumen gesäumte Landstraßen, und in grasigen Senken konnte sie Hasen beobachten. Dazwischen waren völlig ungeregelt Gärten entstanden, in denen Gemüse und Blumen wuchsen. Sie liebte ihren Schulweg.

Aber auch die Schule selbst hatte für sie nichts an Anziehungskraft verloren. Wieder hatte sie eine Lehrerin, der sie und die ihr Zuneigung entgegenbrachte, eine noch junge schwarzhaarige Frau mit Kurzhaarschnitt und dunklem Teint, deren Aussehen sie trotz der etwas herben Gesichtszüge beeindruckte. Sie trug oft einen hellen Staubmantel mit Gürtel, die Haare wehten ihr locker und ungekünstelt um den Kopf, all das gefiel der Schülerin auf seltsam eindringliche Weise. Sie hatte den Eindruck, einer selbständigen und selbstverständlichen Frau zu begegnen, einer Frau, der keiner ein Leben vorschrieb, die ihr Leben selbst bestimmte.

Der stattliche Schulbau mit seinem hellgrünen Dach und dem Türmchen lag direkt an der Brünnerstraße, und er ist auch heute kaum verändert. Wenn sie vorbeifährt und sagt: »Hier bin ich zur Schule ge –«, dann winken ihre Freunde bereits ab, und sie verstummt ein wenig beschämt. Aber als achtjähriges Mädchen war sie stolz auf dieses würdevolle Schulgebäude, betrat es erhobenen Hauptes und im Gefühl, auserwählt zu sein.

Als Religionslehrer hatten sie einen jungen Mann, der in seinem schwarzen Priestergewand sehr romantisch auf sie wirkte. Er sprach einfach und mit Klugheit zu den Kindern. Eines Tages sollten sie das göttliche Auge in ihr Heft zeichnen. Ein Dreieck, darin, es füllend, der Kreis – sie bemühte sich, ein vollendetes Rund zu schaffen. Und davon ausgehend drei starke Strahlen, die in die Tiefe wiesen. Der Religionslehrer sprach vom Heiligen Geist, und sie hörte zum ersten Mal, daß etwas GEIST hieß und mit Gespenstern nichts zu tun hatte. Sofort wurde ihr der Geist der liebste von den dreien, die angeblich das Eine ergaben, das GOTT hieß. Dabei blieb es, und viele Jahre später bestärkte ein anderer Priester sie darin auf klügere und wissendere Weise.

Als Kind jedoch nahm eine innige Religiosität von ihr Besitz. Auf einem Foto von ihrer Erstkommunion steht sie vor der Gertrudkirche in Währing, trägt ein langes, weißes, rüschenbesetztes Kleid und weiße Blümchen im Haar. Fest umklammert sie eine hohe Kerze, und ihr Gesicht wirkt entleert vor Hingabe. Ihre Tante Ritschi, die so viele Zwetschkenknödel verspeisen konnte, muß damals die Besorgnis geäußert haben, das Kind könne einem religiösen Wahn erliegen. Sie hatte der Erstkommunion beigewohnt und diese bei Kindern nicht häufig anzutreffende Verzückung beobachtet. Vielleicht trieben auch die Erfahrungen mit dem wahnsinnigen, das Klo mit Heiligenbildchen füllenden, ekstatisch betenden Dienstmädchen die Familie zu solch düsteren Prognosen.

Sie erlag jedoch keinem religiösen Wahn, hatte bloß eine kindliche und vertrauensvolle Beziehung zu diesem dreigeeinten Gott, von dem man ihr erzählt hatte und an den sie von Herzen gern glaubte. Ihm konnte sie vor dem Einschlafen, wenn sie bereits im Bett lag, flüsternd offenbaren, was ihr an Hilfe oder Schutz not tat. Indem sie diese Bitten aussprach, entledigte sie sich ihrer Sorgen, drehte sich dann zur Seite und schlief wohlig ein.

Ihr Bett stand im elterlichen Schlafzimmer, auch das der jüngeren Schwester. Die ältere wird wohl auf dem Sofa im Wohnzimmer geschlafen haben. Anfänglich hat sie an dieser räumlichen Enge offenbar nicht übermäßig gelitten, die quälenden Erinnerungen daran setzen erst später ein. Allerdings bestand sie bald darauf, im Sommer auf der kleinen Veranda nächtigen zu dürfen. Eine schmale Liegestatt, ein Schrank – überall standen Schränke –, dazwischengezwängt ein kleiner Tisch und wenig Platz zum Aufrechtstehen. Trotzdem schwelgte sie in dem Gefühl, sie bewohne ein eigenes Zimmer, für sie das Grandioseste, wonach man trachten konnte.

Davon schenkte ihr die kleine Veranda in der warmen Jahreszeit einen Vorgeschmack. Sobald der Lindenbaum in Blüte stand, überschwemmte er sie mit seinen Düften. Nachts, bei rundum geöffneten Fenstern, hatte sie den Eindruck, inmitten der Baumkrone und ihrer Blüten zu schlafen, in den leichten Windstößen, die das Laub aufrauschen ließen. Immer hörte man Züge, ihr Schnaufen, ihre Pfiffe, ihr Dahinrattern. Der Häuserkomplex war von Bahngleisen umzingelt, die nahe Lokomotivfabrik tat ein übriges – aber sie gewöhnte sich nicht nur an diese Geräusche, sondern begann sie mit der Zeit zu lieben, wurde von ihnen gewiegt wie von fernen Gesängen.

An dem kleinen Tisch saß sie, ließ die Blicke ab und zu in den Baum schweifen und schrieb erste Gedichte.

3

Es dauerte eine Weile, bis der Gemeindebau mit seinen zwei Höfen und vielen Stiegen durchforscht war, Gesichter und Namen der vielen Kinder sich verbunden hatten. Aber Hilla war von Anfang an an ihrer Seite und unterwies sie aufmerksam. Sie wohnte mit ihren Eltern und Brüdern in einer Parterrewohnung zwischen Straße und Hof. Der Vater, ein Eisenbahnarbeiter, war trunksüchtig. Die Mutter, eine stille, abgearbeitete Frau, sah man oft von den Schlägen ihres Mannes gezeichnet. Und das, obwohl Hilla unerschrocken dazwischensprang und den betrunkenen Vater zu bändigen versuchte. Sie haßte ihn nicht, diesen Vater. Trotz ihrer Jugend erkannte sie das Elend des alkoholkranken Mannes, der nach einem Arbeitsunfall ein kaputtes Bein zurückbehalten hatte und hinkte. Aber sie liebte ihre Mutter über alles und verteidigte sie nach Kräften, fluchte auch manchmal lauthals, wenn das Gespräch auf den Vater kam. Erstaunlicherweise waren ihr Lachen und ihre Freundlichkeit von all dem nicht zu besiegen. Von den geöffneten Wohnungsfenstern schrien sie sich quer über den Hof ihre Pläne zu: »I geh in Gart'n – kummst mit?« Und sie kam sofort mit und begleitete Hilla in den Schrebergarten am Bahndamm, wo diese ein paar staubige Gemüsebeete gießen mußte. Die gesamte Fläche zwischen den grasbewachsenen Dämmen der Bahnlinien war in Gärten aufgeteilt. Viele bestanden schon längere Zeit, und dort wuchsen kräftige Obstbäume und hohe, alte Fliederbüsche.

So einen Garten besaß auch der Herr Schuran. Er war der Hausbesorger für das ganze Gebäude, ein dürres, ebenfalls ständig betrunkenes Männchen mit schütterem Haar. Seine körperliche Schwäche und Unansehnlichkeit versuchte er durch strikte Gebote und wildes Gehabe wettzumachen. Kaum saßen die Kinder auf den steinernen Einfassungen in Nähe der Schwertlilien und Rasenflächen, mit denen er den Hof verziert hatte, stürzte er aus seiner Wohnung und schrie in hohem Diskant: »Vaschwind's, es G'fraster!!!« Alle hatten diesen Schrei erwartet und stoben unter Gelächter davon. Man wollte diesen Schrei hören, er gehörte zur Stimmung eines genußvollen, von Spielen durchflochtenen Nachmittags, gehörte dazu wie das Schmalzbrot bei Hillas Mutter.

Oh, kein gewöhnliches Schmalzbrot war das, sondern ein neuerliches Wunder der Gaumenfreude. Wenn Hilla sagte: »Gemma zur Mama jausnen«, trottete sie sofort neben Hilla in die ebenerdige Küche, die bereits von Knoblauchdämpfen erfüllt war. Denn die mit Schmalz bestrichenen Brote wurden auf der Herdplatte geröstet, ganze Knoblauchzehen wurden zerdrückt und draufgeschmiert. Diese Brotscheiben waren knusprig und trieften zugleich, krachend hineinzubeißen bescherte Augenblicke der Wonne.

Wer jedoch diese Brotgenüsse am durchdringenden Geruch sofort wahrnahm und mit Abscheu bedachte, war ihre eigene Mutter. »Mußt du mir diesen Proletengestank in die Wohnung bringen«, stöhnte sie, »putz dir jedenfalls sofort die Zähne.« Sicher dampften ihr die Knoblauchzehen aus allen Poren, den Unmut der Mutter hätte sie irgendwie verstanden. Doch abrücken und bockig werden ließ sie das Wort ›Proleten‹. Was das war, wußte sie nicht genau. Aber seit sie in diesem Arbeiterbezirk am Rande der Stadt wohnten, verwendete die Mutter dieses Wort unablässig und stets so verächtlich, daß das Kind es als Schimpfwort einzustufen gelernt hatte. Aber warum kam aus Hillas Wohnung ein ›Proletengestank‹? Warum wurde so der Geruch einer wahren Köstlichkeit genannt, des Feinsten, das sie sich vorstellen konnte? Natürlich, die Mutter stufte sich selbst als ›fein‹ ein, aber was war so fein an ihrer eigenen vollgeräumten Wohnung, den vielen nächtlichen Betten, dem Schlafgeruch, den Essensgerüchen dort?

Irgendwann begleitete sie Hilla – vielleicht mit deren Vater? – zu einer Versammlung. Dort wurde ein Lied gesungen, das sie sich sofort merkte und das sie beflügelte.

> *Brüder, zur Sonne, zur Freiheit.*
> *Brüder, zum Licht empor.*
> *Aus dem Dunkel der Vergangenheit*
> *leuchtet die Zukunft empor.*

Daß alle Brüder seien und, wenn auch nicht besungen, vielleicht Schwestern, daß alle sich einer leuchtenden Zukunft nähern würden, hinauf, dorthin, wo das Licht ist, und daß die Vergangenheit, das Dunkel der Vergangenheit, also der Krieg, überwunden sei – das Lied drang ihr in die Seele, und sie sang es zu Hause laut vor sich hin. Die Mutter erstarrte. »Wo hast du dieses Kommunistenlied her?« fragte sie und war von dessen Schönheit nicht zu überzeugen. Umsonst bemühte sich die Tochter, ihr den Plan vom lichtvollen Emporsteigen aller Brüder schmackhaft zu machen. »Wir sind keine Kommunisten«, erklärte die Mutter abschließend, »arg genug, daß wir im Russenbezirk wohnen müssen.«

Es war die Zeit vor dem Staatsvertrag, und die Stadt Wien war nach wie vor unter die vier alliierten Mächte aufgeteilt.

In Floridsdorf gab es Kasernen russischer Soldaten, die mit ihren Uniformmänteln und Pelzmützen auch das Straßenbild prägten. Immer wieder saß ihr in der Straßenbahn irgendeine üppige, starkgeschminkte Frau mit hohem Busen und hoher Haartolle gegenüber, die penetrant und süß nach Parfum roch, und sie lernte, diese Frauen als Russinnen zu identifizieren. Es gab das Verbot, nachts auf die Straße zu gehen, da immer wieder Greuelgeschichten von Vergewaltigung und Mord kursierten, sie lauschte dem allen wie Gespenstermärchen. Diese ruhigen Menschen mit oft sehr plumpen Gesichtern und in ihren häßlichen Uniformen, diese aufgetakelten dicken Frauen, die in der Straßenbahn starr vor sich hinblickten und die knallroten Lippen nicht bewegten, sie taten ihr alle ein wenig leid. Vielleicht, weil alle anderen sie so erbarmungslos anstarrten.

Und trotzdem ging sie gern spätabends hinaus, weil die vielen Gärten dann einen starken Duft ausströmten, der den Staub der Brünnerstraße in sich zusammensinken ließ. Und weil über einem Gebäude – der ›Usia‹ – bei Dunkelheit ein großer leuchtendroter Stern hing.

In einer Zeit ohne Leuchtreklamen, als die Straßen nachts nur spärlich beleuchtet waren, hatte dieser Stern auf sie eine magische Wirkung. Vor allem im Sommer, wenn der Abendhimmel nur langsam verglomm und die Hitze sich als violetter Dunst niederzuschlagen schien, stand er glühend und mächtig über der Vorstadt, und sie schlenderte vorbei und schaute zu ihm auf. Aber wenn sie ihre Bewunderung äußerte, erntete sie meist nur Achselzucken. »Ist halt ein Russenstern«, sagte man ihr.

Jahrzehnte später kam ihr die eigene kindliche Betrachtungsweise wieder in den Sinn, als bei einem Gastspiel des Wiener Burgtheaters in Moskau eine der Schauspielerinnen – die putzige kleine Gusti Wolf, trotz ihres Alters mit einem gleichbleibend herzförmigen Kindergesicht gesegnet – beim Anblick der Roten-Sterne-Pracht ausrief: »Die haben ja jetzt schon Weihnachtsbeleuchtung!«

Aber trotz der ablehnenden Haltung der Mutter, trotz aller Furcht und Verachtung der Menschen rundum: Eine vage Sympathie für das, was sie sich unter RUSSLAND vorstellte, konnte man ihr nicht austreiben. Und als sie später begann, russische Schriftsteller und Dramatiker zu lesen, fühlte sie sich in diesem Kindergefühl immer wieder bestätigt.

Sie lebte in einem russisch besetzten Stadtbezirk, gehörte zu den Eroberten, den Verlierern – wohnte in einer Armeleutegegend zwischen Arbeiterfamilien. Auch ihre mittellose Familie schlug sich durch die Nachkriegsjahre. Woher eigentlich diese Sympathie? Nur wegen eines roten Sternes über der sommerlichen Brünnerstraße?

Der russische Aspekt gehörte zu einem Leben, das ihr gefiel. Sie lebte gern in Floridsdorf, gern zwischen Arbeiterfamilien. Und daß sie viele solcher Haushalte besuchte, weil es da Freunde oder Freundinnen gab – von denen ihre Eltern kaum wußten –, hat sie in ihrem Urteil über Menschen für immer geprägt.

Andererseits gab es die Schulfreundinnen aus dem Bürgertum. Eine davon wohnte in Jedlersdorf, in einem einstökkigen Haus, dahinter ein Garten mit Blumenrabatten und abgezirkelten kleinen Rasenflächen. Es gibt ein Foto, auf dem sie mit zwei Freundinnen von einer Gartenbank herunterspringt. Irgendein fotografisch interessierter Mensch hat sie alle drei mitten im Sprung festgehalten. Die eine, dicklich und schwer, mit dunklen, lockigen Zöpfen, hat am meisten mit der Schwerkraft zu kämpfen, ist schon fast auf dem Boden gelandet. Im Mittelfeld die andere Freundin, mit etwas zu langer Nase und strähnigem Haar, ebenfalls zu dünnen Zöpfen geflochten, plumpst der dickeren mit erfreutem Lächeln hinterher. Über beiden aber springt sie selbst, Beine und Arme tänzerisch angehoben, die welligen Zöpfe flatternd, das Gesicht mit den gesenkten Augen lächelnd geneigt, ein Bild jugendlicher Grazie. Eindeutig hat sie diesen Sprung gestaltet, war sich der beobachtenden Fotolinse bewußt. Während die beiden anderen Mädchen ihre Körper uneitel dem Fallen überließen, gab sie sich schwerelos und tänzerisch leicht. Für ein Publikum. Für das sie vom Himmel schweben wollte.

Und dann wieder die Kinder aus dem Gemeindebau, für die sie Spiele erfand. Sie verteilte Rollen und führte Regie. Das Haus, die Schrebergärten, der sogenannte Spielplatz, eine ausgedörrte Wiese unterhalb der Feuermauer, und der »Misthaufen«, ein überwucherter Geröllhang zur Straße hin, waren die ausgedehnten Landschaften, durch die sie von Ereignissen getrieben wurden, die unerschöpflich zu sein schienen. Nachmittage lang liefen sie durch eine reale Welt, waren für die Hausbewohner wohl als spielende Kinder erkenntlich und lebten dennoch in anderen Bereichen, in Schlössern, Hütten, Wüsten, fremden Städten und einsamen Dörfern. Mit leicht glasigem Blick – glasig, weil er nach innen ging, ohne die äußeren Anhaltspunkte zu verlassen – trotteten sie im Rudel umher, sprachen eine eigene Sprache, lebten ein eigenes, von den Erwachsenen nicht nachzuvollziehendes Leben.

Die abendlichen Schreie der Mütter, die in die elterlichen Wohnungen zurückriefen, taten körperlich weh. Was für ein Schmerz, die in Stunden entstandene und in die Nähe von Wirklichkeit geratene Geschichte verlassen und auflösen zu müssen! Wo man mit »Du tatert'st jetzt …« oder »Sag'ma, du warast …« – Zauberformeln nicht nur für die des Wiener Dialekts Unkundigen – täglich ein Epos schuf und lebte, um es dann wieder aufgeben zu müssen. Meist kam sie ungehalten und müde nach Hause, saß am bescheidenen Abendbrottisch und versuchte, die abgerissenen Fäden der Geschehnisse wenigstens in Gedanken noch zu einem guten Ende zu bringen.

Hilla, groß, gütig, sonnig, war ihre willfährige Begleiterin bei allen Reisen ins Erdachte, ließ sie gerne bestimmen und leiten, ja, bewunderte sogar ihre Überlegenheit dabei und war stets bereit, neue Einfälle weniger Willfährigen einzubleuen. »Jetzt halt amal die Gosch'n und hör zu!« Mit so entschiedenen Sätzen hielt sie Kindergeschrei in Schach, stand wuchtig wie ein Erzengel an ihrer Seite.

Auch die männlichen Mitglieder der Truppe unterwarfen sich ohne viele Umstände ihrer Führung. Einen Jungen jedoch gab es, zu dem sie bei Tageslicht eine andere Einstellung hatte als im Dunkel des Kellers, wenn sie alle dichtgedrängt auf einer Kohlenkiste kauerten. Das verwirrte sie. Sobald die Schreie Herrn Schurans, »Vaschwind's, es G'fraster!«, in ihrem Spiel jedoch zu Flüchen eines wilden indianischen Königs geworden, sie in den Keller trieben, schaffte dieser Bub es, dicht neben ihr zu sein und sich an sie zu schmiegen.

Er hieß Beilner Heinzi, war klein und zierlich und hatte große, ein wenig hervorquellende Augen. In der Nachmittagssonne fiel es leicht, ihn herumzukommandieren, auch weil er wenig Phantasie entfaltete.

Kaum saß er jedoch neben ihr auf der Kohlenkiste, wurde ihr seltsam warm, und seine Berührungen, das zarte Streicheln, entbehrten hier durchaus nicht der phantasievollen Einfühlung. Sie stellte fest, daß sie bei jeder Flucht in den Keller wünschte, er geriete neben sie. Zugleich ärgerte sie dieser Wunsch. Und obwohl sie Beilner Heinzis Zärtlichkeiten verschwiegen genoß und weich und erhitzt wieder emporstieg ans Licht des Tages, behandelte sie ihn fernab der Kohlenkiste rauh.

Der Vater war nur an den Wochenenden zu Hause. Nach langer Arbeitssuche, und nachdem er eine Weile sogar als Bauarbeiter beschäftigt war, hatte er eine Anstellung in Linz gefunden, bei den dortigen Stickstoffwerken. Sie sahen ihn also nur sonntags, frühstückten lange und ausgiebig mit ihm, sie hörte den Gesprächen der Eltern zu und spürte deren langsame Entfremdung. Zwar wurden Spaziergänge und Sonntagsausflüge unternommen, aber die dunkle Spannung zwischen Vater und Mutter wuchs im Lauf der Jahre an, verdichtete sich bis zur Unerträglichkeit.

Die ältere Schwester besuchte eine Mode- und Schneiderschule, saß oft bis spät in die Nacht über komplizierten Säumen und Ziernähten. Das Leben in der viel zu kleinen Wohnung bestand aus Wegräumen und wieder Herräumen, die Räumereien schienen kein Ende zu nehmen. Dafür boten die Sommermonate, das Bett auf der Veranda, das freie Land und die Gärten eine Entschädigung.

Die Sommer stärkten ihr Gefühl für Freiheit und Ungebundenheit. Sobald es warm wurde, liefen alle Kinder barfuß, nur in die Schule ging man mit Schuhen. Köstlich der erste Tag, an dem einem erlaubt wurde, Schuhe und Strümpfe daheim zu lassen. Wie da die Fußsohlen aufatmeten, was sie alles mit höchster Feinfühligkeit ertasteten, Kiesel, Sand, Gras, Pflastersteine, Wärme und Kühle, Nässe und Trockenheit, und bis heute ist das Barfußgehen für sie eine Quelle der sinnlichen Wahrnehmung.

Auf dem Dach des Hauses gab es eine Waschküche und eine Trockenterrasse. An besonders heißen Tagen richteten die mit ihrer Wäsche beschäftigten Hausfrauen den Wasserstrahl aus einem Schlauch in die Tiefe, und unterhalb der Feuermauer sprangen die Kinder durch das spärliche, aber um so köstlichere Naß. Sie blickte nach oben und sah Wasser in Form kleiner Päckchen herabstürzen, die dann auf ihr aufplatzten, zu Kühle und Nässe wurden. Es waren bescheidene Freuden, die durch die Intensität des Erlebens unauslöschlich wurden. Stundenlang konnte sie auch *mit* dieser Feuermauer spielen, indem sie einen Ball dagegenwarf, und die Zeitspanne, bis er zurückgeflogen kam, immer geschickter mit Klatschen, Drehungen und Sprüngen ausfüllte. Sie entwickelte eine gewisse Liebe zu dieser Wand, die so hoch aufragte und ständig auf sie herniederzublicken schien.

Als vor nicht allzu langer Zeit ein anderes Haus angebaut wurde und die Mauer verschwand, stieß sie beim Vorbeifahren einen Schrei aus: »Meine Feuermauer!« Sie glaubt nicht, daß ihr Begleiter verstand, worum es ging.

Mit Hilla saß sie oft auf dem Bahndamm mit seinen aufgelassenen Schienen. In aller Unberührtheit wuchsen da Blumen und dichtes Gras. Es gab eine Mulde, in die sie sich oft zurückzogen und die so tief war, daß sie keiner erspähen konnte. »Gemma zur Mulde?« pflegte Hilla zu fragen, sie nahmen Decken und Proviant mit und konnten einen ganzen Nachmittag damit verbringen, sich in der Tiefe des Grases zu räkeln und träumende Gespräche zu führen.

Aber es gab auch Tage anderer, heftigerer Aufforderungen. »Gemma ins Angelibad?« schrie Hilla dann von ihrem Fenster herüber, und sie mußte die Mutter meist langwierig um Erlaubnis bitten, ehe sie mit Badeanzug und Frottiertuch davonstürzen konnte. Mit der Straßenbahn fuhren sie in das Angelibad, ein Strandbad an der ›Alten Donau‹ – ehemals stehende Gewässer in den Donauauen, jetzt dem Stadtgebiet bereits völlig eingegliederte, sich zwischen Straßen und Brücken hinziehende Wasserflächen.

Sie blieben meist so lange im Wasser, bis sie beide blau waren, hingen an einer der das Bad begrenzenden Bojen herum und führten auch hier ihre Spiele weiter, begaben sich auf Inseln, Boote, Piratenschiffe, Meere und Ozeane, zwischen Klippen und Palmenstrände. Nur wenn Hilla schwer wie ein Flußpferd von der Boje plumpste, Wasser schluckte und prustend wieder auftauchte, die völlig nutzlose Badekappe schief auf den nassen Haaren – da kehrten sie kurz ins Angelibad zurück und lachten hemmungslos und lange. Sie sieht noch Hillas naßbewimperte, zu kleinen Schlitzen zusammengepreßte Augen vor sich und ihren großen vollen Mund, im Lachen eine riesige, glänzende Zahnreihe entblößend, kaum jemand, der so lachen konnte wie sie.

Sie mußten sich lange auf die sonnenwarmen hölzernen Pritschen legen, sich an das warme Holz schmiegen, bis ihre Körper aufhörten zu schlottern. So richtig warm wurde ihnen erst auf dem Heimweg durch den heißen, staubigen Spätnachmittag.

Jeder Sommer schien damals lange zu währen. Von den Wintern weiß sie weitaus weniger. Sicher, man fuhr Schlitten, irgendwo auf kleinen Hängen hinter den Häusern, aber da fror sie, Kleidung und Schuhe waren schnell durchnässt oder starr vereist, sie hatte nicht viel übrig für Winterfreuden im Freien.

Aber sie erinnert sich an ein Weihnachtsgedicht, das sie, wohl in der letzten Volksschulklasse, bei einem Krippenspiel vorzutragen hatte, ihr erster öffentlicher Auftritt. Die Lehrerin legte Wert auf Deutlichkeit und gab ihr Empfehlungen, wie diese zu üben sei. So nutzte sie den Schlauch von Zimmern in der elterlichen Wohnung, plazierte die Mutter in die Küche, stand selbst frierend auf der Veranda und deklamierte brüllend: »Vom Himmel hoch da komm ich her –« Dann sauste sie zur Mutter. »Hast du mich verstanden?« »Jedes Wort!« versicherte diese ergeben.

Die heimischen Weihnachtsfeste waren von mütterlicher Erschöpfung und dem Geruch nach gebackenem Karpfen durchsetzt, es gab wenig Geschenke, aber sehr bald und immer wieder Bücher, das Begehrteste, was man ihr schenken konnte. Schnell versank sie, Kekse kauend, tief in anderen Welten, die wenig mit dieser Wohnung zu tun hatten, die der Weihnachtsbaum noch beengter werden ließ und in der die Spannung zwischen den Eltern vibrierende Fäden zog. »Sie streiten –«, war unter den Töchtern ein sehr üblicher Hinweis, und oft versuchten sie, durch Rüpelhaftigkeit die Eltern wenigstens im Zorn zu vereinen. Sobald sie gemeinsam schimpfen konnten, schien das wie ein Blitzableiter die ärgsten Funken auf sich zu ziehen, und etwas wie Beruhigung kehrte ein.

An der Ecke des Nebenhauses lag das Gasthaus Ziffer. »Geh zum Ziffer, hol zwei Flaschen Bier«, sagte man in der Familie. Dorthin, zu den Wirtsleuten, in die hohen, schmucklosen Galaräume, zog ein anderes Mädchen. Es hieß Frauke, und so fremdartig wie der Name erschien ihr alles an diesem Wesen. Frauke war blond, sprach ein ganz anderes Deutsch, brachte Erfahrungen aus der großen Welt hierher in diese kleine Floridsdorfer Ecke. Eine Aura von Wissen schien sie zu umgeben, und in ihrer Gegenwart kam man sich immer ein wenig blöd vor. Mit ihr kam es eines Tages zu einer Art Sängerwettstreit, einem kuriosen Kampfspiel um die Vormachtstellung.

Frauke war die erste, die einen Schlager dieser Zeit nachzusingen verstand, sie lehnte sich gegen die Feuermauer am Spielplatz und trällerte schmachtend:

Wenn auf Capri die rote Sonne im Meer versinkt
und am Himmel die weiße Sichel des Mondes blinkt,
ziehn die Fischer mit ihren Booten aufs Meer hinaus,
und sie legen in großem Bogen die Netze aus.

Die bisherige Spielplatzkönigin hörte zu und wußte, jetzt war der Augenblick gekommen. Schnell hatte sie sich Text und Melodie eingeprägt. Und ehe die anderen Kinder wußten, wie ihnen geschah, übernahm sie den Gesang, aber nicht nur trällernd und gegen eine Wand gelehnt, oh, nein, sie gestaltete ein ganzes Fischerdorf bei Sonnenuntergang, das Schicksal der »bella, bella, bella Marie« – fuhr doch schließlich der junge Fischer hinaus aufs dunkle Meer und bat sie inständigst: »Wart auf mich, ich komm zurück morgen früh.« Diese Bitte steigerte sich bis hin zu: »Vergiß mich nie!« Bella Marie blieb zurück, Netze wurden in hohem Bogen ausgeworfen, gerudert wurde, der Mond betrachtet, geseufzt –

Und kein Kind hat sie ausgelacht. Nicht nur Hilla stand mit leicht geöffnetem Mund vor ihr, begeistert wie stets, nein, die ganze Schar von Buben und Mädchen verschiedenen Alters lauschte still. Und sie hatte gesiegt. Frauke war nicht mehr die von geheimnisvollem Wissen erfüllte Prinzessin aus der Ferne, sie wurde ein Mädchen unter anderen. Ihre Rivalin hatte wieder alles in der Hand, war freundlich und selbstbewußt und ging an diesem Abend zufrieden in die heimische Wohnung hinauf, mit einem »Servas, Hilla!« und »Kommst morgen a, Frauke?«

Gesunde Selbstbehauptung. Uneingeschränktes Vertrauen in die eigenen Wünsche und Möglichkeiten. Wenn sie jetzt daran zurückdenkt, überkommt sie Neid.

4

»Du hast gestrahlt«, erzählt ihre Freundin Bärbel, wenn sie den ersten Schultag am Gymnasium beschreibt. Ein Mädchen mit brünetten lockigen Zöpfen, groß für sein Alter und groß auch die grauen Augen unter den dichten Brauen, habe sie sofort für sich eingenommen. Und immer klingt es, als schildere sie etwas, was leider verlorengegangen sei.

Die Zehnjährige hatte die Aufnahmeprüfung in das Realgymnasium in der Franklinstraße bestanden. Ihr Schulweg führte sie jetzt in die entgegengesetzte Richtung, mit der Straßenbahn fuhr sie bis ›Am Spitz‹, dann ging sie an einem grasigen Bahndamm und Gebüschen vorbei und betrat ein großes Schulhaus. Und obwohl Bärbel bei ihr so viel selbstvertrauendes Strahlen wahrgenommen hatte – sie erinnert sich an anfängliche Verlegenheiten und Empfindungen des Fremdseins. Eine große Klasse voll fremder Mädchen aus Teilbezirken Floridsdorfs, aus Kagran, Jedlesee und Gänserndorf.

Als sie sich Jahrzehnte später bei einem Maturatreffen als reife Frauen wiedersahen, staunte sie darüber, wie unverwechselbar jede das Restaurant betrat, es war, als sähe sie die Mädchen von damals der Reihe nach das Klassenzimmer betreten, und jede der erwachsenen Frauen tat es mit ebenderselben Attitüde – frech, schäkernd, still, scheu, laut, mit einem dummen Witz oder schweigsam –, sie konnte jede allein an ihrem Gebaren wiedererkennen. Und alle waren sie ungebrochene Persönlichkeiten geblieben – oder geworden, nachdem die Hürden des Frauenlebens einigermaßen überwunden waren, die von Mann und Kind und den Mühen eines Berufes, den man nicht aufgeben wollte. Sie hatte bei diesem Treffen Freude an den Frauen und ihren schnatternden, lebenslustigen Gesprächen.

Damals jedoch, als die Zeit am Gymnasium begann, erschienen ihr diese Mädchen in ihrer Vielfalt wie ein undurchschaubares Dickicht, das es langsam zu erforschen galt.

Bärbel, auf die auch sie bald aufmerksam wurde, hatte dunkles Haar, die Stirnfransen hingen ihr tief ins Gesicht, das blaß war, ein großes, blasses Oval, und sie trug eine Brille. Am auffälligsten war wohl, daß sie ihren Körper in überweiten Röcken und Pullovern zu verbergen trachtete. Dieser Versuch, das zu tarnen, wessen sie sich schämte, gab es in besonderem Maße preis.

Trotzdem kam sie mit diesem seltsamen, sich aus Scham über das eigene Aussehen exponierenden Mädchen rasch in ein Gespräch. Hinter den Brillengläsern entdeckte sie zwei kluge, dunkle Augen, langbewimpert und schön. Überhaupt fand sich beim näheren Kennenlernen eine Menge Schönheit in dieser vermummten, in sich verpuppten Gestalt. Bärbel hatte eine weiße und weiche Haut, ein ebenmäßiges Profil, sehr weibliche Schultern und Arme. Sie war nur ein wenig zu dick. Sie ging gebückt, um den wachsenden Busen zu verbergen, zog ihre schwarzen Pullover möglichst bis zu den Knien hinunter und kam wie ein kleines Monster des Weges, schlurfend und verhangen.

Bärbel lebt heute in England und ist eine schlanke, reizvolle, gut gekleidete Frau geworden. Ihre leicht schrägen schwarzen Augen mit den langen Wimpern schauen einem ungehindert und herrlich entgegen. Ein Sieg der Visionen eines Menschen über das Augenscheinliche. Bärbel – durch Jahre der Mensch, dem sie sich am stärksten verbunden gefühlt hatte – litt damals an ihrer Seite so heftig und untröstlich an ihrem Aussehen und an Empfindungen von Degradierung, daß sie beide es nie vergessen haben.

Sie lernte am Gymnasium gut, war Vorzugsschülerin und wurde zugleich gemocht. Die anderen Mädchen wählten sie zur Klassensprecherin. Und sie traf wieder auf Lehrpersonen, denen sie Achtung entgegenbringen konnte und die ihr erhöhte Aufmerksamkeit schenkten.

Allen voran ihre Geschichtsprofessorin Zimmermann, eine große, kräftige Frau, die ein wenig gebeugt und mit ausholenden Schritten zu gehen pflegte und auf ihr Aussehen nicht den geringsten Wert legte. Ihre Strümpfe schlugen Falten, die Rocksäume hingen herab, die Absätze ihrer Schuhe waren abgetreten. Trotzdem hatte ihre Erscheinung Eleganz, eine natürliche, fast wilde Vornehmheit. Das aschfarbene Haar war locker zurückgestrichen, als wehe ein beständiger leichter Wind es ihr aus dem Gesicht, und ihre Augen verloren nie den Ausdruck von Nachdenklichkeit. Es war, als könne die Gegenwart von der Lehrerin nicht Besitz ergreifen, so sehr lebte sie in der Geschichte. Und dennoch lehrte sie Geschichte als Grundlage der Gegenwart. Sie muß eine der ganz wenigen gewesen sein, die vor der jüngsten Vergangenheit nicht die Augen verschloß. In den höheren Klassen zeigte sie Filme von Konzentrationslagern, und einige Mädchen liefen aus dem verdunkelten Raum, um sich zu erbrechen. Sie kannte keine Schonung, kein Verschweigen oder Umgehen. Wie erstaunlich und ungewöhnlich das war, wurde erst später klar, später, als von vielen Gleichaltrigen erzählt wurde, der Geschichtsunterricht hätte die Greuel des Naziregimes nicht einmal gestreift. Sie hatte nur ihre Frau Professor Zimmermann und deren unerbittliche Wahrheitsliebe kennengelernt. Und die führte dazu, daß sie zu Hause so manches Sonntagsfrühstück zum Eklat werden ließ, weil sie ihren Vater beschimpfte und mit wilden Fragen bombardierte. Sie weiß nicht mehr so recht, wie er reagiert hat. Gequält wohl, unsicher und gleichzeitig auf etwas wie Schuldlosigkeit beharrend. Aber keine seiner Antworten konnte gelten, jede wurde ihm schreiend verwiesen – wie kann man bei so was mitmachen? Wie konnte man ein Nazi sein? Wie war es möglich, daß all das geschah? Wie kann man davon wissen und weiterleben, als wäre nichts geschehen? Wie kannst du mein Vater sein?

Und schließlich schwieg er.

Aber vorerst gab es die drastische Konfrontation mit dem Nationalsozialismus noch nicht, Geschichte schien noch aus Geschichten zu bestehen, die etwas derart Fernes beschrieben, daß man sie genießen konnte, auch wenn sie grausam waren. Es war, als säße man im Kino.

Und im wirklichen Kino saß sie so oft sie konnte. Im Weltbild, im Poppenwimmer und im Prisma. Immer die leidige Angelegenheit mit dem Jugendverbot. Groß für ihr Alter, versuchte sie sich möglichst erwachsen zu geben, und es gelang ihr, sich immer wieder in jugendverbotene Filme hineinzuschwindeln. Sie sah also Unmengen amerikanischer Filme dieser Zeit und gewann aus ihnen eine fatale Vorstellung von den Beziehungen zwischen Mann und Frau und von ›Liebe‹.

Mit ihr selbst geschah etwas ganz anderes, folgerichtig und ihrer Entwicklung gemäß. Sie begann ihre Geschichtsprofessorin zu lieben, mit der tiefen, das Geschlechtliche noch nicht suchenden Liebe eines erwachenden Kindes. Wenn diese Frau mit ihren großen Schritten und der absichtslos eleganten Linie ihres Körpers das Klassenzimmer betrat, wurde sie glücklich.

Mag sein, daß viele in der Klasse für diese Professorin schwärmten, mag sein, daß Schwärmereien bei Mädchen dieses Alters üblich sind – sie liebte. Und lebte im Glanz dieser Liebe, die nur ihr gehörte. Die Tage wurden erleuchtet von Begegnungen auf den Gängen oder in den langen Geschichtsstunden, und sie ging noch eifriger zur Schule, als sie es ohnehin tat.

Bärbel, mit der sie die Schulbank teilte, konnte diese Freude an der Schule weder teilen noch nachvollziehen. Meist saß sie teilnahmslos oder angeekelt neben ihr, hinter der Brille, langen Haarfransen und einem in sich geduckten Körper verborgen. Sie bekam meist schlechte Noten, die Lehrer spöttelten an ihr herum und konnten diese Freundschaft nicht recht verstehen. Sie begann die Freundin zu verteidigen, und diese Verteidigungshaltung wurde mehr und mehr Bestandteil ihrer Gemeinsamkeit. Aber nur in der Schule. Bei allem anderen, was die beiden allmählich verband, gingen die starken und bestimmenden Impulse von Bärbel aus.

Sie wohnte in einem einstöckigen Haus in der Floridsdorfer Hauptstraße, durch ein großes Tor gelangte man in einen Innenhof. Die große alte Wohnung im ersten Stock wurde für die Freundin zum Inbegriff luxuriösen Lebens – weil die Zimmer so geräumig, die altdeutschen Möbel so riesig waren, wie auch die Platten voll wurstgefüllter Weckerln, die den Mädchen serviert wurden.

Bärbels Mutter, eine alleinstehende Geschäftsfrau, leitete einen Ofensetzerbetrieb, obwohl sie in ihrer Jugend eine Laufbahn als Sängerin angestrebt hatte. Sie war eine große

Frau mit kurzgeschnittenen, dünnen Haaren, die eng am Kopf anlagen, und ihr Gesicht war fast männlich herb. Dazu eine ungewöhnliche Altstimme, die nicht wegzudenkende Zigarette und eine intellektuelle Kühle im Umgang mit anderen Menschen. Desto erstaunlicher wirkte es, daß diese Frau eine Liebesbeziehung mit einem ihrer Angestellten einging, einem kleinen, eher derben Mann. Von ihm wurde sie schwanger und gebar, nach ihren beiden Töchtern aus erster Ehe, verspätet noch einen Sohn. Die ältere Tochter Tita war ausnehmend hübsch. Sie war es auch, die wollüstig die vielen Brote strich und den jüngeren Mädchen hinstellte, während sie Hausaufgaben machten, und ihnen dann leicht spöttisch zusah, wie sie pampften und die Weckerln allesamt aufaßen. Schön und schlank saß sie daneben, rührte kein Brot an und weidete sich offensichtlich am Appetit der halbwüchsigen Mädchen und derem unaufhaltsamen Dikkerwerden. Daß Tita unter Bulimie litt, ihr Essen immer heimlich erbrach und endlos an diesen Eßstörungen leiden würde, wußte die Besucherin damals noch nicht.

Sie versuchte Bärbels Interesse an den Hausaufgaben zu wecken, doch ohne Erfolg. Bärbel hatte sich entschlossen, die Schule zu hassen, und dabei blieb sie eisern. Außerdem stöhnte sie unter dem Zwang, Klavierstunden nehmen zu müssen. Sie verschwand mit der Klavierlehrerin – einer zugegeben häßlichen und unfreundlichen Person – im Nebenzimmer, und bald hörte man zwischen Bärbels kläglichem Geklimper wütend an ihrem Kopf vorbeigeworfene Notenbücher gegen die Tür knallen. Bärbel kam nach jeder dieser unergiebigen musikalischen Belehrungen bleich und erschöpft zu ihr zurück. Trotz der geworfenen Bücher und der zu hörenden Mißtöne hätte die Freundin viel darum gegeben, selbst Klavierspielen lernen zu dürfen. Daß sie darum beneidet wurde, war Bärbel jedoch ebenso unerklärlich wie jede andere Lernfreude. Sie lebte in einer Landschaft aus Träumen und fernen Zielen, las gern und zeichnete wunderschön. Mit Entschiedenheit weigerte sie sich, sich selbst und das sie umgebende Leben so anzunehmen, wie es sich ihr bot.

Und andererseits verband genau das sie beide so unauflöslich. Träume und Phantasien bildeten einen schützenden Kokon, in dem ihre Freundschaft gedieh. Bärbel hatte Großeltern, die in der Schwarzlackenau lebten, einer Gartensiedlung, die im Bereich der ehemaligen Donauauen entstanden war und die nur ein Damm von den weiten Wiesen des Überschwemmungsgebiets und vom Fluß trennte. Das kleine Haus der Großeltern war nichts weiter als eine ringsum erweiterte und geflickte Hütte in einem wuchernden Garten voller Obstbäume. Das alles erschien ihr romantisch, auch die beiden alten Leute, lebensfroh und einander in sinnlicher Verliebtheit zugetan. Es war der gegebene Rahmen für das verborgene Traumleben der Freundinnen. An den Wochenenden, und wann immer es möglich war, wanderten sie den Damm entlang dorthin, von ihren beiden Hunden begleitet. Bärbel besaß einen ungeschorenen schwarzen Pudel, der laufen konnte wie der Wind, sie selbst einen Dackel, der Maxi hieß und intelligente Haken schlug. Schon auf dem Weg bis zur Schwarzlackenau tauchten sie in Phantasien und träumende Erwägungen ein, lösten sich von der Realität ab. Zwar genossen sie die Wirklichkeiten der Natur, den Wind vom Fluß her, die Wiesen, auf denen sommers Rinder weideten, das Flüstern der großen Erlen, an denen sie vorbeikamen, vereinsamte Überbleibsel der alten Auen. Und zwischen den Gärten mit ihren überhängenden Zwetschkenbäumen und Holunderbüschen die schmalen Pfade, auf die allerhand reifes Obst fiel, von dem man im Dahingehen selbstvergessen nehmen konnte. Und dann der

Garten der Großeltern – alles bot ihnen Einblicke in das Walten der Jahreszeiten, in den Reichtum des Natürlichen, wurde ihnen jedoch auch zum unerschöpflichen Nährboden für Spiel und Traum. Obwohl Bärbels Großeltern sie mit Streuselkuchen oder Marillenknödeln empfingen, sie also vorrangig auf leibliche Genüsse verwiesen und nicht müde wurden, Eßbares aufzutischen, gab es da eine winzige Kammer unter dem Dach, in der sie manchmal nächtigten. Der noch winzigere Balkon davor wurde von den Blättern eines Weinstocks umhüllt, nachts stellten sie brennende Kerzen zwischen ihren Matratzen auf und sprachen stundenlang, ehe sie einschliefen. Sie meinten über das Leben zu sprechen, das irgendwo fern vor ihnen lag, und bewegten sich doch nur in Träumereien. Sie lagen auf dem geteerten, sonnenwarmen Dach des Hauses, unter den Ästen eines gewaltigen Nußbaumes, aßen frische Nüsse mit frischem Brot, rochen die leichte Fäulnis überreif abgefallener Äpfel und das herbstliche Laub, gaben sich ihrer jungen Sinnlichkeit hin und lebten gleichzeitig wie abgehoben in Spintisiereien. Auch im Sommer, wenn sie im Fluß badeten, warfen sie sich, gegen Steine gestützt, in die Strömung, die hinter ihren Schultern hohe, schäumende Kragen bildete, und befanden sich sofort anderswo, in einer Welt von Königinnen. Schaumgeschmückt und stolz schrien sie beide wild in das Rauschen des Flusses.

Dieser Fluß. Er begleitete ihre Jugend als Symbol eines einmal zu erreichenden Lebens, sein ruhiges, gewaltiges Strömen schien alle Fragen zu beantworten, die sie ruhelos an sein Ufer trieben. Später vor allem, als sie langsam und mühevoll zur Frau wurde.

In den ersten Jahren, mit Bärbel und den Hunden, genoß sie ihn mehr, als daß sie ihn befragte. Allein der Weg über die großen Wiesen zum Ufer, die Linie der Hügel vor ihnen:

Kahlenberg, Leopoldsberg, eine bis heute in die Netzhaut gebrannte Silhouette. Die Donauwiesen jedoch gibt es nicht mehr. Ein künstlicher Seitenarm wurde geschaffen, das öffentliche Erholungsgebiet ›Donauinsel‹ – als wären die wilden, weiten Wiesen von damals nicht erholsam genug gewesen. Wo man über den Damm klettern und in die Weite bis zum Fluß blicken konnte, führen jetzt mehrspurige Autobahnen dahin. Als die Bagger vor Jahren mit dieser Arbeit begannen, schien ihr das Herz zu brechen, sie vermied es, über die Brücken zu fahren, und wenn sie es tun mußte, sah sie nicht zur Seite. Ihr war, als würde ein Teil ihres Lebens, ihrer Vergangenheit geschändet und massakriert. Gewiß, schon damals, als man die Auwälder fällte, um den Fluß zu regulieren, verloren andere Menschen ihr Lebensumfeld – und so geht es immer weiter. Aber die ›Donauwiese‹ ihrer Kindheit und Jugend hatte sich wieder in die Natur eingegliedert. Sie war nicht einer dieser elenden Freizeitparks unserer Tage.

Zwei halbwüchsige Mädchen saßen im Gras und führten ernste Gespräche. Fast immer wehte der Wind, dieses freie Gelände neben dem breiten, fließenden Wasser schien Luftströme anzulocken. Die Hunde rasten mit flatternden Ohren um sie herum oder schliefen, an die Beine der Mädchen geschmiegt.

Irgendwann begannen Bärbel und sie, einander mit sehr einfachen Fotoapparaten – Boxen hießen sie und sahen aus wie Schachteln – zu fotografieren. Lyrische, sorgsam ausgetüftelte Bilder mit recht starren Posen vor ländlichen Motiven.

Da hatte die ältere Schwester schon geheiratet. Sie war noch nicht sechzehn, als ein sehr viel älterer Zeichenlehrer auf der Modeschule sie zu umwerben begann. Vielleicht auch aus Raumnot ließen die Eltern sich schnell überreden, diese frühe Ehe zuzulassen. Roland kam nun häufig zu Besuch. Anfangs betrachtete die jüngere Schwester scheu und mit gesenkten Augen die schlanken Finger des Besuchers, wenn er nach der Teetasse griff, hörte erstaunt sein röhrendes Lachen und fand diese frühe Liebesverbindung über alle Maßen romantisch. Die beiden heirateten in der Kirche Maria am Gestade. Auf Fotos steht das Paar unter dem Kirchenportal, über der steilen Treppe, die Schwester in einem weißen, bodenlangen Prinzeßkleid, ein Krönchen im Haar. Danach lebte sie nicht mehr in der Brünnerstraße, sondern mit ihrem Mann in einem Untermietzimmer, das der Stadtmitte näher lag.

Gitti und Roland, das war für sie in diesen Jahren ein Begriff wie Romeo und Julia oder Tristan und Isolde – etwas Romantisches, Ungewöhnliches, das sich von den Trivialitäten der Schule und der Häuslichkeit abhob. Als das Paar später nach Amerika auswanderte, blieben ›Gitti und Roland‹ das Ziel unzähliger halbwüchsiger Sehnsuchtsbriefe, die nicht nur sie, sondern auch ihre Freundin Bärbel schrieb. Oder sie taten es gemeinsam. Pubertäre, schwülstige Ergüsse.

Und Roland war es auch, der sie ›aufklärte‹. Er schien diese Aufgabe gerne zu übernehmen. Nur erzeugte er mit dem Hinweis, der Beischlaf entspräche der Anstrengung bei einer Bergwanderung, ein bleibendes Bild von sexuellen Mühen, das sie schwer los wurde. Heimlich betrachtete sie ihre Eltern, die immerhin drei Kinder gezeugt hatten, und stellte sich deren ›Bergwanderungen‹ vor. Sie war ziemlich froh, daß so erschöpfende Dinge noch weit vor ihr lagen. Aber sie ließ sich von Roland in jugendlicher Nacktheit fotografieren. ›Aktfotos‹ kamen ihr wie das Natürlichste der Welt vor. Von der Schwester schon seit Jahrzehnten getrennt, lebt er heute noch in Wien und fotografiert unermüdlich nackte Mädchen.

Die Freundinnen gingen dazu über, nicht nur in der Natur zu fotografieren, auch in Bärbels mütterlicher Wohnung realisierten sie mit langen Belichtungszeiten ihre künstlerischen Entwürfe. Oft zogen sie eine weitere, sehr hübsche Mitschülerin hinzu. Hanni besaß ein ungewöhnlich fein geschnittenes Gesicht, dieses wurde wild geschminkt, die Augen dunkel umrandet, man zog ihr lange schwarze Handschuhe an, wickelte ihr Tücher um den Kopf, vielfältige Körperhaltungen wurden ausprobiert – die arme Hanni mußte stundenlang posieren, ehe mit der Box einmal abgedrückt wurde. Die Filme kosteten Geld, und sie hatten kaum welches. Aber ganze Nachmittage verflogen im Ausdenken und Gestalten solcher Aufnahmen, zur reinen Phantasie ihrer Kinderschöpfungen kam jetzt ein Gerät hinzu, eine Technik. Die Leidenschaft beim Erfinden blieb dieselbe.

Gitti Röber und Hanni, diese beiden empfand sie neben Bärbel als nahe Freundinnen. Gitti Röber trug eine Brille, und auch sie schien von ihrer Häßlichkeit überzeugt zu sein. Dabei hatte sie einen wunderbar elastischen Gang, helles, flatterndes Haar und ein kluges Gesicht. Die unnötige Not mit dem Aussehen – was erwarten wir nur alle von uns!

Die Mutter pflegte sich zu ihr zu setzen, wenn sie von der Schule nach Hause kam und sich heißhungrig auf ihr Mittagessen stürzte. Bereitwillig erzählte sie von den kleinen Ereignissen des Schulvormittags, dann begann sie bald mit den Hausaufgaben. Doch erst, nachdem sie den Schreibtisch, der nicht nur ihr allein zur Verfügung stand, in eine ihr gemäße Ordnung gebracht hatte. An jedem Nachmittag erschuf sie sich eine kleine ritualisierte Welt, schob Gegenstände zurecht oder aus dem Blickfeld, postierte die Lampe richtig, drehte das Radio an – erst dann konnte sie arbeiten.

Meist hörte sie den amerikanischen Sender, wurde schnell zur Jazz-Kennerin und reagierte auf Bemerkungen der Eltern, das sei ›schreckliche Negermusik‹, mit verächtlicher Gelassenheit. Als sie in einem Deutschaufsatz beim Beschreiben musikalischer Vorlieben ihre Jazz-Verbundenheit zum Ausdruck brachte, ließ die Professorin sie diesen erstaunlichen Umstand vor der ganzen Klasse nochmals erläutern. Sie tat es mit kämpferischem Elan und versuchte, den träge glotzenden Mädchen ein wenig von ihrer Begeisterung zu vermitteln. Die kleine, dicke Professorin, eine freundliche Frau mit einem roten Gesicht, das wie grob behauen wirkte, trug immer einen Übermantel aus schwarzem Cloth, den Gürtel über dem Bäuchlein streng geschlossen. »Ich selbst kann zwar mit Jazz nichts anfangen –«, aber sie warf der Schülerin aus blinzelnden Augen hinter millimeterdicken Brillengläsern stolze Blicke zu. Sie schätzte auch deren Aufsätze, mit roter Tinte schrieb sie, vom Gelesenen angeregt, ellenlange Antworten in das Heft.

Auf Schulausflügen in die nähere Umgebung Wiens erwies sich eine Gruppe von Anhängerinnen willens, mit ihr üppigere Wege als die vorgegebenen einzuschlagen. Wieder wurden Geschichten entworfen, ›Theaterspielen‹ hieß das Spiel mittlerweile. Wo Rast gemacht wurde, fand man eine ›Bühne‹: eine kleine Lichtung zwischen Bäumen, einen Hügel, eine abgrenzende Felswand. Sie und die Freundinnen gewannen einen untrüglichen Blick für derartige Konstellationen der Natur. Und dann wurde das Stück entworfen, die Rollen wurden verteilt und geprobt. Die Lehrpersonen und die anderen Schülerinnen – alle, die solche Unternehmungen ›blöd‹ fanden – schauten spöttisch oder neugierig zu ihnen herüber und kauten ihre Jausenbrote. Aber niemand störte sie, eine Aura von Unbedingtheit schien diese Spiele zu umgeben. »Wir gehen weiter!« schrie man ihnen nur zu und wahrte auch im Aufbruch den gebotenen Abstand, sie konnten die Geschichten im Weiterwandern auslaufen und zu Ende gehen lassen.

Die Erfinderin und Regisseurin all dessen war und blieb wie selbstverständlich sie selbst, und wieder schien ihr das niemand streitig machen zu wollen. Oder sie nahm es einfach nicht wahr. Das erleichterte ihr später, am wirklichen Theater, das Leben. Neid und Intrige, angeblich so wichtige Motive im Leben eines Schauspielers, entdeckte sie in ihrer Umgebung nie. Wahrscheinlich, weil sie gar nicht hinsah.

Und auf noch eine Weise manifestierte sich in diesen Jahren ihr unerschütterliches Selbstvertrauen. Immer wieder gab es, wenn ein Lehrer krank war oder aus anderen Gründen fehlte, sogenannte Suppliersstunden. Dann wurde gerufen: »Die Pluhar soll weitererzählen!!«, und sie zierte sich nicht lange, ging nach vorne zur Tafel, setzte sich auf einen Stuhl – und erzählte weiter. Sie erfand aus dem Stegreif Fortsetzungsromane. Meist ließ sie sich von den Mitschülerinnen daran erinnern, bis wohin die Erzählung letzte Stunde gediehen war, sammelte sich kurz und schloß nahtlos daran an. Sie genoß es selbst, derart entführt zu werden. Ihrer Phantasie freien Lauf zu lassen muß ihr damals sehr leicht gefallen sein. Mit einem Schubs, ohne Hemmungen oder Blockaden, schickte sie ihre Imagination auf die Reise.

Da ihre theatralischen Begabungen aufgefallen waren, ließ man sie eigenständig eine Schüleraufführung gestalten. Sie dramatisierte das Märchen ›Zwerg Nase‹. Bärbel spielte den Küchenjungen, und Hanni natürlich die wunderschöne Prinzessin. Sich selbst hatte sie die Rolle der Hexe vorbehalten. Auch die Bühnenbilder und Kostüme wurden von den Mitwirkenden gestaltet, und sie erinnert sich an die fast wollüstige Begeisterung, mit der sie diese furchterregende und abscheuliche Figur erschuf. Sie beklebte eine Pappnase mit großen Warzen aus braunem Plastellin und ließ dünne Drähte als Borsten daraus hervorwachsen. Unter einem Tuch hingen ihr die Haare tief ins Gesicht, Mund und Augen entstellte sie mit dem Schwarzstift. Sie ging gebückt, auf einen Stock gestützt, und hatte sich eine Stimme zugelegt, deren grelles Kreischen durch Mark und Bein ging und wohl nur durch ein Wunder ihren Stimmbändern nicht bleibenden Schaden zugefügt hat.

Schlechtes Kraut, schlechter Kohl!
Alle Köpfe innen hohl!!

So lauteten die Zeilen, welche die Hexe, ähnlich einem Slogan, immer wieder im gräßlichsten Diskant kreischte. Kleinere Kinder stoben davon, wenn sie sie sahen. Das Stück wurde ein unerhörter Erfolg. Man lud sie sogar ein, die Aufführung im städtischen Gaswerk – wohl für Betriebsangehörige – zu wiederholen. Ein Gastspiel also! Sie alle hatten das triumphierende Gefühl, damit für immer in die Annalen der Schule eingegangen zu sein.

Leider schloß sich an diesen Triumph nichts Gleichwertiges mehr an. Viel später, vor der Matura, wirkte sie in Aufführungen mit, die im Schulhof stattfanden. Nestroy wurde gespielt und Shakespeare. Aber zu diesem Zeitpunkt hatte sie ihre frische Unbekümmertheit schon verloren und dachte bereits zu sehr an den Beruf der Schauspielerei. ›Zwerg Nase‹, das war's gewesen. Das wurde freudig und selbstvergessen erschaffen.

Anhand dieser Erinnerung entstand, als sie mit ungefähr vierzig Jahren begann, die Lieder, die sie öffentlich sang, selbst zu texten, ihr ›Hexenlied‹. Und wieder kreischte sie

Schlechtes Kraut, schlechter Kohl!
Alle Köpfe innen hohl!!

von der Bühne herab und genoß es. Sie versuchte, mit diesem Lied von der ungebrochenen Kraft eines Mädchens zu erzählen, die zu schwinden droht, wenn das Mädchen zur Frau wird. Sie sang das Lied in Jahren des Selbstmitleids, und etwas daran war nicht falsch. Es hat sie Mühe gekostet, sich diese Kraft zurückzuholen. Und sie wurde darüber alt.

Natürlich nährten in diesen Jahren mehr und mehr äußere Eindrücke ihre Lust am Theatralischen. Fast an jedem Wochenende sah sie einen Film. Und wenn sie aus dem dunklen Kinosaal wieder in den Nachmittag oder frühen Abend eines ganz realen Vorstadtsonntags zurückkehren mußte, ertrug sie es kaum. Aus den großartigen, fiktiven Geschichten zurück in die Realität, die schmutzige Straße, der müde Heimweg, die kleine, enge Wohnung, Essensgerüche, noch ein Rest Hausaufgaben, die Aussicht auf eine gleichförmige Woche und nichts als Schulstunden – es fiel ihr herzzerbrechend schwer, das normale Leben wieder auf sich zu nehmen. Ähnliches geschah, als sie begann, ins Theater zu gehen. Nicht mehr an der Hand der großen Oma, sondern mit den Freundinnen.

Vor allem besuchten sie das Ronacher, in dem damals bis zur Wiederherstellung des großen Hauses am Ring das Ensemble des Wiener Burgtheaters untergebracht war und seine Vorstellungen gab. Meist standen sie schon am Nachmittag auf den Stufen des Haupteingangs, in eine Menschenschlange eingereiht, um Stehplatzkarten zu ergattern. Und während der Vorstellung hieß es noch weitere Stunden aufrecht stehen, nur auf die vor ihnen angebrachten Messingstangen gelehnt. Aber sie fühlte diese Anstrengung kaum.

Sobald der Vorhang sich öffnete und das Geschehen auf der Bühne seinen Anfang nahm, vergaß sie sich. Sie sah und fühlte nur noch das andere, ihr dargebotenes Leben. Und es bot sich ihr in verdichteter, gereinigter Form dar und übertraf, wie es schien, jede reale Lebensäußerung. In den Pausen umgab sie die vergilbte Pracht des alten Varietétheaters, und sie kehrte nicht auf den Boden der Tatsachen zurück, sondern glitt durch die Gänge und Foyers wie auf Schienen, die das soeben Erlebte gelegt hatte. Erst wenn sie dann nach der Aufführung durch die kalte Nacht zur Straßenbahn liefen, den langen Weg nach Floridsdorf vor sich, plumpste sie hart in die Wirklichkeit zurück, und es erschien ihr unerträglich, weiterleben zu müssen.

Nie brachte sie das über sich, was die meisten Stehplatzbesucher nach der Vorstellung taten: zum Bühneneingang zu laufen und sich Autogramme von den Schauspielern zu holen. Es hätte sie zu sehr beschämt. Sie war zu sehr Teil dieses Abends gewesen, um sich jetzt mit irgendeiner Unterschrift zu begnügen. Sie hatte das Gefühl, *zu* den Schauspielern zu gehören und nichts von ihnen erbitten zu müssen. War es Hochmut? Jedenfalls bewog sie dieses einfache und starke Gefühl, die Menschentrauben an der Bühnentür zu meiden. Sie saß im halbleeren, dahinratternden Straßenbahnwaggon, starrte aus dem Fenster, sah die Lichter auf den Straßen zur Vorstadt hin immer spärlicher werden und ließ die Bilder der Bühne, die Stimmen und Worte, nochmals vor sich auferstehen.

Je älter sie wurde, desto härter und auch freudloser wurde ihr Alltag. Man lebte daheim in so bescheidenen Verhältnissen, daß man ihr kein Taschengeld geben konnte. Also begann sie, jüngeren Kindern Nachhilfeunterricht zu geben, was dazu führte, daß sie nach einem langen Schultag noch

›arbeiten‹ ging. Lange Zeit wanderte sie mehrmals in der Woche von der Schule aus über die Brücken der Alten Donau bis zu einer seltsam zusammengewürfelten, unschönen Siedlung mit kleinen Handwerksbetrieben, Zigeunerlagern, schnell hingebauten, villenartigen Häusern, struppigen Wiesen und Baracken. Dort mußte sie ein faules, dickes Kind auf seine Eignungsprüfung am Gymnasium vorbereiten. Dessen Eltern waren wohl zu schnellem Nachkriegsreichtum gekommen, das außen noch nicht verputzte Haus war innen mit protzigen Häßlichkeiten vollgestopft, und davor stand, mitten im Bauschutt, ein großes Auto. An so etwas wie einen Garten hatte man nicht gedacht. Das Kind war nicht willens, irgend etwas zu lernen, und die Dame des Hauses wollte offenbar hoch hinaus. Weswegen sie sich vorläufig bemüßigt fühlte, unfreundlich zu sein und die Hauslehrerin wie einen Dienstboten zu behandeln. Der Unterricht, die Familie, das häßliche Haus demütigten sie. Es war Winter, und wenn sie an der Alten Donau entlang zurücklief, herrschte Dämmerung, der kalte Wind pfiff über das Wasser, sie fror und war froh, wenn sie endlich in der Straßenbahn saß. Einmal, zur Nikolozeit, verfolgten sie als Krampusse verkleidete Jungen, stießen sie mit ihren Teufelshörnern und schlugen sie mit Ruten – taten es vielleicht aus Spaß, aber sie weinte schließlich.

Die Sehnsucht nach einem anderen, schöneren Leben erwachte in ihr. Es war mehr als Sehnsucht. Es war der absolute Wille. So nicht, sprach es in ihr. So will ich es nicht.

Der Glanz ihrer Kindheit brach plötzlich. Oder hatte sich dieser Bruch in kleinen Schritten vorbereitet? Jedenfalls stand sie vor den Scherben ihrer Kinderzufriedenheit. Dazu erfuhr sie den körperlichen Wandel zur Frau als qualvoll. Nicht nur, daß die Monatsblutungen einsetzten – für jedes Mädchen ein Eingriff in alles Bisherige, ein Verlust körperlicher Ungebundenheit –, sie litt unter schweren und anhaltenden Blutungen, die sie immer wieder zwangen, das Bett zu hüten. Sie konnte nicht zur Schule gehen, lag daheim auf dem Sofa und spürte den besorgten Blick der Mutter über sich gleiten. Das auch noch! schien dieser Blick zu sagen, sie fühlte sich gedemütigt, ihrem Körper ausgeliefert, der in warmen Stößen sein Blut verlor. Mehr und mehr wurde er zu ihrem Feind, zu einer fremden Macht, die sie terrorisierte. Sie fühlte sich in ihrem Körper nicht mehr zu Hause.

Dennoch wollte sie einen Skikurs der Klasse nicht versäumen. Ihre geliebte Geschichtsprofessorin leitete diese Reise in die verschneiten Berge! In Skihosen, windumflossen und sonnengebräunt, was für ein Anblick natürlich schönen Lebens bot sie. Und die Schülerin, mit Blut und nassen Binden zwischen den Beinen, was für ein Krüppel!

Es ging nicht. Sie blutete zu stark und mußte in irgendeiner Berghütte im kalten Schlafsaal liegen, während die anderen Mädchen ihre Skier davontrugen und später mit roten Backen und luftfrisch zurückkehrten. Die Professorin sah manchmal nach ihr und setzte sich kurz an ihr Bett. Ihr mitleidiger Blick tat weh. Jede Anteilnahme beschämte. Plötzlich nach dem Blut gefragt zu werden, das an einer geheimnisvollen Stelle aus ihrem Körper drang, und so gefragt zu werden, so mitleidsvoll, sie ertrug es kaum. Als man schließlich einen Weg fand, sie früher nach Hause zu schicken, war sie wie erlöst.

Sie weinte viel in dieser Zeit. Im Radio hörte sie oftmals ein Klavierkonzert, das ›Warschauer Konzert‹. Wenn sie diese Komposition heute zufällig hört, ist ihr die sehnsuchtsschwere Verzweiflung von damals sofort wieder gegenwärtig. Das Gefühl, den quälenden weiblichen Körper nie mehr loswerden zu können. Außerstande zu sein, je ein freier, ungezwungener Mensch zu werden. Nur eine Frau

Frau. Der Inbegriff von Reduziertheit. Schwäche und Blut. Sie begann es zu hassen, eine Frau werden zu müssen.

Und andere Begebenheiten fügten diesem Haß auch noch Ekel und Beschämung hinzu. Es schien, als hätte alles sich verschworen, ihre weibliche Entwicklung zu stören. Sicher war sie kein Einzelfall, die menschlichen Beschädigungen im Zuge des Erwachsenwerdens – und noch mehr des Frauwerdens – sind Legion. Doch man erlebt es in angstvoller Vereinzelung. Die einzige schändliche, gedemütigte Person ist man selbst. Wer sich schämen muß, ist man selbst. Man selbst ist schuld.

Früh am Morgen die täglichen Straßenbahnfahrten zur Schule. Und irgendwann wurden neue Waggons in Betrieb genommen, die sogenannten Amerikaner. Breit und schwingend surrten sie auf den alten Schienen daher, während der Fahrt wurden sie durch automatische Türen hermetisch verschlossen. Jede Neuigkeit amerikanischen Ursprungs gefiel ihr damals, und anfänglich auch diese ›moderne‹ Straßenbahn. Aber bald wurde der Amerikaner und die morgendliche Schulfahrt für sie zum Alptraum.

Immer fuhr sie pünktlich zur gleichen Zeit los, mit einer ebenfalls fahrplanmäßig pünktlichen Straßenbahn. Die Haltestelle befand sich vor dem Häuserblock, in dem sie wohnte. Und es ergab sich, daß auch der Straßenbahnschaffner meist derselbe war. Ab einem gewissen Zeitpunkt war es ein kleiner, gedrungener Mann mit dunklem Haar unter der Schaffnermütze und mit dunkelbehaarten Händen. Die Straßenbahn war am Morgen stets überfüllt.

Und eines Tages nun, als der Schaffner an ihr vorbeidrängte, fühlte sie, wie seine Hände ihr Hinterteil umfaßten. Sie warf den Kopf herum und starrte ihn an. Er lächelte ein häßliches, unbefangenes Lächeln und griff noch fester zu. Seine Hände versuchten, durch ihren Rock hindurch, in ihren Körper zu gelangen. Die Menschen standen dichtgedrängt, keiner jedoch nahm ihr Entsetzen wahr. Sie zwängte sich schließlich zwischen den anderen Fahrgästen aus der Reichweite dieser abscheulichen Hände, man nahm ihre Hektik murrend und kopfschüttelnd zur Kenntnis. »Diese jungen Leute«, hieß es. Als sie mit hochrotem Kopf nochmals zurückblickte, grinste der Schaffner zwischen den Schultern und Hüten der anderen ungerührt zu ihr herüber. Dann boxte er sich langsam weiter – »Faahrscheine biitte!« Es klang in ihren Ohren so, als riefe er ihr eine letzte höhnische Drohung zu: »Warte nur! Warte nur, ich komme wieder!«

Und so war es auch. Jedesmal, wenn sie zustieg und dieser Schaffner im Waggon war, mußte sie auf der Hut sein. Von weitem schon zwinkerte er ihr zu und drängte mit fürchterlicher Kraft in ihre Nähe. Als es ihm nochmals gelang, sie anzufassen, begann sie, zu anderen Zeiten von zu Hause wegzufahren, entweder früher oder später. Und immer das angstvolle Spähen in den heranrollenden Amerikaner, ob nicht doch der kleine, dunkle Schaffner mit seinen haarigen Händen zwischen den Fahrgästen auftauchen würde. Sie erzählte niemandem davon. Die Idee, den Mann zu stellen, sich bei den umstehenden Passagieren zu beschweren, kam ihr nicht. Sie fühlte sich besudelt. Da ihre Hinterbacken dazu verlockten, sie obszön zu berühren, mußten sie obszön sein. Sie begann ihren Körper zu verachten.

Das zweite einschneidende Erlebnis dieser Art, auch den Ekel und die Angst, mußten Bärbel und sie teilen. Es geschah an einem Winterabend, als es früh dunkel geworden war. Der Heimweg von Bärbels Großeltern und der Schwarzlackenau war ruhig und im üblichen romantisierenden Gespräch verlaufen, die Hunde trabten ein wenig müde neben ihnen her, sie hatten sich einen Nachmittag lang auf den Donauwiesen ausgetobt. Vom Schutzdamm, auf dem sie gewandert waren, bogen sie ab in den Spitzerpark, wo Fußwege mit Parkbänken zwischen alten, großen Aubäumen hindurchführten. Es war stockfinster unter den hohen Wipfeln, kein Mensch mehr unterwegs. Aber die beiden Mädchen waren viel zu sehr in ihre Träume vertieft, um sich zu fürchten oder auch nur unbehaglich zu fühlen.

Plötzlich jedoch sahen sie etwas vor sich und blieben erschrocken stehen. Was sich ihnen näherte, war eine dünne Lichterkette brennender Zigaretten, quer über den Weg gespannt. Erst da vernahmen sie auch die Schritte vieler Schuhe auf dem erdigen Boden. Eine Gruppe junger Burschen kam ihnen entgegen, die rauchten und ihnen den Weg abzuschneiden versuchten. Das bedrohlichste war, daß sie schwiegen, sich lautlos vorwärtsbewegten.

Sie und Bärbel versuchten vorerst, den Schreck abzuschütteln und weiterzugehen, als wäre nichts geschehen. Doch die Burschen blieben stehen, als dichte Menschenkette und ohne ihnen Durchgang zu gewähren. Und nach einem Augenblick der Reglosigkeit wurden sie beide unter Johlen gepackt und zu Boden geworfen, jede von einem Rudel Burschen überwältigt. Die Schreie der Mädchen gellten durch den finsteren Park. Und das wiederum schien die zwei Hunde – sonst verspielte kleine Kreaturen und keineswegs zum Bewachen abgerichtet – auf ungewöhnliche Weise zu alarmieren. Maxi und Pucki – ein Dackel und ein Pudel – entwickelten plötzlich eine Kraft und Wildheit, die man ihnen nie zugetraut hätte. Bellend und knurrend sprangen sie die großen Burschen an, bissen sich fest, und im Verein mit den schreienden Mädchen ergab das ein wildes Spektakel.

Es war wohl dieser aufsehenerregende Lärm, der die Burschen bewog, von ihnen abzulassen. Der Spitzerpark, der auf eine Wohnstraße mündet, war ihnen wohl nicht entlegen genug, sich um das Geschrei und Gebell nicht zu kümmern. Sie hätten die kleinen Hunde erschlagen und die beiden Mädchen vergewaltigen können. Sie taten es nicht.

So wie sie aufgetaucht waren, verschwanden die Kerle. Sie und Bärbel lagen schmutzig, mit zerwühlter Kleidung am Boden, von den Hunden aufgeregt und winselnd beschnuppert. Weinend rappelten sie sich auf. Welchen Anblick der Entwürdigung sie boten, halb herabgezogene Hosen, wirre Haare, schmutzige, tränenverschmierte Gesichter –

Sie brachten einander wieder einigermaßen in Ordnung, wischten die Tränen ab, streichelten und beruhigten die Hunde und beeilten sich, den Park zu verlassen. Als sie unter den Straßenlampen und zwischen anderen Passanten weitergingen, schauten sie einander in die Augen, als wären sie dem Tod entronnen. Jetzt, verspätet, begannen ihnen die Beine zu zittern, und es wurde ihnen übel.

Aber auch davon erzählten sie keinem. Sogar miteinander sprachen sie wenig über dieses Erlebnis. Es war, als würde jedes Wort darüber sie neuerlich beschmutzen.

Derart fielen also ihre ersten Erfahrungen mit ihrer Weiblichkeit aus. Dies hatte nichts mehr mit Beilner Heinzis Liebkosungen auf der Kohlenkiste zu tun, nichts mit den Liebesgeschichten, die sie im Kino sah, nichts mit der reinen Liebe, die sie für ihre Geschichtsprofessorin empfunden hatte. Auch die romantische Ehe von ›Gitti und Roland‹ schien sich auf einem anderen Stern abzuspielen. Und die ständigen Querelen der Eltern waren nicht dazu angetan, das Vertrauen in ihre Zukunft als Frau zu stärken.

Trotzdem war sie gern bereit, mit den Freundinnen in die Tanzschule zu gehen. Für gutbürgerliche junge Leute war die Tanzschule Ellmeyer nahezu Pflicht, und sie revoltierte nicht dagegen, zumal die Eltern es ihr finanzierten. Sie meinten wohl, dies dürfe man einem jungen Mädchen nicht vorenthalten. Und vielleicht meinte sie selbst es auch. Aber ohne es sich wirklich einzugestehen, litt sie bei diesen Tanzkursen. Da stand man einander gegenüber, verlegene Mädchen und verschwitzte Burschen, in einer quälend unfreien Atmosphäre, vom Tanzlehrer aufeinander zudirigiert wie Vieh. Erklang die Aufforderung, jeder Bursche wähle sich sein Mädchen, dann stand sie mit der demütigenden Erregung da, ob wohl auch einer von diesen häßlichen Burschen sie ›erwählen‹ würde. Sie kam sich plötzlich unschön vor, schlecht gekleidet, unbeholfen, zu schwer – hier, in der Tanzschule Ellmeyer, in dem großen, hellen Saal, bei der Musik für irgendwelche Gesellschaftstänze, im Schweißgeruch der dampfenden Jugend um sie her, verlor sie ihr Selbstwertgefühl rapide. Fühlte sie sich wie eine Kuh, die gemustert wird und still abwartet, wer sie wohl kaufen möchte. Und auch bei der sogenannten Damenwahl fiel es ihr schwer, auf einen der pickeligen Jünglinge zuzustürzen, und das gierige Losrennen der anderen Mädchen widerte sie an. Meist blieb nur das kläglichste Exemplar für sie übrig.

Kein Wunder also, daß es sie fassungslos machte, als der hübscheste unter den anwesenden Burschen sie regelmäßig aufzufordern begann. Er war hoch gewachsen und schlank und hatte blonde Locken, die ihm in die Stirn fielen. Er hieß Heinz und besuchte die Tanzstunden gemeinsam mit seinem Freund Willi, Sohn eines Arztes aus Dornbach. Dieser war von kleinerer Statur und dunkelhaarig und hatte sehr schnell und offensichtlich ein Auge auf die zarte, wunderhübsche Hanni geworfen. Bald schwebten die beiden nur noch miteinander über die Tanzfläche, ihre Augen tief ineinander gesenkt. Hannis Gesicht leuchtete wie ein Blumenblatt.

Im nachhinein ist sie der Überzeugung, daß sie von Heinz nur deshalb erkoren wurde, weil sie stets mit Hanni aus Floridsdorf gefahren kam und er auch als Begleiter einer Lieblingstänzerin und bei etwaigem Getändel in der Nähe seines Freundes Willi bleiben wollte. Aber damals schmeichelte es ihr, daß er sie bevorzugte und ihr mehr und mehr so etwas wie Verliebtheit demonstrierte. Jedenfalls begann sie sich in ihn zu verlieben – mit ihrer demolierten Sehnsucht zu glauben, sie müsse nun verliebt sein.

Hanni verliebte sich wirklich. Und nach Jahren, in denen man Willi nicht gestattete, sie zu ehelichen, taten sie es später doch, und sie sind heute noch ein Paar. Viele schöne Töchter entsprangen dieser Ehe, im Fernsehen und im Journalismus begegnet sie immer wieder diesen Mädchen und einem Widerschein von Hannis Gesicht.

Vielleicht auch, weil sie damals eine so junge, unverbrüchliche Verbindung miterlebte, meinte sie selbst zu lieben. Außerdem gefiel ihr der blonde Heinz sehr gut, der immer versuchte, seine Unsicherheiten mit weltmännischer Überlegenheit zu kaschieren. Irgendwann küßte er sie. Was sie dabei empfand, weiß sie nicht mehr. Aber daß es geschehen war – geküßt zu werden! –, mit allem Kinokitsch auf Du und Du, glaubte sie sofort an einen tiefen Wandel in ihrem Leben und an Ewigkeit.

Auch nach Beendigung der Tanzkurse trafen sie einander immer wieder, doch ohne irgendwo eine Räumlichkeit zu wissen, die ihnen erlaubt hätte, in Ruhe aufeinander zuzugehen und den anderen ins Auge zu fassen. So spazierten sie meist durch die Straßen oder standen frierend in Hauseingängen, damit befaßt, einander ungeschickt zu küssen. Sobald die Hände des jungen Burschen in ihre Kleidung eindringen wollten, erstarrte sie und löste sich erschrocken von ihm. Heinz wohnte irgendwo in Währing, lange Straßenbahnfahrten waren nötig, wenn sie sich treffen wollten. Einmal war sie kurz in seiner elterlichen Wohnung, saß in einem lautlosen, spießbürgerlichen Salon, in dem nur die Wanduhr laut tickte und jeder Gegenstand wie festgefroren seinen Platz hatte. Heinz tat ihr plötzlich leid. Und noch mehr, als seine Mutter sie begrüßte. Die wohlfrisierte Frau mit den kalten Augen lächelte höflich, aber ihr abschätziger Blick schien sie zu durchbohren, so daß sie froh war, dieser Atmosphäre wieder zu entrinnen. Aber statt aus ihrem Unbehagen Schlüsse zu ziehen, geriet sie immer tiefer in die Fiktion zweier Liebender, die, wie diese gewissen Königskinder, nicht wirklich zueinander gelangen konnten. Zwischen ihnen lag, einem tiefen Wasser gleich, die ganze Stadt und die eigene hilflose Jugend.

Eines Tages lud Willi sie beide und natürlich Hanni in die Dornbacher Villa ein. Sie freute sich auf den Abend und darauf, Heinz einmal nicht in billigen Caféhäusern oder auf grauen Straßen treffen zu müssen. Vielleicht dachte sie auch an Küsse, bei denen man nicht frieren mußte. Aber an mehr dachte sie nicht, und das war ihr Fehler.

Die riesige, gepflegte Villa beeindruckte sie. Zu viert wurde gegessen, und es begann sie zu wundern, daß dieses große Haus so leer war und Willi scheinbar allein zur Verfügung stand. Hanni kannte sich hier bereits gut aus, und irgendwann zogen sie und Willi sich in großer Vertrautheit zurück. Vorher jedoch wurde Heinz und ihr von den beiden freundlich ein Zimmer ›zugewiesen‹, ein Zimmer, in dem ein Bett stand. Und erst jetzt dämmerte ihr, worauf dieser Abend abzielte.

Was genau sich in diesem Zimmer, auf diesem Bett abspielte, kann sie nicht mehr rekonstruieren. Aber der junge Bursche wollte jetzt endlich einmal mit ihr schlafen, und das unbedingt. Sie selbst war darauf lächerlich unvorbereitet, sie hatte all die Zeit in einer romantischen Scheinverliebtheit verbracht, von einer Sehnsucht gesprochen, die sie rein metaphorisch gemeint und irgendwo in den Lüften einer geistigen, idealen Liebe angesiedelt hatte. Jetzt griffen ungeduldige und gierige Hände nach ihr, ähnlich denen des Schaffners im Amerikaner oder denen der Burschen im Spitzerpark, aus ihren Träumen von zarten Küssen und Zärtlichkeit stürzte sie in ein dunkles Bett und in die unverhohlene Forderung nach ihrem Körper.

Auf der Dornbacher Straße dahinhastend, die Villa hinter sich und eine menschenleere winterliche Nacht vor sich, fand sie sich wieder. Da es spät war, fuhren diverse Straßenbahnlinien nicht mehr, und für ein Taxi hatte sie kein Geld. Heinz hatte ihr versprochen, sie nach Hause zu bringen, aber das fiel jetzt aus. Ihr romantischer Liebster hatte sich mit einem Schlag in eine Bedrohung verwandelt, in jemanden, vor dem sie Angst haben mußte, den sie floh. Es fror sie auf dieser langen nächtlichen Heimreise, die von Fußwanderungen durchsetzt war. Vor allem ihre Seele fror. Ihr war, als hätte man sie für immer verstoßen, hinausgestoßen in Einsamkeit, Furcht und Nacht. Sie irrte dahin, durchkreuzte mühsam die große Stadt, um gegen Morgen endlich das Floridsdorfer Wohnhaus und ihr Bett im gemeinsamen Schlafzimmer, neben Mutter und Schwester, wiederzufinden.

Von den Atemzügen der anderen umgeben, schlief sie davon, weit fort, in ein ewiges Vergessen dieser Nacht und der Verstörung.

Dachte sie.

Nach außen hin schienen die Verdrängungen dieses Zwischenfalls zu funktionieren. Sie traf Heinz nicht wieder, diese Liebesgeschichte hatte ihr unliebsames Ende gefunden. Um dessen Kraßheit zu verschleiern, flüchtete sie in einen romantischen Trennungsschmerz, der an der bitteren Wahrheit vorbeilog. Sie ging weiterhin pflichtbewußt und als Vorzugsschülerin zur Schule, verbrachte ihre freie Zeit hauptsächlich mit Bärbel, und die Donau bot ihnen zu allen Jahreszeiten Raum an ihren Ufern. Der Fluß wurde ihr zur Zuflucht. Sie lernte, las, schrieb Gedichte, ging, so oft sie konnte, ins Kino oder Theater. Der Familie machte sie wenig Mühe, und sie sonderte sich mehr und mehr ab.

5

Immer weniger Wünsche und Gedanken war sie bereit zu offenbaren. Sie lernte, lebhaft vom Offensichtlichen zu berichten und das Eigentliche zu verschweigen. Und langsam, vorerst fast unmerklich, glitt sie in die erste und vehemente Gefährdung ihres körperlichen und seelischen Lebens hinein.

Da gab es eine Naturgeschichte-Professorin. Selbst von üppiger Statur, mit einem riesigen Busen ausgestattet, begann sie den Mädchen Sinn und Zweck gesunder Ernährung zu erläutern, die außerdem zu einer schlanken und schönen Erscheinung führen würde, an sich ein durchaus löbliches Unterfangen. Sie riet ab vom ständigen Genuß der Wiener Küche mit ihren Schnitzeln und fetten Schweinefleischgerichten, sie erzählte von Joghurt, Topfen, Vollkornbrot. Die Nachkriegszeit, in der man froh war, überhaupt etwas Eßbares zu haben, lag noch nicht allzu lang zurück, und die Vorstellung, daß es gesünder sei, etwas nicht zu essen statt es in sich hineinzustopfen, hatte sich noch nicht durchgesetzt. Die Professorin war zwar mollig, hatte aber einen ausnehmend frischen und rosigen Teint, der die Reinheit ihrer Ernährungstheorie zu bestätigen schien. Sie war wohl gerade selbst in den Sog dieser sehr puristischen Ansichten geraten und vertrat sie vielleicht ein wenig zu bekehrungswütig.

Bei der eifrigen Schülerin jedenfalls fand sie Gehör. Diese begann, Topfen zu essen und alles zu meiden, was Fett und Kohlehydrate enthielt. Und der Anfangserfolg gab ihr recht, sie wurde schlank und sah dadurch wirklich besser aus. Bärbel bewunderte sie.

Aber irgendwann geriet diese Schlankheitskur außer Kontrolle. Sie kann nicht mehr sagen, wie und wann genau es kippte. Aber sie kippte tief hinein in eine Magersucht. Sie wußte nichts von dieser Erkrankung, keiner in ihrer Umgebung wußte etwas davon, damals war Magersucht eine Seltenheit, und über psychische Leiden sprach man nicht, man wußte nichts davon. Heute weiß jedes Kind, was eine ›Anorexie‹ ist. Damals lief sie Amok gegen sich selbst, ohne zu begreifen, wie ihr geschah.

Sie hörte auf zu essen.

Anfangs war da immerhin noch das Vollkornbrot und der trockene Topfen. Aber wie krampfhaft sie vom Schulbrot alles runterkratzte, um dann ein paar Krumen zu essen, wie sie die Eltern zu beschummeln begann und möglichst allen Mahlzeiten auswich, wie sie *weinte*, wenn sie zum Essen gezwungen wurde – im Gefühl, eine schwere Sünde zu begehen –, sie kann heute noch nicht über diese Zeit nachdenken, ohne diese Gedanken von sich schieben zu wollen.

Sie magerte mehr und mehr ab. Schließlich konnte man an ihrem Körper alle Rippen zählen, und die Hüftknochen wurden sichtbar wie bei einem ausgemergelten Pferd. Sie erinnert sich an einen Badeausflug der Familie, an die Donau bei Korneuburg. Die Eltern starrten sie an, als sie im Badeanzug vor ihnen stand, und die Mutter begann zu weinen.

Dennoch ergab es sich, daß man sie tief im Winter in der Wohnung allein ließ. Warum genau, kann sie nicht mehr sagen – eines Tages waren alle verreist. Es waren bitter kalte Tage, und sie schaffte es nicht, den Ofen ordentlich zu heizen. Sie fror entsetzlich, kauerte vor dem schwachen Feuer und weinte unaufhörlich. Sie fühlte plötzlich ihren Wahnsinn und eine endlose kalte Leere um sich her.

Ihr wurde klar, daß sie dabei war, sich selbst zu zerstören, und keine Kraft mehr hatte, sich dagegen zu wehren. Das Leben schrumpfte ihr vor den Augen auf eine einzige Funktion: ob man Nahrung in sich aufnahm oder nicht. Irgendwo, sehr fern, nicht innerhalb ihres Körpers, hatte sie unermeßlichen Hunger. Ihr ganzes Interesse konzentrierte sich auf Eßbares, sie begleitete die Mutter auf den Markt und vertiefte sich in den Anblick der ausgestellten Lebensmittel. Obst, Gemüse, Brot, Wurst, Fisch, sie aß mit den Augen. Es war dies auch die einzige Zeit in ihrem Leben, in der sie kochte – vielleicht hat sie es deshalb später verweigert. Sie erinnert sich an gefüllte Rindsrouladen, die ihr köstlich gelangen. Die Freude der Familie schwand sofort, als man feststellte, daß die Köchin selbst keinen Bissen davon anrührte. Sie stand stundenlang in der Küche und buk Kuchen, doch ebenfalls, ohne ein Stück davon anzurühren. Der warme Geruch, das Rühren des Teiges, die Hitze aus dem Backrohr, all das genügte ihr. Tröstete vorübergehend ihr hungriges, todtrauriges Herz.

Auch in der Schule wurde man aufmerksam und beschwor sie, mehr zu essen. »So iß doch« – dieser Satz wurde zum unerträglichsten überhaupt. Eines Tages rief die Direktorin sie zu sich und bat sie, Platz zu nehmen. Sie war Jüdin und Sozialistin, eine kluge Frau, die das Latein, ihr Unterrichtsfach, so sprach, als wäre es eine lebende Sprache. Sie sah aus wie eine Schildkröte, klein und dick, mit einem vorspringenden, irgendwie nackt wirkenden Gesicht. Und die Frage, die diese Direktorin mit großer Bedeutsamkeit stellte, war alles andere als hilfreich. »Bist du unglücklich verliebt?« flüsterte sie und starrte dem Mädchen mit wimpernlosen Augen forschend ins Gesicht. Sie meinte es gut, und die Verbindung zu dieser Frau, später Parlamentsabgeordnete, riß bis zu deren Tod nicht gänzlich ab. Damals jedoch konnte sie nur ein tonloses »Nein« zurückflüstern und wurde sich erneut bewußt, daß kein Mensch auf Erden sie verstand, schon gar nicht das Ausmaß dieser verrückten, besessenen Qual. »Du mußt essen!« fügte die Direktorin unsinnigerweise noch hinzu und entließ sie mit traurigem Kopfschütteln.

Dann, eines Nachmittags, fiel sie beim Turnen von den Ringen. Sie hätte einen Felgaufschwung machen sollen, also mit den Beinen aufwärtsschwingen und sie über den Kopf führen, eine Art Purzelbaum in der Luft. Die Kraft in ihren Armen reichte jedoch nicht aus, die hölzernen Ringe glitten ihr aus den Händen, und sie stürzte auf die Matte.

Sie wußte sofort, daß etwas nicht stimmte, obwohl sie anfänglich nicht einmal den Schmerz lokalisieren konnte. Erst als sie ihren Arm sah, wurde ihr übel, und sie mußte den Kopf abwenden. Nur die Haut hielt Ober- und Unterarm noch zusammen.

Was danach folgte, war ein Leidensweg. Im ersten Spital, in das man sie brachte, wurde sie sofort mit Äther narkotisiert und tauchte in Dunkelheit. Aber als sie wieder zu sich kam, war es trotzdem nicht gelungen, den Arm einzurenken, und sie erbrach wegen des Äthers. Irgendwo sah sie das verängstigte Gesicht der Mutter auftauchen, die sie von nun an begleitete. Auch im nächsten Spital – oder war es nur im nächsten Raum; jedenfalls wurde sie andauernd transportiert – gelang keinem Arzt, Ober- und Unterarm aneinanderzufügen. Sie litt starke Schmerzen, und immer wieder näherte sich irgendein weißgekleideter Mann und hantierte rücksichtslos an ihrem zweigeteilten Arm herum. Sie sah das ferne Gesicht der Mutter immer blasser werden, fühlte, wie die Ratlosigkeit um sie her wuchs. »Schade um die Pastaschuta –«, flüsterte die Mutter ihr irgendwann zu, »ich war so froh, daß du heute Mittag was gegessen hast –« Ja, dachte sie, ich soll eben nichts essen, auch keine Pasta asciutta, gar nichts, und gleichzeitig begriff sie, welche Sorgen sie ihren Eltern bereitete und wie sie ihnen das Leben verdüsterte. Die Schmerzen wurden immer unerträglicher, und die Versuche, ihren Arm einzurenken, immer verzweifelter.

Irgendwann brachte man sie mit dem Rettungswagen in das Lorenz-Böhler-Unfallkrankenhaus, wie es heute heißt. Wieder lag sie in irgendeinem Zimmer, auf irgendeinem Bett, von irgendwelchen Ärzten umgeben, die neugierig ihren Arm betrachteten. Dann plötzlich teilte sich die Menschentraube, und ein Mann mit weißem Bart trat zu ihr. Zwei ruhige forschende Augen sahen sie kurz an und wandten sich dann ihrem Arm zu. Allein, wie die Hände dieses Arztes die geschundenen Armteile anfaßten und anhoben, ließ unvermutet Vertrauen und Wohlgefühl in ihr entstehen. Es war, als streichle er sie.

Dann eine kurze entschiedene Bewegung – ein Knacks –, und der untere Arm saß wieder im Gelenk, er war eingerenkt. Die Umstehenden stießen Laute der Überraschung aus, der weißbärtige Arzt jedoch lächelte nur eine Sekunde lang zu ihr her, strich ihr noch einmal über den Arm, wandte sich um und verschwand aus ihrem Gesichtsfeld. Es war Dr. Lorenz Böhler, erfuhr sie später. Von seinen bahnbrechenden Leistungen auf dem Gebiet der Unfallchirurgie wußte sie damals nichts – sein Können aber hatte sie am eigenen Leib erfahren. Nachdem man sie stundenlang ungeschickt malträtiert hatte, begegnete ihr in seiner Person etwas, das bis heute ihr generelles Mißvergnügen am Menschen vertreiben kann – wenn es ihr begegnet: Kompetenz. Sofort fühlbar, schlagartig wirksam. Kein Warming-up, kein

Workshop, kein Getändel mit Zeit und Kraft, ob in der Unfallchirurgie, der Kunst oder am Theater. So will sie es, oder gar nicht.

Man gipste ihr den Arm ein und schickte sie mit der Mutter nach Hause. Vor Schwäche widerstandslos, litt sie übermäßig am wochenlangen Tragen des Gipses, an Hautjucken, und versuchte verzweifelt, sich mit Stricknadeln zu kratzen und Erleichterung zu verschaffen. Nach wie vor weinte sie viel, vor allem, wenn sie allein war. Ihre Verzweiflung schrieb sie ab und zu auf lose Blätter Papier nieder, irgendwo, auf Parkbänken, an der Alten Donau, während des Unterrichts. Einige dieser Blätter sind erhalten, mit winzigkleiner Schrift beschrieben, als sei auch diese dabei, zu verschwinden. Immer fror sie. Als sei in diesen Jahren unaufhörlich Winter gewesen, kalte Ausfallstraßen, kalte Wasserflächen, hängende Weidenbäume, die in der Kälte zitterten. Und schlecht geheizte Wohnräume und Klassenzimmer.

Als man ihr endlich den Gips entfernte, konnte sie den Arm nicht bewegen. Leicht abgewinkelt, war er steif geblieben. Ein Orthopäde, den sie mit der Mutter aufsuchte, hatte nichts Besseres zu tun, als ihr zu sagen, so würde es auch für immer bleiben. Der Absturz war perfekt. Aus der Traum von Zukunft – eine Schauspielerin mit steifem Arm ist undenkbar. Sie geriet in ein seelisches Abseits, in Zonen ewigen, unauflösbaren Graus. Nie wieder, schien ihr, würde sie dort andocken können, wo es einfaches Leben und einfache Freude gab. Beides schien für immer erloschen und dahin. Sie rotierte nur noch in den dürren, ausgelaugten, leblosen Gedanken rund um das Verweigern von Nahrungsaufnahme und heimlicher Gier danach.

Wo blieb die Freundin Bärbel in dieser Zeit? Natürlich war sie da, aber so wenig vorhanden wie alles andere. Auch sie konnte ihr nicht helfen. Bärbel verließ irgendwann das

Gymnasium und begann die Kunstakademie am Stubenring zu besuchen. Ihrer Freundschaft tat dies keinen Abbruch, sie trafen einander nach wie vor im Niemandsland von Fluß, Garten, jagenden Hunden und weltfernen Gesprächen. Wie eine Maschine führte sie weiter, was frühere Jahre gegründet hatten, Schule, Lernen, Freundschaft, Theaterbesuche, doch so automatisch, daß alles erstarrte, schwer und leblos wurde. Sie ging langsam zugrunde, und sie wußte es.

Es gibt Zeichnungen, die Bärbel in dieser Zeit von ihr machte. Ein todtrauriges, ausgemergeltes Gesicht, der Körper knochig und dürr – für den Zeichenstift eine linienreiche Landschaft. Sie kann sich an Bärbels ratloses Lächeln erinnern, das zwischen Staunen und Bestürzung Halt zu suchen schien.

Eigenartigerweise gab es ein einziges lebensbejahendes Verhalten, das sie zäh beibehielt. Sie saß fast täglich in der Badewanne und bewegte unter Wasser den steifen Arm. Das heißt, anfangs versuchte sie nur, ihn zu bewegen. Mehr und mehr aber wurde sie für ihre Unermüdlichkeit belohnt. Der Winkel zwischen Unter- und Oberarm wurde größer, und allmählich ließ sich der Arm ein wenig strecken. Nach etwa einem Jahr war der angeblich für immer gelähmte Arm wieder beweglich und funktionsfähig.

Vielleicht ist diese zähe Zurückeroberung einer körperlichen Funktion gar nicht so erstaunlich. Sie weiß mittlerweile, daß Anorexiekranke ihren Pflichten eisern nachgehen und ihren Körper unablässig herausfordern. Meist sind es ehrgeizige und verantwortungsbewußte Menschen, die dieser Krankheit anheimfallen. Die sich nur plötzlich auf pervertierte Weise verpflichtet fühlen, den Körper und seine Sinnlichkeit abzutöten. In allen anderen Dingen bleiben sie unermüdlich bis zur Erschöpfung. Sie sah es an sich selbst. Sie lernte weiterhin ausgezeichnet, es gab keine schulischen

Mißerfolge, nur begann sie, im Klassenzimmer an den Gerüchen und Leibesfunktionen der sie umgebenden Mädchen zu leiden. Bei den Skikursen – an denen sie jetzt immer teilnahm, ihre Blutungen waren infolge der Abmagerung ausgeblieben – fuhr sie, spindeldürr und auf billigen Holzbrettern, jeden Hang abwärts, den man ihr vorgab. Freilich, die Nähe der unausgegorenen und teilweise ungepflegten jungen Weiblichkeit, der sie in den Schlafsälen nicht entrinnen konnte, stieß sie auch hier ab. Lieber setzte sie sich der sportlichen Anstrengungen und der Winterkälte aus, obwohl sie immer wieder meinte, sie müsse vor Erschöpfung sterben, erfrieren.

An einem Wochenende fuhr sie mit Hilla – die inzwischen zu einer großen, blühenden Frau mit allerlei traurigen Liebesgeschichten geworden war – und ein paar Freunden ins nahegelegene Schneeberg-Gebiet. Sie kamen irgendwie vom Weg ab, verirrten sich ausgiebig und krochen stundenlang durch Wälder mit hüfthohem Schnee. Während die anderen in der Lage waren, einander trotzdem scherzhafte Bemerkungen zuzurufen und laut zu schimpfen, quälte sie sich mit letzter Kraft vorwärts und fürchtete, in der nächsten Sekunde umzufallen und tot liegenzubleiben. Und dieser Gedanke verwandelte sich mehr und mehr in einen Wunsch. Sie wühlte sich durch den hohen kalten Schnee vorwärts, die nackten Baumstämme und der eisgraue Himmel schienen über ihr zusammenzufallen und sie erdrücken zu wollen. Sterben, dachte sie, nur endlich sterben.

Endlich kamen sie zu der Hütte, in der sie übernachteten. Sie konnte sich kaum erwärmen und schlotterte unter der Decke. Hilla, die neben ihr lag, wollte sie warmreiben. Als sie jedoch ihren Körper berührte, zuckten Hillas Hände zurück, und sie richtete sich steil auf. »Das gibt's doch gar nicht«, sagte sie, »du bestehst ja nur noch aus Knochen! Sag mal – was ist los mit dir?« Aber sie begann zu weinen, und Hilla ließ sie in Frieden und schlief ein. Sie selbst lag wach, hörte die Atemzüge fremder Menschen und hätte selbst gerne für immer aufgehört zu atmen. Was mit ihr los war, wußte sie selbst nicht.

Man hat sie zu keinem Arzt geschickt. Vielleicht sagte der Hausarzt etwas von einer psychischen Behandlung, aber so etwas zu beanspruchen, war damals völlig unüblich. Die Eltern schämten sich und wollten vom ›Irrenhaus‹ nichts wissen. Daß man sie unaufhörlich drängte, etwas zu essen, stieß sie in totale Einsamkeit. Jeder, der sie nähren wollte, wurde zum Feind und Gegner. Da dies jeder wollte, der sie ansah, hatte sie nur noch Feinde und Gegner. Ihre Isolation wuchs. Sie funktionierte, ja. Aber nicht mehr. Sie hatte ihren Lebenshunger und ihre Sinnlichkeit abgetötet, was übrig blieb, war Dürre. Das trockene Rascheln ausgedörrter Gedanken in einer nackten Hirnschale. Es war die Hölle. Eine der möglichen Höllen.

Politische Entwicklungen flossen an ihr vorbei. Obwohl sie viel Radio hörte und regelmäßig die Kinowochenschauen sah – das aber waren für sie ebenfalls *Filme*, geformte und gestaltete Geschehnisse, mit denen sie selbst so wenig zu tun hatte wie mit irgendeiner anderen Fiktion.

Ein Weltereignis allerdings gab es, bei dem ihr persönlich etwas bewußt wurde. Stalin starb. Sie erkannte, das Menschen sterben, und zwar alle. Er, mit seinem Schnauzbart, hatte für sie zu den ewigen und übergeordneten Gesichtern auf Erden gehört, zu denen, die wie eine Begleiterscheinung des normalen Lebens den irdischen Gesetzmäßigkeiten nicht unterworfen sind und ewig durch Zeitungsbilder und Kinowochenschauen kreisen. Plötzlich war es möglich, daß ein Mann wie Stalin tot war. Nicht um den Mann selbst tat es ihr leid. Nur um den Verlust des Vertrauens in berühmte Zeitgenossen. Daß man nicht berühmt genug sein konnte, um nicht doch eines Tages schlicht zu sterben.

Oder – um einiges später – der Aufstand in Budapest und die Flucht vieler Menschen vor den russischen Panzern. Mit Gitti Röber, Hanni und Bärbel hatte sie sich gemeldet, bei der Verpflegung der Flüchtlinge zu helfen. Sie erinnert sich an eine große, leere Küche, in der sie nachts – oder in den Morgenstunden? – in riesigen Kesseln kochten. Das heißt, die anderen kochten, sie leistete nur Handlangerdienste. Das helle Licht einer aufgehenden Sonne, der herbe und kühle Geruch der Lagerküche, die Müdigkeit der Mädchen und ein wohliges Gefühl von Helfenwollen drang auf sie ein. Und sie stand abseits, konnte gar nicht wirklich hilfreich sein, erstarrte dabei nur in einer Attitüde.

An einem anderen Tag gingen sie durch einen auf Nebengleisen abgestellten Eisenbahnzug und verteilten Brote. Der Zug war überfüllt, und bald sah sie nur noch entgegengestreckte Hände und keine Gesichter mehr. Der große Korb, ihre eigene Hand, Brot um Brot und immer wieder und wieder eine ausgestreckte, geöffnete andere Hand, die etwas haben wollte, alte und junge Hände, Kinderhände, Greisenhände, ein unablässiger Zugriff, die Geste des Überlebenwollens in pausenloser Folge – fast wurde ihr schwindlig, während sie sich langsam durch den Zug vorwärts schob. Dann gelangte sie in einen Waggon mit einzelnen Abteilen. Eines davon war geschlossen, die Vorhänge zugezogen. Sie schob die Tür auf und den Vorhang zur Seite. Aus dem abgedunkelten Coupé wandten sich ihr zwei alte, müde Gesichter zu, das eines Mannes und einer Frau, und beide winkten ab, als sie ihnen Brote reichen wollte. Sie waren nobel gekleidet und saßen einander in aufrechter Haltung gegenüber. Trotzdem strömte tiefe Erschöpfung von ihnen aus, eine Mattigkeit, die Brot wohl nicht lindern konnte. Die ruhige, abwehrende Bewegung und das leichte Kopfschütteln zeugten jedoch von Stolz, einem Stolz, der beschämte. Sie glaubt, sie hat leise »Pardon« gesagt, ehe sie Vorhang und Abteiltür wieder schloß.

Und plötzlich begriff sie, wie schnell Hilfe und Demütigung Hand in Hand gehen. Wer hilft, steht über dem anderen und wird stärker so. So wollte sie nicht helfen. Seit der abwehrenden, stolzen Geste der beiden Menschen in diesem dunklen Abteil mochte sie Hilfe nicht verteilen, sondern wollte sich an die Seite dessen stellen, der Hilfe braucht. Sie wollte, daß der Hilflose seine Würde bewahren kann.

Ihr wurde Hilfe geschenkt. In einem Sommerurlaub im Salzkammergut, in Unterach am Attersee. Die Eltern, die kleine Schwester und der Dackel Maxi waren bereits dort, als sie mit dem Rad nachgefahren kam, in einem flatternden blauen Leinenrock, der auf ihren Hüften hing wie an einem Kleiderhaken. Sie erinnert sich an den entsetzten Blick der Mutter, erschrocken angesichts des dahinschwindenden Mädchenkörpers auf dem Fahrrad. Bis heute weiten sich deren Augen, werden rund, wenn sie erschrickt. Die Augen der Mutter waren rund wie nie, als sie sie begrüßte.

Das war der Beginn der Sommerferien in Unterach.

Es wurde ein ungewöhnlich heißer und trockener Sommer. Die Wiesen knisterten in der Sonne. Die Gebirge jenseits des Sees ragten hinter einem Hitzeschleier in den wolkenlosen Himmel auf.

Die Eltern hatten sich bei zwei unverheirateten Schwestern, Liesl und Maria Löschenberger, eingemietet. Das Haus mit dem hölzernen Vorbalkon stand an der Hauptstraße des Dorfes, dahinter erstreckten sich Wiesen mit Obstbäumen bis zum Seeufer.

Die Schwestern Löschenberger begrüßten sie mit einem Händedruck und heiteren Augen, in denen nicht dieser Schatten aufstieg, der ihr mittlerweile bekannt und immer wieder peinlich war – mein Gott, ist die dünn! Vielleicht hatten ihre Eltern die Löschenbergerinnen vorbereitet? Kein Hauch von Verstellung kam ihr entgegen, nur bäuerliche Herzlichkeit, ein »Ah – des is also die Erika –« und der Geruch von Heu und Milch um die beiden.

Ruhig wiesen sie ihr ein kleines Zimmer mit Holzwänden im obersten Stock zu. Das dunkle, rauhe Holz um sie her, die wenigen Möbelstücke – sofort überkam sie Frieden. Ein kleines Fenster führte auf die Straße hinaus, wo ab und zu ein Pferdefuhrwerk, ganz selten ein Auto vorbeifuhr.

Täglich ging sie nun über die Wiesen zum Seestrandbad mit seinen wenigen hölzernen Pritschen und einem Steg, der ins Wasser ragte. Sie schwamm weit hinaus, oft sehr lange, forderte ihrem Körper alles ab, was er zu geben noch imstande war. Dann lag sie auf den heißen Holzbrettern und ließ sich von der Sonne durchdringen, ihr war, als rolle sie schwer und körperlich auf sie zu und lege sich auf sie. Oder sie fuhr mit einem Boot hinaus, zog unter Wasser den Badeanzug aus und schwamm nackt. Dann lag sie im wiegenden Boot, ließ das glühendheiße Licht von sich Besitz ergreifen und fühlte sich plötzlich von ihrer Qual befreit.

Diese Zufriedenheit hielt an, wenn sie abends braungebrannt und wasserkühl neben dem gekachelten Herd in der Küche saß. Hier war Liesl Löschenbergers Reich, sie hantierte über ihren Töpfen und lächelte zu ihr her. »Bist fleißig g'schwommen?« fragte sie, oder: »Die Sonn' is' stark, stimmt's?« Aber nie sagte sie auch nur eine Silbe über das Essen, fragte nicht, ob sie hungrig sei, ob sie Appetit hätte. Da die Tochter bei den mittäglichen Gasthausbesuchen täglich einen Kampf mit den Eltern auszufechten hatte, oft bis zu Tränen – »Himmelherrgott, jetzt iß doch! Es ist zum Verzweifeln! Mußt du uns das Leben derart zur Hölle machen?« –, war ihr dieser abendliche Friede an Liesls warmem Herd eine Labsal. Am Bauerntisch aßen die anderen ihr Abendbrot, aber sie ließ man in Ruhe. Die Hauskatze legte sich ihr auf den Schoß und schnurrte. Vor den kleinen Fenstern leuchtete der Vorgarten mit seinem blühenden Phlox in der Abendsonne. »Ich *liebe* Phlox!« pflegte ihre Mutter emphatisch auszurufen und hielt sich jeden Abend aufs neue eine ausgezupfte Blüte an die Nase, um den Duft einzusaugen. Still und angenehm erschöpft blieb das Mädchen in seiner Herdecke sitzen und streichelte die Katze.

Eines Abends stellte die Liesl einen Teller frisch ausgebackener Kartoffellaibchen neben sie auf den Herdrand. Wortlos. Nur zerdrückte Kartoffeln, zu Laibchen geformt und in die Pfanne gelegt, sie hatte beim Ausbacken zugesehen. Vielleicht hatte Liesl das Interesse in ihrem Blick erkannt – es war mehr als Interesse, es war Sehnsucht. Sie hob die Hand, nahm ein Laibchen und aß es auf. Liesl war zum Tisch gegangen, sprach mit den anderen Gästen, keiner sah zu ihr herüber, auch die Eltern nicht. Und sie aß ein zweites Kartoffellaibchen. Liesl kam zurück und verschwendete keinen Funken Aufmerksamkeit darauf, daß zwei Laibchen fehlten. Aber von diesem Abend an buk sie täglich welche und stellte sie ihr wie nebenbei vor ihre Nase.

Maria Löschenberger hingegen begann sie aufzufordern, mit ihr auf die kleine Alm hinaufzusteigen, die den Schwestern gehörte. Sie hatten sich die Arbeit aufgeteilt: Die kleinere, dunkelhaarige Liesl ging den weiblichen Arbeiten im Haus nach, während Maria, eine starke, großgewachsene Frau mit gebräunten Armen und von der Sonne gebleichtem

Haar, die eher männliche Position innehatte – sie ging auf die Alm, melkte, mähte, hackte Holz.

»Kummst mit? I steig jetzt auffi«, sagte Maria, und sie kam gern mit. Meist geschah das in den späten Nachmittagsstunden, wenn das Licht golden und der See dunkelblau geworden war. Hinter den letzten Häusern stiegen sie über Wiesen aufwärts, die die Hitze des Tages in sich aufgesogen hatten und sie jetzt in Wellen von warmem Grasduft wieder abgaben. In der schrägen Sonne tanzten die Mücken. Das kleine Almhaus beherbergte ein paar Kühe, die Maria melken mußte. Breitbeinig saß sie auf ihrem Melkschemel und griff kräftig in die prall gefüllten Euter, und in den Metalleimer schoß in regelmäßigen Stößen die Milch. Durch die winzigen Fenster und die geöffnete Tür sandte die Abendsonne Bahnen aus Goldstaub, es roch nach Mist und warmem Tierfell. Die Kühe malmten das frische Heu und sahen sie mit ihren ruhigen, glänzenden Augen an – schüttelten den Kopf jedoch nur, wenn sich zu viele Fliegen auf ihnen niederließen.

Sie saß neben Maria auf einem Holzbalken, sah ihr beim Melken zu und lauschte. Maria erzählte. Sie, die nicht mehr junge, unverheiratete Frau, erzählte von den Liebeserfahrungen ihres Lebens. Und darin ging es wirklich um Liebe, denn nichts hatte sich im üblichen Sinn erfüllt. Da gab es Vergangenes, aber auch Gegenwart. Einen Herrn Hutzinger, und Marias Blicke wurden träumerisch, wenn sie von ihm sprach. Warum gab diese herbe Frau, die im alltäglichen Umgang eher spöttisch als gefühlvoll wirkte, wohl ihr, dem jungen Mädchen, so viel preis? Aus Instinkt, Wissen, Einfühlungsgabe? Jedenfalls tat Maria genau das Richtige. Selbstvergessen hörte ihr das Mädchen zu, hörte Liebesgeschichten, in denen keiner vom anderen körperlich Besitz ergriff, reine Geschichten also, die lediglich das Herz höher schlagen ließen. Und während sie lauschte, fiel ihr kaum auf, daß Maria ihr regelmäßig einen Becher frischgemolkener Milch in die Hand drückte und daß sie ihn austrank.

Und so geschah es, daß in diesen sommerlichen Wochen, ohne daß sie es zunächst wahrnahm, ihr Körper sich langsam zu kräftigen begann. Es kam von den Kartoffellaibchen, der dicken, frischen Milch. Aber auch die Kraft der Sonne, der Wiesen, des Wassers weckte wieder ihre Sinne. Oft schwamm sie noch spät abends mit heruntergestreiftem Badeanzug in den See hinaus, das weiche Wasser fühlend. Sogar, als es einmal in Strömen goß, hielt sie sich inmitten von aufschlagenden Regentropfen und Wasserstaub im menschenleeren See auf. Das Ufer war nicht mehr zu sehen, da gab es nur noch die Sprache der Elemente und deren Sinnlichkeit.

Man habe ihr aus Häusern am See mit dem Fernglas hinterhergeschaut und sie für verrückt erklärt, hieß es später. Das störte sie wenig. Ausgekühlt und patschnaß kam sie in das Haus zurück, wärmte sich an Liesls Herd, und mehr und mehr verwandelte sich Erschöpfung in Wohlgefühl.

Die beiden Frauen, glaubt sie, haben ihr das Leben gerettet. Vorübergehend konnten sie ihr Vorbilder sein. Selbständig, keines Mannes bedürfend und lebensbejahend zugleich – an ihnen lernte sie ein anderes Frausein kennen, eines, das ihrer Erziehung und den Kinovorbildern widersprach. Beide Frauen waren heiter und ausgeglichen. Und sie begriffen, worunter sie litt.

Nach diesen Sommerwochen am Attersee war sie noch nicht geheilt, noch war nichts ausgestanden. Aber sie hatte an Lebensenergie so viel hinzugewonnen, daß sie ihre bedrohliche Verfassung selbst abzulehnen begann. Sie wollte leben.

6

Die Matura rückte näher. In all der Zeit hatte sie ihr Vorzugszeugnis beibehalten, vor allem, weil ihre Schwäche in Mathematik von einem Engel in Professorengestalt aufgefangen wurde, vom ›Derbolav‹, dem gütigsten Mathematiklehrer auf Erden. Er konnte, trotz seiner Liebe zur Mathematik, einsehen, daß es Menschen gibt, denen diese Wissenschaft verschlossen ist. Dazu gehörte sie.

Sie hatte eine Mitschülerin, die ebenfalls ein Mathematikgenie war, ohne sich dessen zu rühmen und die Unfähigen zu verachten. Auch sie hieß Erika, dieser Name hatte ihre Generation überschwemmt. Daran, daß auf der Heide ein kleines Blümelein steht – eins, zwei, drei –, glaubten unter Hitler zahllose Mütter und Väter. Erika, diesen Namen trug man dann durchs Leben.

Jene andere Erika also lernte geduldig und liebenswürdig mit ihr, bemüht, ihr all das Unverständliche verständlich zu machen. Ein frisches, sportliches Mädchen war sie und hatte die in keiner Weise verschämte Neigung, zu erröten. Vor allem, wenn sie lachte. Und sie lachte auch über den Mathematikaufgaben, bei allem gebotenen Ernst. Sie und der Derbolav schoben sie also bis zur Matura zart über die Hürden ihrer mathematischen Unbegabung. Im letzten Jahr gewann sie sogar einen Eindruck von der Faszination höherer Mathematik, entwickelte von fern ein bewunderndes Verständnis, ohne im Detail etwas davon zu verstehen.

Weitere Schulgefährtinnen waren Uta, ›Utsch‹ genannt, und Hilde Gröbl. Die hübsche, energische Utsch studierte später Biologie und leitete eine biologische Station im Burgenland. Dort hat sie Utsch einmal besucht, und sie erinnert sich an sandige Straßen, niedrige Häuser mit Strohdächern, an Maiskolben, in Bündeln an weißgekalkten Wänden, an Gänse auf den Wegen, schwarzgekleidete Frauen mit schwarzen Kopftüchern, an wilde Seelandschaften, fliegende Störche. Sie erinnert sich an die damals selbstverständliche Realität wie an einen Traum. So sehr schwand sie aus dieser Welt.

Hilde Gröbls Mutter besaß einen Hutsalon auf der Brünnerstraße, und sehr bald kam Hilde selbst mit kühnen Hüten des Weges, deren Form und Farbe nicht recht zu ihrem ländlich wirkenden Gesicht mit den roten Wangen und hellbewimperten Augen passen wollten. Ihre Stimme hatte etwas schrill Brüchiges, was der Gutmütigkeit ihres Wesens derart widersprach, daß es einen immer wieder irritierte. Wenn sie lachte, klang es, als schlüge man gegen Blech.

Bei einer dieser Schulgefährtinnen trafen sie einander regelmäßig, und man lernte gemeinsam, half den anderen dort nach, wo man selbst sattelfest war. Mit großer Geduld wurde ihre nicht zu übersehende Eßstörung hingenommen. Wenn Mütter eine Jause vor sie hinstellten, wurde nicht gemäkelt, wenn sie ablehnte. Und man freute sich, als sie langsam zuzugreifen begann.

Sie zeichnete viel in dieser Zeit, wohl von Bärbels Studium an der Akademie angeregt; es gibt von ihr gezeichnete Porträts dieser Mädchen, von ihrer jüngeren Schwester, von der Mutter, und sie porträtierte gar nicht schlecht. Sie schrieb nicht mehr nur Gedichte, auch Prosaskizzen und

Anfänge geplanter ›größerer Werke‹ sind erhalten. Oft erfand sie anhand einer Zeichnung ihrer jüngeren Schwester – die bereits als Kind hervorragend zeichnete und später bei Wotruba Bildhauerei studieren sollte. Wenn diese also irgendwo ein Blatt mit einer Skizze liegenließ, die ihr gefiel, dann spannte sie dieses Blatt in ihre Schreibmaschine und erdachte eine Geschichte zu der bereits vorhandenen Illustration. Sie konnte mittlerweile gut maschineschreiben, hatte es sich in einem Heimkursus, nach einem Buch, selbst beigebracht. Sie schrieb auf einer schweren alten Schreibmaschine mit runden, metallgefaßten Tasten, in die man richtig hineinhauen mußte. Ein Erbstück wahrscheinlich oder aus zweiter Hand erstanden. Sie schrieb gern darauf.

Die Schwächung ihres heranwachsenden Körpers hatte zwar alle Körperfunktionen beeinträchtigt und das Wachstum ihrer inneren Organe, wie sie später erfuhr, für eine Weile gehemmt – nicht aber ihren Drang, zu erschaffen, zu erfinden, zu erträumen. Im Gegenteil, er war ihr Halt, Überlebensgefährte. Er und die Disziplin. Daß sie lernte, sich helfen ließ, wo es ihr schwer fiel, die Gemeinschaft mit den Schulfreundinnen beibehielt, das äußere Gerüst ihres Lebens nicht aufgab. All das ermöglichte ihr das Weiterleben.

Und dann, nach ein wenig Gesundung und Normalisierung, ging sie noch einen großen Schritt weiter. War sie in der Lage, diesen Schritt zu wagen.

Irgendwann war eine neue junge Professorin ans Gymnasium gekommen. Was unterrichtete sie eigentlich? Ihre Persönlichkeit war es, die den Mädchen Eindruck machte. Sie war keine schöne Frau, doch mit ihren ungekünstelten Bewegungen, der Frische ihres Lächelns und ihrer Weiblichkeit und Jugend eroberte sie die Herzen vieler Schülerinnen. Sie schien so frei zu sein, eine ungebundene und kluge junge

Frau, und die meisten sehnten sich danach, so zu werden. Sie wurde von ihnen ›Färberlein‹ genannt – der damaligen Sucht entsprechend, zu verkleinern und zu verniedlichen.

Und dann geschah etwas Unerwartetes. Die junge, aufstrebende Lehrerin, für sie alle Inbegriff von Selbstbestimmung und freier Weiblichkeit, wurde schwanger. Noch dazu von einem verheirateten Kollegen, einem düster-stillen Mann. Beide wurden von der Schule gewiesen, und sie gebar also ein uneheliches Kind.

Für die Mädchen eine Geschichte wie aus dem Kino! Man besuchte das Färberlein irgendwo auf dem Land, wo sie mit Geliebtem und Säugling unter einfachsten Bedingungen bewundernswert ›schöön‹ lebte – kaltes Wasser aus dem Brunnen, Herdfeuer, klamme Zimmer, aber Wiesenblumensträuße in abgeschlagenen Krügen und Zeichnungen, mit Reißnägeln an die Wand geheftet. Nachträglich meint sie die verzweifelten Bemühungen dieser Frau zu verstehen, deren Leben von der typischsten aller weiblichen Gefährdungen überrollt worden war. Wie sie, um dem Ganzen noch einen Sinn zu geben, in eine Bohemienatmosphäre flüchtete, in den Schimmer einer standhaften und romantischen Liebe. Aber die heranwachsenden Mädchen nahmen es für bare Münze, waren davon tief ergriffen. Wie sie einander liebten. Wie sie ihr Kind liebte. Liebe, nur Liebe. Das Leben mit seinen Anforderungen kam ihnen unwichtig vor angesichts dieses wahrgewordenen Romans.

Auch als die Sommeridylle nicht mehr aufrechtzuerhalten war, besuchte sie das Färberlein. Jetzt in einer kleinen Neubauwohnung im Stadtviertel oberhalb des Schönbrunner Schloßparks. Immer wieder nahm sie die lange Fahrt auf sich, um dann in den engen, vollgeräumten Zimmerchen das Leben dieser Frau zu beobachten, ihren zärtlichen und erschöpften Umgang mit dem Kind, ihre Bemühungen, der

Ärmlichkeit Attribute von Schönheit zu verleihen. Sie kauften und schenkten einander Ansichtskarten von berühmten Meisterwerken. Van Goghs kreisende Weizenfelder, Gauguins bunte Südseefrauen, russische Ikonenbilder oder Ausschnitte aus Breughels großen Bildtafeln – mit solcher Intensität vertiefte sie sich in das verkleinerte Abbild, daß der Anblick der Originale sie in späteren Jahren oft enttäuscht hat. Alles war damals klein gehalten, die Enge der Räume gebot es. Aber diese Enge gab auch Wärme. Sie saßen in Färberleins kleiner Küche, tranken Tee und aßen Topfenkuchen. Wenn das Kind schlief oder ruhig spielte, sprachen sie über Kunst und Literatur. Dem düsteren Kindesvater begegnete sie nur selten.

Sie sah das Mühselige und Bemühte dieses Frauenlebens nun mit klaren Augen. Mehr und mehr wurden die Besuche ihr zur Pflicht, zu einer Art Freundespflicht. Sie fühlte, daß ihr Ausbleiben Enttäuschung auslösen würde, und ratterte deshalb wieder einmal stundenlang durch die ganze Stadt, um erst bei Dunkelheit müde wieder nach Hause zu kommen. Aber die Abstände zwischen den Besuchen wurden größer.

Als sie eines Nachmittags dort ankam, saß ein Mann in der Küche. Obwohl noch jung, hatte er leicht schütteres schwarzes Haar und trug eine dunkel eingefaßte Brille. Seine Gesichtshaut war hell und gleichmäßig. ›Er hat einen schönen Mund‹, dachte sie sofort. Eine weiche Linie der Lippen, die von Melancholie erzählte.

»Das ist der Karl«, sagte Färberlein, und als er lachte, wurde etwas anderes aus seinem melancholischen Mund, etwas Freches mit kleinen, runden Zähnen, das blasse Gesicht veränderte sich, wurde das eines Lausbuben. Aber er lachte nicht gleich. Er und die Frau kannten einander sichtlich schon länger, und er war nicht gekommen, um mit ihr zu lachen. Die Küche schien noch erfüllt von klagenden, beklagenden Worten, ein vorangegangenes ernstes Gespräch hing förmlich in der Luft. Karl besuchte Färberlein, um sein Herz auszuschütten. Außer ihr besaß er kaum Freunde.

An diesem Nachmittag aber hatte das Mädchen durch sein Kommen das Klagelied unterbrochen, und alle wurden recht vergnügt. Gemeinsam verließen Karl und sie Färberleins Wohnung, und er brachte sie zur Straßenbahnhaltestelle. Während dieses kurzen Weges durch den kalten, dunklen Winterabend begann etwas zwischen ihnen zu schwingen, ein Wehen von einem zum anderen, etwas Unsichtbares, das unübersehbar war. Verwirrt saß sie danach in der trüb beleuchteten Straßenbahn und fragte sich ärgerlich, was eigentlich sie verwirrte. Zum ersten Mal hatte sie erfahren, was ihr das Leben später nicht vorenthielt, vielmehr immer wieder bescherte: das gleichzeitige Erwachen erotischer Anziehung bei Frau und Mann. Diese plötzliche wehende Welle, beide gleichzeitig umschließend, bis in die äußersten Fingerspitzen des anderen Körpers hinüberreichend, ungerufen und unerwartet, ein weicher, warmer Überfall.

Damals erfuhr sie dies nur als zarte Ahnung, aber sie erfuhr es.

Nach dem ersten zufälligen Treffen begegneten sie einander häufiger. Mehr und mehr wurden sie miteinander vertraut, machten sie gemeinsame Spaziergänge, und einige Male stieg sie sogar auf Karls Motorrad.

Einmal brachte er sie zu sich nach Hause, aber das kostete ihn Überwindung, sie spürte es. Sobald sie die kleine, übelriechende Wohnung betraten, die in einem riesigen Gemeindebauareal lag, wußte sie auch, warum. Er hauste dort in einem Kämmerchen bei seinen Pflegeeltern, einem alten

Wiener Ehepaar, zwei primitiven und häßlichen Menschen. Und langsam erfuhr sie die Zusammenhänge.

Karl war der uneheliche Sohn eines recht berühmten ungarischen Malers – heute erst fragt sie sich, wieso er dessen Namen trug. Seine Mutter, von deren Schönheit er immer sprach, hatte mit ihm in diesem Gemeindebau gewohnt. Irgendwann erkrankte sie plötzlich, suchte Zuflucht bei dem Nachbarehepaar und starb in deren Wohnung. Ob sie Karls Erzählungen genau wiedergibt, ist unsicher – aber daß sie aus einer einzigen Anklage bestanden, steht fest. Daß man der Mutter nicht rechtzeitig geholfen, daß sein reicher Vater sich nie um ihn gekümmert, daß ihm das Schicksal übel mitgespielt hätte. Seinen Pflegeeltern dankte er zwar, daß sie ihn bei sich behalten und in kein Heim gesteckt hatten, andererseits litt er unaufhörlich an diesen Menschen, deren Niveau weit unter dem seiner wirklichen Eltern lag. Er war verfolgt von dem Gefühl, unter seinem Wert und unter seiner Würde leben zu müssen. Obwohl er auf die Dreißig zuging, war er immer noch Student, melancholisch und antriebslos. Wenn sie ihn fragte, warum er nicht schleunigst sein Chemiestudium beende, die Pflegeeltern verlasse und sich ein eigenes, besseres Leben aufbaue, erhielt sie diffuse, schwermütige Antworten. Und vielleicht zog sie gerade der Geruch von Leid und Tragik zu ihm hin, all ihren konstruktiven Vorschlägen zum Trotz.

›Der Karl‹ wurde sowohl ihren Eltern als auch der Freundin Bärbel langsam zum Begriff. Dunkel erinnert sie sich an einen österlichen Ausflug mit ihm und der Freundin – verwechselt sie wieder einmal erhalten gebliebene Fotos mit einer tatsächlichen Erinnerung? Sie an Karls Schulter geschmiegt, sie beide in eine Kerzenflamme starrend, ein Bild traurigster Zusammengehörigkeit. Bärbel hatte fotografiert, sie waren ein paar Tage zu dritt unterwegs gewesen, hatten auf einer Berghütte übernachtet. War das vor oder nach ...

Nun, vor oder nach ihrem Entschluß, ihn in Dürnkrut zu besuchen.

Dürnkrut war ein Dorf – wer weiß, vielleicht wurde mittlerweile eine Stadt daraus –, in dessen Nähe eine große Zuckerfabrik stand. Als angehender Chemiker arbeitete Karl für einige Zeit dort und hatte in Dürnkrut ein eigenes Zimmer mit Bad zur Verfügung.

Als er sie bat, ihn zu besuchen, wußte sie diesmal sehr wohl, was es mit dieser Bitte auf sich hatte. Sie war siebzehn Jahre alt, stand knapp vor ihrem Schulabschluß im Gymnasium, und Hanni, die in der Klasse neben ihr saß, führte bereits, es war ihr irgendwie anzusehen, ein geregeltes Liebesleben. Die Frage, *ob* eine oder ob sie noch nicht, schwebte über sämtlichen Mitschülerinnen. Und Bärbel und sie besprachen immer bedrückter und mit wenig eruptiver Sehnsucht das unaufhaltsame Näherrücken eines Faktums, das sie poetisch ›eine Frau werden‹ nannten. Sie wußte, daß Karl mit ihr schlafen wollte, obwohl er sie nicht bedrängte. Oder stand dieser Vollzug auch für ihn als unumgängliche Notwendigkeit im Raum? Jedenfalls entschloß sie sich zu guter Letzt, ihn in Dürnkrut zu besuchen. Und da sie sich nun einmal entschlossen hatte, tat sie es mit Emphase. Nur Bärbel wußte, wohin sie an diesem Nachmittag fuhr, der Mutter kündigte sie an, sie werde spät nach Hause kommen.

Sie saß im leeren Abteil eines Vorortzuges, auf einer hölzernen Bank und bei halbgeöffnetem Fenster. Es muß wohl Herbst gewesen sein. Über dem Flachland zogen Wolken dahin, die Farben der Felder und des Himmels leuchteten. Sie bemühte sich, in ihrem Herzen Jubel zu entfachen, dies schien ihr der Sachlage angemessen zu sein. Auf ein Blatt Papier schrieb sie: »Ich fahre zu Dir – Ich fliege zu Dir, wie die Wolken über den Himmel fliegen –«, oder ähnliches. Sie beflügelte ihre Seele, um den schweigsamen, furchtsamen Körper mitzureißen, ihn irgendwie in Fahrt zu bringen.

Karl holte sie ab und zeigte ihr zunächst die Fabrik. Stampfende Maschinen, die Wärme, die sie entwickelten, der süße Geruch nach zermatschtem Zuckerrohr – sie ging brav hinter ihm her und ließ sich alles erklären. Auf dem Dach der Zuckerfabrik war es schön. Man sah weit über die Auwälder hinweg und in der Ferne den Fluß, der Sturm warf sich ihnen entgegen, sie schmiegten sich eng aneinander. *Das* sollte es sein, dachte sie. Was der Wind und wehende, rauschende Auwälder zustande bringen, das sollte es sein ... Die Wildheit dieses dämmernden Herbstabends erfüllte alles, wonach sie sich sehnte. Es hätte ihr genügt.

Was dann auf dem schmalen Bett in Karls Zimmer geschah, tat ein bißchen weh und erinnerte sie an eine krampfhafte gymnastische Übung. Während der Mann sich plagte, sah sie überdeutlich die häßliche Lampe an der Zimmerdecke, und als er die leidige Jungfräulichkeit endlich durchstoßen hatte, verbiß sie sich ein »Au!« Erleichtert umarmte sie ihn. Sie glaubt sich zu erinnern, daß sie sogar, um sein Werk irgendwie zu krönen, den fürchterlichen Satz »Jetzt bin ich deine Frau –« über die Lippen brachte. Sie hinterließ ihm ein wenig Blut auf dem Bettuch, und beide verabschiedeten sich so, als müßten sie einander trösten.

Dann saß sie wieder allein im Zugabteil, diesmal unter einer bleichen Deckenlampe, und ratterte zurück nach Wien. Ihr war völlig unklar, was sie fühlen sollte. Im Grunde genommen fühlte sie nichts. Nichts regte sich in ihr, außer vielleicht ein aufseufzendes »So, das wäre geschafft!«.

Sicher hatte sie sich zu Karl hingezogen gefühlt, als sie einander kennenlernten. Sicher war sie für etwa ein Jahr – länger? kürzer? – sogar so etwas wie seine Braut, sie galten als Liebespaar ... Aber liebten sie einander? Sie sahen einander häufig, das schon. Aber sie weiß von keinem Kuß, von keiner Umarmung mehr.

Karl war mit Sicherheit zart und liebevoll, er hätte ihr nie irgend etwas angetan, ihr nichts gegen ihren Willen aufgezwungen. Im Gegenteil, seelisch schenkte er ihr Beruhigung. Aber obwohl er zu dem wurde, was Frauen ›der erste Mann in meinem Leben‹ zu nennen pflegen, erwecken konnte er sie nicht.

Gleichzeitig muß sich eine andere Neigung entwickelt haben, die zu ihrem Englischlehrer nämlich, und da verfügt sie über eine Fülle lebendiger Erinnerungen. Dieser Professor Schneider, gerade erst an die Schule gekommen, war ein großgewachsener jüngerer Mann mit dichtem, glattem Haar und humorvollen Augen. Alle Mädchen verliebten sich in ihn. Sie selbst aber bildete sich ein, die einzige zu sein, in die auch er sich verliebt hatte. Auf den Schulfluren fühlte sie sein Näherkommen körperlich, und sie meinte, Wärme in seinen Augen zu sehen, wenn er sie anblickte. Ihm ist zu verdanken, daß sie – für Fremdsprachen unbegabt – wenigstens Englisch ausgezeichnet lernte. Manchmal hatte sie das Gefühl, während der Englischstunden einen Dialog mit ihm zu führen, der allen anderen entging. Wie sehr sie sich das alles auch nur eingebildet haben mag – sie hatte dieses Gefühl, sie hatte diese Gefühle, sie erinnert sich an das Vibrieren ihres Körpers, an die Sehnsucht, sich an ihn zu lehnen. Sie warf Blicke und meinte, tiefe Blicke zu erhalten.

Jahre später trafen sie im Foyer des Burgtheaters aufeinander, in der Pause einer Aufführung, die sie beide besuchten. Er sah um vieles älter aus – natürlich, er war älter geworden, sie auch. Aber zwischen ihnen entstand Verwirrung. Nur weil sie inzwischen als Schauspielerin bekannt geworden war? Oder ob nicht doch eine gemeinsame Erinnerung sie beide verwirrte?

Während sie sich also ersten Liebesversuchen ergab, war sie weiterhin eine fleißige Gymnasiastin. Sie wollte mit Auszeichnung maturieren, das stand für sie außer Frage, ihr Ehrgeiz war ungebrochen. Körperlich hatte sie sich langsam erholt, und sie aß wieder normal, mit nur wenigen krampfhaften Einschränkungen, die sie später ebenfalls aufgab. Beim Schulskikurs in den Kärntner Bergen fror und litt sie nicht mehr, sie fühlte sich sogar kräftig genug, vorübergehend auch einem stummen, schwermütigen Hüttenwirt ihre Liebe zu schenken. Sie dichtete ihm ein tragisches Schicksal an, das ihn in die Bergeinsamkeit getrieben haben mußte, saß neben ihm auf der sonnigen Hüttenbank und erschauerte immer wieder, während er – braungebrannt, verschlossen – auf seiner Gitarre klimperte und sie keines Blickes würdigte.

Wieder in Wien, lernte sie bis spät in die Nacht in der Stille des Wohnzimmers, wenn die anderen schliefen. Zwischendurch hörte sie leise Radiomusik und verlor sich in Träumen, Träumen von Liebe, Träumen von der Zukunft, von dem Leben, das sie erwartete. Sie wußte nun genau, daß sie Schauspielerin werden und sich nach der Matura der Aufnahmeprüfung für das Reinhardt-Seminar unterziehen wollte. In der Schule war man ebenfalls überzeugt, daß sie diesen Weg einschlagen würde.

Schon einige Jahre zuvor hatte der Wunsch, Schauspielerin zu werden, eine frühe Blüte getrieben. Damals war es ihr auf einmal unerträglich erschienen, weiterhin jahrelang zur Schule gehen zu müssen, ohne dem ersehnten Beruf näherrücken zu können. Die Eltern – vor allem die Mutter – standen ihr in ihrer Hektik erstaunlich verständnisvoll bei, und eines Tages war sie Mitglied der Kindertheater-Gruppe

›Erika Dannbacher‹. Das bedeutete, daß sie Unterricht genoß und in Aufführungen mitwirkte. Wöchentlich einmal fuhr sie zum Horak-Konservatorium in der Nähe des großen Wiener Marktes, genannt Naschmarkt, und der Rechten Wienzeile.

Wenn sie das alte Gebäude betrat, überkam sie stets das Gefühl von Feierlichkeit und Furcht, ein Schauer durchrieselte sie. Anfangs glaubte sie fest, vor Lust an der Schauspielerei zu erschauern, und ließ sich von der kleinen, hakennasigen Erika Dannbacher allerhand darstellerischen Unsinn beibringen. Sie lernte kleine Szenen und Gedichtchen auswendig, und die ältliche und recht böse Frau, die sicher einmal selbst erfolglos Schauspielerin gewesen und jetzt auf diesen Sektor ausgewichen war, lehrte sie, künstliche, zukkersüße Gesten dazu zu machen. Die anderen Kinder benahmen sich ebenfalls wie dressierte Hündchen, der Lehrsaal im Konservatorium umgab kalt und förmlich ihrer aller Bemühungen, und bald hatte sie mit ihrer inneren Distanzierung zu kämpfen.

Anders war es, wenn Aufführungen geprobt und dann mehrmals auf der Bühne des Bürger-Theaters (eines Wiener Theaters, das mittlerweile abgerissen worden ist) dargeboten wurden. Da meinte sie, ihrer unbezwingbaren Sehnsucht näher zu kommen, da umgab sie der Bühnengeruch, diese unverwechselbare Mischung aus Staub, Leim, Menschenschweiß und dickem Samt, Holz, Pergament und abgestandener Luft. Dort lernte sie diesen Geruch kennen, und sie liebte ihn sofort.

Aufgeregt erschien die ganze Familie, um sie ihre erste Aufgabe meistern zu sehen, doch nur an ihrer dumpfen Stimme war auszumachen, wo sie sich befand – im Inneren eines riesigen Tannenbaums aus Pappmaché, der schwer auf ihren Schultern ruhte. Durch ein mit Gaze versehenes Fensterchen in Mundhöhe brüllte sie ihre wenigen Sätze hinaus. Sie spielte einen Baum!

Mit der zweiten Rolle hatte sie etwas mehr Glück, sie verkörperte einen Königssohn namens ›Prinz Sausewind‹. Warum er so hieß, ist unklar, sie erinnert sich nur an feierliches Herumstehen neben einem Thron, an Wams, Trikot und ein Samtbarett, an eine kleine, ebenfalls samtene Pellerine und an einige getragen deklamierte Sätze.

In einer Ecke des Garderobengangs stand ein altes Piano. In jeder Pause setzte sich ein erwachsener Schauspieler vor dieses Piano und spielte Jazz. Sie blieb neben ihm stehen und hörte begeistert zu. Der junge Mann spielte erstaunlich gut, fand sie. Warum er bei der Aufführung einer Kindergruppe mittat – er hatte die Rolle irgendeiner lustigen Person mit Zipfelmütze übernommen –, verstand sie nicht so recht. Er schien aus innerem Unbehagen in seine Klavierimprovisationen zu flüchten und nahm sie mit keinem Blick und keiner Miene wahr. Schüchtern entfernte sie sich schließlich wieder. Dieser Mann hieß Peter Alexander, und später wurde er als Schauspieler, Sänger, Entertainer berühmt. Aber immer hat sie bei ihm vergeblich die musikalische Qualität seines einsamen Spiels am Garderobengang gesucht, als wären dieser junge Mann und der später berühmte, beliebte Showstar nicht ein und dieselbe Person gewesen.

Einmal wurde sie als ›Nummerngirl‹ ausgeliehen und verdiente dabei sogar Geld. Als Nummerngirl bei einer Modenschau, die im Wiener Rathaus stattfand. Zwischen den Modellen hatte sie in kurzem Röckchen und Stöckelschuhen eine Nummerntafel über den Laufsteg zu tragen und war in dieser Aufmachung sogar auf einem Foto im *Wiener Kurier* zu sehen. Wieder großer Stolz der ganzen Familie: die Tochter in der Zeitung! Schon damals also wurde mediales Aufscheinen so töricht überbewertet wie heute.

Aber ihr eigenes Unbehagen an Erika Dannbachers bösartigem Schauspielunterricht, an den gezierten, eitlen Kindern, die von ehrgeizigen Eltern angetrieben wurden, an diesem ganzen fadenscheinigen Milieu, wuchs unaufhaltsam. Anfangs hatte sie ihre erworbenen Künste im Gymnasium zum besten gegeben, ein harmloses Schulgedicht plötzlich mit zierlichen oder ausholenden Gesten unterstützt, den Kopf gehoben oder geneigt und jede Zeile unsinnig betont – ganz nach Frau Dannbachers Lehren. Die Mitschülerinnen glotzten sie fassungslos an und begannen zu kichern. Eine Weile lang ertrug sie tapfer die Ablehnung ihrer Kunst, bis sie erkannte, daß all das nur Künstlichkeit war, daß es sie sicher nicht auf den Pfad wahrer Schauspielkunst führen würde. Eines Tages blieb sie der ›Kindergruppe Erika Dannbacher‹ sang- und klanglos fern und ergab sich, erleichtert und eines Besseren belehrt, wieder in das normale Leben eines Schulmädchens. Die Schauspielerei als Profession verschob sie vernünftigerweise auf später.

Aber obwohl man ihr Deklamieren und theatralisches Gestikulieren in der Schule belacht hatte, keiner zweifelte daran, daß sie eines Tages Schauspielerin werden würde. Die Mitschülerinnen nicht und auch die Lehrer nicht. Zu Schulaufführungen wurde sie immer herangezogen.

In einem dieser Stücke stand sie mit einem Jüngling auf der Bühne, der später in die Politik gehen und sozialdemokratischer Finanzminister werden sollte – ein Feschak, dessen Homosexualität sich abzuzeichnen begann. Um dies zu verschleiern, lancierte man gezielt ein Gerücht, das ihn und die ›Femme fatale‹, als die sie zu dieser Zeit galt, zu einem wilden Paar erklärte. Dieses Gerücht verdunkelte lange Zeit ihr Leben, und es basierte auf nichts anderem, als daß sie und jener Politiker aus Floridsdorf stammten und als Gymnasiasten miteinander Theater gespielt hatten. Danach haben sie einander kein einziges Mal mehr getroffen oder auch nur flüchtig gesehen. Sie war über die Lügengeschichten schließlich so verzweifelt, daß sie den damaligen Bundeskanzler Bruno Kreisky aufsuchte und ihn bat, dem entgegenzuwirken. Er lächelte sie begütigend an, sagte »Na ja« – und sie wußte genau, daß auch er mit diesem ›Gerücht‹ höchst einverstanden war. Freundlich lenkte er ab: »Ich zeig' Ihnen meinen neuen Hundertwasser – wollen's ihn sehen?« Und sie ging seufzend wieder nach Hause.

In den fünfziger Jahren gab es eine Initiative: ›Das Burgtheater kommt in die Schulen‹. Was bedeutete, daß bekannte Burgschauspieler im Zeichensaal der Schule auftraten und Szenen aus Stücken oder Stücke in gekürzter Form darboten. Daß man die ›werdende Schauspielerin‹ dazu auserkor, hinterher die Blumen zu überreichen, betrachtete die Direktorin Klein-Löw als selbstverständlich. »Du gehörst ja demnächst dazu«, meinte sie.

An der Seite der Direktorin stand sie also eines Vormittags mit einem großen Blumenstrauß in den Armen auf dem Gang neben dem Zeichensaal. Sie warteten auf das Ende der Vorführung. Szenen aus *Die Braut von Messina* wurden gespielt. Neben ihnen wartete einer der Schauspieler, Helmut Janatsch, auf seinen letzten Auftritt. Ein schwarzer Umhang lastete malerisch auf seinen Schultern, die Haare hatte er in die Stirne gebürstet, und er sah sie mit dunklem Blick an. »Sie wird Schauspielerin!« sagte die Direktorin stolz und legte ihr die Hand auf die Schulter. »Ach ja?« meinte der Schauspieler höflich. Dann verdunkelten sich seine Augen noch mehr, und er starrte in die ihren. »Ein schöner Beruf«, sagte er, »aber schwer – unsäglich schwer. Er fordert einem alles ab. Überlegen Sie es sich gut –« Sie nickte ergriffen. Er aber vernahm sein Stichwort und entschwand mit einem dramatischen Aufschrei auf die Bühne des Zeichensaales.

Etwa drei Jahre später war sie Schauspielelevin am Burgtheater und trat diesem Schauspieler somit wirklich als Kollegin entgegen. Er erkannte sie sofort wieder und wurde verlegen. Beide spielten sie kleine Rollen – und er weitaus lieber Tennis als Theater. Hätte er gewußt, daß aus ihrem Vorhaben so schnell Ernst werden würde und noch dazu am selben Theater – er hätte seine pathetischen Worte wohl für sich behalten. Er hatte damit nur eine kleine Schülerin beeindrucken wollen und war weiß Gott kein Schauspieler, dem dieser Beruf ›alles abforderte‹.

Junge Leute mußten sich damals unaufhörlich heroische Geschichten anhören, und immer von Leuten, die das Theater erfolglos liebten, an dessen Rand standen und sich mit lichtvollen Geschichten aus dem Schatten zu erheben meinten, und sie selbst war stets bereit, glühend und gläubig zuzuhören. Die Mutter kannte eine Frau, Freundin ihrer Freundin, die Dramaturgin am Volkstheater war. Eines Tages saßen sie in deren mit Büchern und Manuskripten vollgestopften Kämmerchen, und Frau Dr. Alt (diesen Namen, der sie mit Ehrfurcht erfüllte, hat sie nicht vergessen) erzählte ihr ebenfalls eine Menge Humbug über das Theater.

Ob nun die Dramaturgin oder sonstwer die Verbindung hergestellt hatte – jedenfalls nahm sie Unterricht, um sich auf die Prüfung am Schauspielseminar vorzubereiten, und zwar bei einem uralten Schauspieler namens Julius Karsten. Er besaß eine Wohnung im ehemaligen Wirtschafts- und Gesindetrakt des Schlosses Schönbrunn, und mit Herzklopfen machte sie sich zum ersten Mal auf den langen Weg dorthin. Nach einigem Umherirren fand sie die richtige Tür und läutete. Ein mächtiger alter Mann mit schlohweißer Haarmähne öffnete, und was sich ihr beim Eintreten bot, war *die* museale Schauspielerwohnung. Sie glaubte, bei Charlotte Wolter oder Josef Kainz persönlich zu Besuch zu sein. Büsten, Draperien, gerahmte Fotografien, Porträtgemälde, Masken, Samtsofas, Tischchen mit Samtüberdecken und darauf weitere Bilderrahmen – sie staunte mit offenem Mund, bis die röhrende, rollende Stimme des alten Mannes sie hochriß. Anfangs ängstigte er sie – auch durch seine schauspielerischen Forderungen, die auf große Töne und Gesten und viel Gebrüll abzielten. Aber bald erkannte sie, daß er gütig war. Nichts anderes als ein bramarbasierender, eitler Schauspieler ältester Schule, der einsam in seinen Erinnerungen lebte. Und die junge Schülerin erkannte, daß auch der Unterricht, den sie bei ihm genoß, ihr nicht weiterhalf – im Gegenteil, ihr schaden könnte, wenn sie ihn ernst nahm. Trotzdem besuchte sie ihn weiterhin und tat so, als ginge sie auf seine darstellerischen Vorschläge ein. Er schien nicht zu bemerken, daß die Stunden mehr und mehr aus seinen eigenen Erzählungen bestanden. Sie fragte nach vergangenen Theaterzeiten, und er berichtete bereitwillig. Der alte Mann schloß sie im Lauf der Zeit ins Herz – ihr tat er leid.

Noch etwas unternahm sie, um sich auf die Schauspielschule vorzubereiten. Sie wollte sich durch eine Prüfung auf das Geprüftwerden vorbereiten, das sogenannte Vorsprechen trainieren. Jeder Mensch konnte sich bei der Bühnengewerkschaft anmelden und eine Eignungsprüfung ablegen, denn nicht jeder Mensch, der Schauspieler wurde, erlernte das im Max-Reinhardt-Seminar. So stellte sie sich also eines Nachmittags der Kommission einer solchen allgemeinen Eignungsprüfung, stieg in irgendeinem stimmungslosen Saal auf irgendein Podium und ›sprach vor‹ – den Monolog der Shawschen Johanna vor dem Tribunal, mit dem sie instinktsicher jedes der wenigen Vorsprechen ihres jungen Lebens bestritt. Denn die Anwürfe, die Johanna in höchster

Erregung dem Tribunal entgegenwirft, sogen ihre eigene Erregung auf, sie konnte so ihre Prüfungsangst nutzen und überhöhen, statt sich davon beeinträchtigen zu lassen.

Sie bestand. Daß sie dennoch gedemütigt davonging, lag an den maliziösen Worten eines Gewerkschaftsschauspielers mit breitem, rötlichem Gesicht, der Strobl hieß. »Mein Fräulein«, sagte er, »etwas gebe ich Ihnen mit auf den Weg: Ziehen Sie für die Bühne bitte *nie* flache Schuhe an – das tut Ihren Beinen nicht gut. Hamma uns verstanden? Ja?« Und »Hahahaha« tönte das gesamte Kommissions-Tribunal, dem sie am liebsten noch Heftigeres entgegengeschleudert hätte als die heilige Johanna dem ihrigen. Mit rotem Kopf versuchte sie Fassung zu bewahren, und verabschiedete sich würdevoll – die bestandene Prüfung in der Tasche, Zorn im Herzen. Der hat meine O-Beine gemeint! dachte sie, heiß vor Beschämung, als sie auf die Straße trat. Aber schließlich trägt die Jungfrau von Orleans keine Stöckelschuhe! Der soll mich noch kennenlernen, dieser Esel! Die alle sollen mich noch kennenlernen! Und meine O-Beine! Mit ihnen werde ich mehr ausrichten als er mit seinem roten Gesicht, der miese Kerl ...

So hatte diese Vorprüfung sie denn doch einiges gelehrt. Zum ersten Mal erfuhr sie Häme. Und daß sie es schaffte, sich davon nicht kleinkriegen zu lassen, sondern ihren Zorn auszutoben, kräftigte ihre Abwehrmechanismen. Zur nächsten Prüfung gehe ich wieder in flachen Schuhen! dachte sie, warf innerlich mit einer großen, stolzen Bewegung den Kopf zurück und sandte mit den Augen Blitze aus.

Nach außen hin stieg ein Mädchen mit flachen Schuhen brav in die Straßenbahn und fuhr nach Hause.

Dort nahm man ihre Unternehmungen mit einem gewissen Stolz, aber auch mit Gleichmut auf. Wie ihr gutes Zeugnis zur Selbstverständlichkeit geworden war, fanden die

Eltern selbstverständlich auch, sie müsse wissen, was sie tue. Nie erlebte sie bei ihnen Einspruch oder mangelndes Vertrauen, sie trauten ihr alles zu, vertrauten all ihren Entschlüssen. Und so blieb es.

Was tat Karl in all der Zeit – oder besser, was tat sie mit ihm? Sie erinnert sich an die Blässe seines Gesichts, an all die Traurigkeit, die ihn umgab und mit der ihn die lähmende Unfähigkeit erfüllte, sein Leben selbst in die Hand zu nehmen und zu verändern. Wie mag er auf ihre zielsicheren Schritte reagiert haben? Auf ihren Ehrgeiz, ihre Lernfreude? Ihren unstillbaren Wunsch nach einem *anderen* Leben? Hat all dies ihn angespornt – oder noch lethargischer werden lassen? Sicher besprach sie all ihre Pläne mit ihm. Sicher kam er ab und zu in die elterliche Wohnung, oder sie trafen einander irgendwo, bei Färberlein oder in einem Caféhaus. Manchmal saß sie auf seinem Motorrad, obwohl sie diese Form der Fortbewegung nicht leiden konnte – immer stieg man völlig zerzaust oder durchfroren von der Maschine, deren lautes Dröhnen lange im Kopf nachhallte.

Sie lernte, ging zur Schule, saß auf ihrer kleinen Veranda, den Lindenbaum vor sich, träumend oder Gedichte schreibend, traf Bärbel und ging mit ihr an den Fluß. Manchmal besuchte sie Partys – dieser Begriff war aufgekommen, und er bezeichnete kleine Feste mit selbstgeschmierten Broten und Tanzmusik im Kreise ihrer Schulfreundinnen und einiger dazugeladener Burschen. Die Matura rückte näher, und sie erhielt dafür ein in Bahnen geschnittenes, tailliertes Kleid aus schwarzem Leinen. Sie fand sich sehr erwachsen, sehr ernst in diesem Kleid.

Und mit großer Ernsthaftigkeit durchschritt sie die Abschlußprüfungen am Gymnasium, die schriftlichen vorerst und danach die mündlichen Befragungen, bei denen sie sich ihrer Fähigkeit bewußt wurde, gekonnt und plastisch darzustellen, was sie wußte, und sich die Prüfer – wieder eine kleine Kommission – zu ›holen‹, sie aufmerksam und geneigt zu machen. Sie bestand die Matura mit Auszeichnung.

Keinen schien das zu überraschen, obwohl man sich zu Hause freute und sie umarmte. In der Schule gab es ein Abschlußfest. Sie saßen mit allen Professoren zusammen, und der Abschied schärfte ihren Blick. Sie hatte diese Menschen gern, die sie für immer davongehen sah. Sie erinnerte sich an ihre Liebe zur Geschichtsprofessorin, die wieder, mit schiefem Rocksaum, gelassen und wie von einem Windhauch geformt, vor ihr saß. Auf dem Gang traf sie ein letztes Mal mit dem Englischlehrer zusammen und versank kurz in seinen heiteren, glänzenden Augen, in deren Tiefe sie Wehmut zu erkennen meinte … Sie verließ die Schule ohne Jubelgeschrei, ohne sich befreit zu fühlen. Sie nahm Abschied. Und war erfüllt von der ernsten Empfindung, sie lasse einen Lebensabschnitt hinter sich.

7

In diesem Sommer unternahm sie mit einigen der Schulfreundinnen eine kleine Reise nach Salzburg. Es gibt da Fotos mit Hilde Gröbl und Erika Richter und ihr – sie alle in den begehrten weiten Röcken und breiten Gürteln, die sich meist um Taillen schlangen, die alles andere waren als zart und deren Wuchtigkeit man nicht hätte betonen sollen. Dazu das enganliegende Strickwestchen und ein ›Dreieckstücherl‹ um den Hals geknotet ... Oder stammen diese Bilder aus den Sommerwochen des Jahres davor, als sie und einige Mitschülerinnen am Mattsee schwedischen Jugendlichen Deutsch beibringen sollten? Nie hatte sie temperamentlosere und besser gekleidete Mädchen erlebt als diese Schwedinnen – sie reagierten auf nichts, auch nicht auf die deutsche Sprache. Sie war heilfroh gewesen, ihre weniger schönen, aber quicklebendigen Schulfreundinnen zur Seite zu haben, und oft fuhren sie ohne jede schwedische Begleitung in einfachen Holzbooten auf den See hinaus. Die Ufer waren damals einsam, stille Wiesen reichten an sie heran. Es gab einen Wasserlauf, die Verbindung zum zweiten See, der von Schilf und Seerosen überwuchert war und in dem sie immer wieder riesige Aale schwimmen sahen. Manchmal banden sie das Boot an einem halbverfallenen Holzsteg fest, stiegen an Land und saßen schweigend nebeneinander. Vogelstimmen, zarter Wellenschlag, der Wind in den Grashalmen und Baumwipfeln, sonst kein Laut.

Eines stand für sie fest: Würde sie nach dem Sommer die Prüfung am Schauspielseminar nicht bestehen, gäbe es keine Klage, sondern genau umrissene andere Pläne. Nach Amerika fahren, Gitti und Roland besuchen. Und danach Bodenkultur studieren und Gutsbesitzerin werden. Oder zumindest Verwalterin eines großen landwirtschaftlichen Besitzes, mit Pferden und Kühen und vielen Hunden, die sie im Rudel begleiten würden, wenn sie ausritte ... All das stand ihr klar vor Augen, sie liebte diese Vorstellungen einer ganz anderen Zukunft so sehr, daß es ihr möglich war, die Aufnahmeprüfung leichtzunehmen. Oder sie zumindest nicht unter dem Druck eines ›Jetzt oder Nie‹ zu erleben. Und wieder hatte sie instinktiv psychologische Klugheit walten lassen. Die unzähligen Theaterpremieren ihres späteren Lebens – immer wieder eine ›Prüfung‹, immer wieder ein Urteilsspruch – haben ihr reichlich bewiesen, daß dieser Druck in der Lage ist, sie zu beeinträchtigen, zu schädigen. Sobald sie alles auf eine Karte setzen soll – läßt sie diese Karte fallen. Nur die Vielfalt von Möglichkeiten gibt ihr Kraft. Erzwungenes, gezieltes Wollen dagegen führt bei ihr meist zum Mißlingen.

Eines Tages also stieg sie in ihrem schwarzen Leinenkleid in die Straßenbahn, fuhr dann noch viele Stationen mit der Stadtbahn, stieg bei der Haltestelle Schönbrunn aus und begab sich zum Schönbrunner Schloßtheater. War sie nervös? – Wohl schon, doch deutlicher erinnert sie sich an ihr ungläubiges Staunen angesichts der vielen anderen jungen Leute, die ebenfalls in diese Schauspielschule aufgenommen werden wollten. Sie hatte den Eindruck, der ganze große Platz vor dem Schloßgebäude sei von wartenden Prüflingen übersät. Bisher hatte sie mit ihrem Wollen allein dagestanden, und die Menschen, die sie umgaben, hatten darin etwas Besonderes gesehen. Jetzt war sie plötzlich eine von vielen.

Alle standen oder saßen sie bald in den Foyers des alten Schönbrunner Schloßtheaters herum und wurden nach und nach, einer nach dem anderen, auf die Bühne gerufen. Die meisten benahmen sich sehr selbstverständlich, einige hielten sich schüchtern zurück. Fast alle sahen recht mittelmäßig aus, der innere Drang zur Schauspielerei hatte ihr Äußeres noch nicht allzusehr geformt. Nur ein Mädchen gab es, das sich gelassen und königlich bewegte und so schön war, daß es ihr beim ersten Hinschauen den Atem verschlug. Dieses wunderschöne Mädchen aus Graz, das alle Blicke auf sich zog, betrachtete auch sie eine Weile, ehe sie sich wieder in sich selbst zurückzog und die Texte memorierte, die sie vorsprechen wollte. »Wo wärt ihr jetzt alle –«, wandte sie sich wieder gegen das Inquisitionstribunal der heiligen Johanna. Damit wollte sie in der Prüfung unbedingt beginnen. Auch einen Monolog der *Maria Stuart* von Schiller hatte sie vorbereitet und – weil etwas im Wiener Dialekt dabeisein sollte – eine Szene der Salome Pockerl aus Nestroys *Talisman*.

Als sie aufgerufen wurde, gehorchte sie einfach und ließ sich empfindungslos auf die Bühne führen. Da war er wieder, dieser schöne, staubige Duft, ihn nahm sie wahr. Im Halbdunkel des Zuschauerraums saßen einige Leute, sie konnte die Gesichter nicht erkennen. Doch als man ihr gestattete, mit der Shawschen Johanna zu beginnen, bemühte sie sich, nicht an flache Schuhe und O-Beine zu denken, sondern wandte sich mit aller Kraft gegen die anonymen Prüfer in den Sitzreihen vor ihr, schrie ihnen die Empörung zu, welche diese einseitige Begutachtung in ihr entfachte.

Sie glaubt, daß man sie gleich danach wieder entließ – oder sprach sie noch einige Zeilen *Maria Stuart*? Sie weiß nur noch, wie lange sie anschließend wartete, wie gespannt sie auf die Nennung ihres Namens lauschte, als die Liste der Aufgenommenen verlesen wurde, und mit welch seliger Erleichterung sie ihn vernahm. Sie hatte die Aufnahmeprüfung bestanden, sie würde Amerika und die Gutsverwalterin vergessen und Schauspielschülerin am Max-Reinhardt-Seminar sein.

Die Eltern waren wieder auf ihre recht unaufgeregte Weise stolz, eher hätte es sie wohl erstaunt, wenn sie die Prüfung nicht bestanden hätte. Aber es tat ihnen wohl, anderen Leuten vom Erfolg der Tochter zu erzählen, vor allem denen, die den Schauspielereiplänen skeptisch und mit Sätzen wie »Geh – das ist doch kein Beruf!« gegenüberstanden. Die Seriosität des Reinhardt-Seminars machte freilich einiges wett.

Wie Karl reagierte, weiß sie nicht mehr. Für sie wurde es bald zur Gewißheit, daß sie sich von ihm trennen mußte. Sie lernte so viele neue Menschen kennen, sie konnte endlich das erfahren, wonach sie sich glühend gesehnt hatte, sie vibrierte vor Neugier und Lebenshunger. Karls lethargische Melancholie wurde ihr unerträglich.

An diese Trennung – von ihr theatralisch inszeniert – erinnert sie sich. Karl holte sie mit dem Motorrad vom Seminar ab (auch das war ihr unangenehm geworden, sie schämte sich seiner und seines Motorrads, und diese Scham quälte sie). Sie bat ihn, mit ihr zum Lainzer Tiergarten zu fahren, wo sie sich an den Fuß der steinernen Mauer setzten und in ein Wienerwaldtal hinausblickten. Der Herbstabend war warm, in der sinkenden Sonne glühten die Hügel rot auf und auch ihre beiden Gesichter. In ihrem Kopf erklang unaufhörlich ein Lied von Nat King Cole, wie Filmmusik ummalte es die beabsichtigte Abschiedsszene. »Beside a gardenwall – you are in my arms ...« Ein letztes Mal suggerierte sie sich Liebe –

eine, die eben tragisch enden muß. »This melody – haunts my memory – and I am once again with you –« Was immer sie Karl auch an Sentimentalitäten gesagt haben mag, er verstand sehr bald den kaltblütigen Gehalt ihrer Worte und brauste mit noch blasserem Gesicht auf seinem Motorrad davon. Sie blickte ihm nach, blieb erleichtert an der Mauer des Lainzer Tiergartens sitzen, sah allein die Sonne untergehen und zwang sich zu ein wenig Traurigkeit.

Sie hat Karl niemals wiedergesehen. Sich nie erkundigt und niemals erfahren, wie es ihm weiter erging. Sie weiß heute nicht einmal, ob er noch lebt. Keinen anderen bestimmenden Menschen in ihrem Leben hat sie so gründlich vergessen.

Ihr Lerneifer galt jetzt einer Zukunft, einem persönlichen, ausschließlich von ihr gewollten Weg, den sie mit voller Kraft einschlug. Endlich, glaubte sie, trat sie in *ihr* Leben ein.

Trotz der langen Reise quer durch Wien war sie jeden Morgen pünktlich im Palais Cumberland in der Penzingerstraße, in dem das Seminar untergebracht war. Die Straßen- und Stadtbahnfahrten nutzte sie dazu, Texte zu erlernen und zu üben, im letzten Waggon und auf die unter ihr weggleitenden Gleise schauend. So konnten die Mitreisenden nur ihren leicht bewegten Hinterkopf sehen und nicht das aufgewühlte, einer anderen Szenerie zugewandte Gesicht oder die sich bewegenden Lippen. Manchmal wurde sie etwas zu laut, und wenn sie sich umwandte, geriet sie in staunend auf sie gerichtete Blicke. Dann hüstelte sie oder räusperte sich, drehte sich gleichmütig wieder zur Fensterscheibe und blieb eine Zeitlang leise, bis die nächste leidenschaftliche Aufwallung, deren der Text bedurfte, sie wieder mitriß.

Im Seminar selbst tat sie gewissenhaft, was gefordert

wurde. Am Vormittag waren meist körperliche Übungen angesetzt, sie trieben Gymnastik oder lernten, mit dem Florett zu fechten. Beides lehrte die ehemalige Weltmeisterin im Florettfechten, Ellen Müller-Preiß, eine kühl und amazonenhaft wirkende Frau. Im Lauf der Jahre hatte sie ein untrügliches Wissen von der Funktionsfähigkeit und Belehrbarkeit menschlicher Körper gewonnen, besonders derer, die Stimme und Sprache erzeugen sollen. Sie wurde zu *der* Bewegungs-Lehrmeisterin von Schauspielern und Sängern.

So lernten sie, den Körper in Spannung zu bringen oder ihn weich werden zu lassen. Sie übten zu fallen, ohne sich weh zu tun – ob dies gelang, hing von der Fähigkeit ab, den eigenen Körper zu lockern. Bei richtiger Entspannung konnte man von hohen Podesten hinabstürzen, ohne sich zu verletzen. Und damals schon erkannte die Schülerin für sich in den Forderungen und Übungen Symbolhaftes. Daß es stets um Konzentration geht, um eine Wendung ins Innere – und nicht um Hergezeigtes, Dargebotenes, wie es zunächst den Anschein hat. Diese Erkenntnis traf sie tief. Sowohl bei den körperlichen wie bei den geistigen, imaginativen Übungen erfuhr sie, daß sich nur aus der Entspannung – also aus Absichtslosigkeit, Lockerheit – Kraft und Spannung erheben können. Das entsprach ihren bisherigen, meist nur instinktiven Erfahrungen so genau, daß ihr diese nun bewußt wurden.

Die meditativen körperlichen Übungen kamen ihr persönlich wertvoller vor als das mühevolle sportive Florettfechten. Dennoch plagte sie sich auch dabei ab, schwitzend und keuchend, mit zitternden, überanstrengten Schenkeln und schmerzenden Bauchmuskeln. Aber sie war immer froh, danach in den großen altmodischen Badekammern unter der heißen Dusche zu stehen, die anderen Mädchen lachen und sprechen zu hören und sich langsam wieder zu erholen.

Sport ist ihr immer suspekt geblieben.

Sprechunterricht genoß sie bei einem Lehrer, den die Götter ihr zuspielten. Was wäre trotz aller Bemühung aus ihr geworden, hätte Professor Zdenko Kestranek sich nicht ihrer und ihrer Stimme angenommen! Er war ein köstlicher, kleiner Mann, gedrungen, irgendwie rechteckig wirkend. Auch der Kopf war kantig und kahl. Im Gesicht saß ihm eine große, vorspringende Nase, aber darüber – was für Äuglein. Klein und blitzend, drang aus ihnen die schönste und liebevollste Herzlichkeit, die man sich denken konnte. Sie besäße eine ›isolierte Bruststimme‹, stellte er sofort fest und erschreckte sie durch diesen Ausdruck maßlos. Aber sofort folgte der Trost. Ihre Höhen seien nur unausgebildet, die Tiefe der Stimme mache nichts aus. »Wenn du die Höhen hast, wird sie sogar schön sein«, beruhigte er sie visionär. Und dann ging es los. Er lüpfte sein Jackett und ließ sie seinen mit Atem gefüllten Bauch fühlen, das Zwerchfell wunderbar gespannt und in der Lage, jede ihrer Berührungen mit Gegendruck zu erwidern. Sie lernte, bewußt zu atmen – das heißt, auszuatmen. Die Lungen füllen sich von selbst mit Luft, wenn man sie richtig geleert hat. Krampfhaftes Einatmen und Luftholen verspannt – der Wille gilt nichts, die Leere tut es. Sie geriet in philosophische Höhenflüge, während Zizi (so wurde er von allen Schülern genannt) ihrer Stimme über die Bahnen des Atems ein neues Volumen gab. Hatte sie doch selbst schon festgestellt, daß sie nicht schreien konnte, ohne in ein schrilles Gicksen zu geraten, daß da etwas fehlte. »Wie hast du denn in der Schule gesungen?« fragte Zizi forschend. »Immer nur die dritte Stimme«, antwortete sie betreten, eingedenk ihres jahrelangen unauffälligen Brummens im Musikunterricht. »Eben!« seufzte Zizi und schüttelte den Kopf. »Da hammas ...«

Auch als sie bereits am Burgtheater spielte, nahm sie bei ihm noch Lektionen. In seiner Wohnung in der Neubaugasse, wo im Wartezimmer ein kleiner Springbrunnen für stetige Luftfeuchtigkeit sorgen sollte, saßen sie einander weiterhin mit geschlossenen Augen gegenüber, seltsame Laute von sich gebend, in die inneren Wege von Atem, Luft und Stimme vertieft, eine verzweigte innere Landschaft auslotend. Und wenn sie wieder einen Ton an Höhe gewonnen hatte, schenkte er ihr jedesmal ein Stück Schokolade, eine ›Bensdorp‹ für einen Schilling. Ihr Stolz, wenn sie so ein kleines blauverpacktes Schokoladenstück erhielt, war unermeßlich.

Er hat die Voraussetzung dafür geschaffen, daß sie jemals ihre Stimme beherrschte – die später häufig als ›schön‹ bezeichnet wurde –, und vor allem: daß sie fähig war, das zu tun, was sie jetzt besonders gern tut – nämlich zu singen. Ihrer Stimme gemäß zu *singen*.

Aber auch schauspielerisch gab er ihr einen bestimmenden und unvergeßlichen Hinweis. In ihren Burgtheater-Anfangsjahren trug sie gerne ihre Anfängernöte zu ihm hin, erklärte ihm, was die Regisseure von ihr wollten und was sie nicht erfüllen könne. So kam sie eines Tages mit irgendeiner längeren Textstelle, klagte, daß sie ihr einfach nicht gelänge, daß sie sich vor der nächsten Probe fürchte und nicht wisse, was zu tun sei ...

»Na, dann laß mich mal hören –«, sagte er und blinkte sie mit seinen kleinen Augen gütig und forschend an. Sie seufzte. Ging dann tief in sich und schleuderte ihm die Zeilen mit aller ihr zu Gebote stehenden Emotion entgegen. Als sie schweratmend wieder schwieg, fand sie, sie sei sehr gut gewesen. Er nickte und sagte: »Ja – das war ja recht gut –, mit viel Gefühl gesprochen.« Sie freute sich, aber nun schwieg auch er und schaute vor sich hin. Dann hob er den Blick. »Jetzt – jetzt sag einmal alles so, daß ich dich verstehe.«

Sie starrte ihn verblüfft an. »Weißt du«, fuhr er fort, »ich hab' nur gemerkt, daß du sehr aufgeregt bist. Aber nicht verstanden, warum. Wenn du mir genau erklärst, was los ist, kommt die Aufregung von selbst. Also noch einmal – ganz ruhig, ja?«

Sie mußte vorerst das Gefühl überwinden, er mache sich lustig über sie. Schließlich, nach einem halbherzigen Auflachen, sah sie in seine aufmerksamen Äuglein, die unverwandt auf sie gerichtet waren, und begann, Satz für Satz so zu sagen, als müsse ein jeder ihm allein verständlich werden. Und siehe da – alle Gefühle und Betonungen, um die sie gerungen hatte, waren plötzlich auf selbstverständliche Weise vorhanden.

»Na siehst du!« Zufrieden und verschmitzt lächelte er sie an, als sie geendet hatte. »Alles war da. Die Schreierei ist unnötig.« Noch heute denkt sie bei so mancher Aufführung, der sie als Zuschauer beiwohnt: Die Schreierei ist unnötig.

Doch zurück in die Schauspielschule.

In der Mittagspause aßen sie meist irgendwo in der Nähe, es gab damals in der Penzingerstraße einen Gasthof ›Tauber‹, wo man einfache und billige Speisen erhielt. Favoriten waren geröstete Knödel mit Ei, mit Sicherheit kein Schlankmacher, oder Mohnnudeln, auch kohlehydratreich. Da sie ständig solche Gerichte aß, wurde sie in dieser Zeit äußerst kräftig – um es milde auszudrücken. Von ihrer Magersucht keine Spur mehr, Busen und Hüften gediehen blühend.

Gern stieg sie auch in die katakombenartigen Räume eines Lebensmittelgeschäfts hinunter, das dem Seminar schräg gegenüber lag. Über die steile Holztreppe gelangte man in einen schlecht beleuchteten Laden, dessen Gewirr eine alte, verwilderte Frau beherrschte. Auf einem kleinen Kocher briet sie riesige, fetttriefende Kartoffelpuffer und drückte sie ihnen, in ein Stück braunes Packpapier gelegt, in die Hand. Da stand man in dem kalten unterirdischen Raum, aß gierig seinen fettigen, knusprigen Puffer, sprach mit der alten Frau oder den Mitschülern, es roch nach heißem Öl, nach Wurst, Kräutern, sauren Gurken und altem Mauerwerk. Ein Lebensmittelgeschäft dieser Art wäre mit den heutigen Gesetzen kaum vereinbar – aber wie sehr hat sie diesen finsteren Laden und die alte Greislerin geliebt, ein originales Leben voll Eigenart, düster und skurril. Alle Schauspielschüler fühlten sich davon angezogen, denn diese Kellerspelunke strahlte auch dunkle, üppige Theatralik aus. Mit Sicherheit atmete sie mehr Vitalität und Lebensqualität als jeder wohlsortierte Supermarkt.

Nachdem sie sich mittags solcherart ernährt hatten, folgte in den Nachmittagsstunden bis hin zum Abend meist der eigentliche Schauspielunterricht. Ihn leiteten größtenteils ausübende Schauspieler, und deren Belehrungen nahm sie damals schon etwas zwiespältig entgegen, sie erreichten niemals die Wucht von Zizis einfachem Hinweis. Fred Liewehr zum Beispiel, damals in den sogenannten besten Jahren, jugendlich und fesch, erfolgreicher Burgschauspieler und Operettensänger, war eine der Lehrpersonen. Hoch aufgerichtet, beständig die Weite einer Bühne um sich tragend, kam er mit tenoraler Stimme auf die Schüler zu. Lauschte ruhig, reagierte oft ein wenig maliziös – aber seine Hinweise blieben mager. Selbst unaufhörlich Instrument in der Hand irgendeines Regisseurs – und wenn diese Hand fehlt, seinen Bühneninstinkt nutzend, also ›aus dem Bauch‹ spielend –; was soll ein Schauspieler einfacher Prägung anderen beibringen?

Auch in unseren Tagen beobachtet sie mit Bestürzung, wer alles – wie viele ›einfach‹ gestrickte Schauspieler und Schauspielerinnen – sich ohne Skrupel über Schauspielschüler hermacht, das unterrichten will, was er oder sie selbst völlig unbewußt tut. Der bewußte Schauspieler ist eine Seltenheit. Und nur dieser dürfte lehren.

Sie erinnert sich deutlich an eine Regieanweisung Fred Liewehrs, die einem Romeo galt, der sich mit seiner Julia auf der Übungsbühne abplagte. Der junge Mann wirkte temperamentlos und eingeschüchtert, die Wiederholungen der Szene führten nicht weiter. Liewehr fiel nichts mehr ein. »Du mußt –«, er setzte nochmals an, »du mußt einfach –« Und dann stampfte er gewaltig mit dem Fuß auf und stieß dabei eine Art Brunftschrei aus, sein Gesicht rötete sich, heftig durchblutet. »So! Verstehst du?« – Der junge Mann starrte ihn entgeistert an, stand noch hilfloser als vordem neben seiner Julia und nickte dann verzweifelt. Aber er konnte auch diesen animalischen Hinweis nicht umsetzen, die Szene wurde beiseitegelegt.

Der Direktor der Schule unterrichtete ebenfalls. Er hinkte, fuhr sich ständig mit der Hand durchs Haar, etwas Aufgebrachtes, Nervöses umgab ihn, in seiner Gegenwart wurde auch sie – oder wurden es alle? – nervös. Er hieß Niederführ, und ob nun zu Recht oder zu Unrecht, man mochte ihn nicht.

Wer ihr lehrend am meisten zusagte, war eine Frau – die Schauspielerin Susi Nicoletti, damals etwa vierzigjährig, hübsch und lebhaft. Heute sind sie miteinander befreundet, durch Jahrzehnte haben Lebensumstände sie immer wieder zueinandergebracht, sogar verknüpft. In der Schauspielschule war sie für die Jüngere eine Instanz, fern, erfolgreich, bewundert. Zugleich brachte sie einen frischen Hauch von Realität in die Schule, vermittelte als einzige das Gefühl, all die Lernerei hätte eines Tages praktische Folgen. Sie war Pädagogin.

Unter den Professoren gab es noch zwei Männer, deren Unterricht für alle Schüler hohen Unterhaltungswert besaß: Walter Höesslin, der Bühnenbildner, lehrte das, was Schauspieler über Bühnenraum und Bühnenbild wissen sollten – auf eine sehr persönliche, humorvolle Weise, aber auch leidenschaftlich der Bühne verschrieben. Und Hofrat Langer erklärte ihnen das Theaterrecht – und zwar so, daß sie unaufhörlich lachten. Nicht unbedingt zu erwarten bei diesem Gegenstand.

Und dann gab es da noch ein Unterrichtsfach, das ›Metaphysik‹ genannt wurde. Heutzutage wohl undenkbar, aber ihr erscheint es nach wie vor als richtig, daß man werdenden Schauspielern religiöse oder philosophische Einblicke vermittelt. Ein Mönch kam jede Woche ins Seminar und sprach zu und mit den Schauspielschülern. Ein Dominikanermönch, Pater Diego H. Goetz.

Inmitten dieser Fülle von Bildern und neuen Erfahrungen fiel es ihr zunächst schwer, mit den anderen Studierenden des Jahrgangs Kontakt aufzunehmen. Für einige Zeit fühlte sie sich ausgeschlossen und isoliert, obwohl es keine Unfreundlichkeit gab. Höchstens ein wenig Wichtigtuerei und Eitelkeit. Und oftmals war sie versucht, die anderen gerade um ihre Eitelkeit zu beneiden. Wer sich wichtig fühlt und gesegnet eitel ist, leidet nie an dem, worunter ich leide, dachte sie. Ich bin anders eitel, verteufelt eitel, das reicht tiefer und schmerzt viel mehr ... Diese Eitelkeit, die dich heißt, vor dir selbst zu bestehen – sie gilt es tausendmal dringlicher zu überwinden als die andere, die vor den Spiegeln und Menschen. Wäre ich doch eitel und putzmunter, von meiner Wichtigkeit überzeugt, dachte sie, während sie die Gespräche und Gesten der anderen jungen Menschen betrachtete.

Wie sie einander das Gesicht zuwandten, als sei es ein Sonnenaufgang. Die Hand zur Frisur führten, als müsse eine hohe Blume gepflückt werden. Alles in völliger Übereinstimmung mit sich selbst, schien ihr.

Dieser Anschein von Sicherheit drückte sie längere Zeit nieder. Ihre eigenen Gebärden und Worte kamen ihr unnatürlich vor, konstruiert. Sie war nicht im Einklang, weder mit sich selbst noch mit den anderen. Mit Eifer absolvierte sie den Unterricht und die notwendigen Gespräche, stets ein wenig furchtsam und die anderen beobachtend. Sie fühlte sich alleingelassen.

Und plötzlich schwanden diese Empfindungen. Plötzlich gehörte sie dazu, fühlte sie sich angenommen und geachtet. Kollegen sagten ihr später, man habe ihre Ruhe und Überlegtheit von Anfang an wahrgenommen und bewundert, und sie staunte darüber. Sie hatte also wiederum einen Eindruck erweckt, der ihrer inneren Befindlichkeit keineswegs entsprach. Doch der Bann zwischen ihr und den anderen Schauspielschülern war gebrochen. Sie lernte einzelne näher kennen, war auch nach den Unterrichtsstunden häufig mit ihnen zusammen und fühlte sich auf unkomplizierte Weise zugehörig, mit ihnen vertraut.

Da gab es die schöne Grazerin Marlies Moitzi – von der sie sich in diesen Erinnerungsbildern ein wenig fernhalten wird. Doch sie sieht noch das Untermietzimmer vor sich, in dem Marlies wohnte, und nicht sie allein. Das alte Sofa, dessen Mittelteil bereits zu einer tiefen Grube durchgelegen war und das die Besucherin nur mit Scheu betrachten konnte – der vielen Körper wegen, die in unermüdlicher sexueller Bewegung diese Grube geschaffen zu haben schienen, Generationen von paarweise hier wohnenden Schauspielstudenten hatten darauf wohl schon gerangelt ...

Alle Schüler, die nicht aus Wien stammten – und das war

die Mehrzahl –, wohnten in irgendwelchen Zimmern oder kleinen angemieteten Wohnungen. Sie lernte viele davon kennen, es gab abendliche Einladungen, bei denen zwar billiger Alkohol die Gläser füllte, aber Gespräche geführt wurden, die ihr äußerst kostbar erschienen. Das Wort KUNST wurde in ihnen nicht gescheut, und ein wenig zögernd begann sie sich an den Gedanken zu gewöhnen, sie lebe unter Künstlern. Ein Zögern, das sie, wann immer Menschen um sie herum ihrer Künstlerschaft sehr sicher waren, nie verloren hat, weil diese Sicherheit ihr immer fragwürdig geblieben ist. Doch damals tat ihr das Gefühl wohl, einem Kreis von Auserwählten anzugehören, und sie ergab sich der jugendlichen Übersteigerung, wenn sie nächtens um sie her aufwallte. Immer wieder kam es zu herrlich wilden Abenden, die bis tief in die Nacht reichten. Ein isländischer Student, Jon Laxdal, bewohnte ein kleines Gartenhaus, ein mustergültiges Wiener Salettl. Erstaunlicherweise lag es in einem Garten zwischen hohen Zinshäusern. In diesem Gartenhäuschen nun floß eines Nachts billigster Rum in Strömen. Bis der besoffene Isländer hinausstürmte und wie ein Tier zwischen den Wohnbauten herumbrüllte – die Leute schrien empört aus den Fenstern, und tags darauf erhielt das Seminar eine polizeiliche Anzeige ins Haus. Sie hatte das alles fasziniert miterlebt, sich als Zuschauerin bei einem Unterweltsdrama gefühlt und erregt gekichert. Trotzdem war sie froh, als die Anzeige irgendwie bereinigt und der Isländer gerettet werden konnte.

Es gab eine alte Hinterhofwohnung, deren Fenster in dichte Kastanienbäume hinausführten. Zwei befreundete Studenten zahlten gemeinsam die Miete und luden oft zu sich ein. Hans Hennig Heers hieß der eine, ein riesengroßer, dünner Bursche mit skurrilem Humor. Der andere, Wolfgang Reinbacher, ebenfalls Grazer, war klein und gedrungen, dunkelhaarig und von heiterer Liebenswürdigkeit. Wie Pat und Patachon gingen sie nebeneinander durchs Leben dieser Zeit und stilisierten ihre komische Unterschiedlichkeit. Bei ihnen gab es manchmal ein einfaches Abendessen, Spaghetti oder Wurstbrote, viel Bier und ›Doppler‹ voll Weißwein. Sommernächte kommen ihr in den Sinn, das dunkle, rauschende Kastanienlaub nahe an den geöffneten Fenstern, endlose Gespräche. Man hörte Georges Brassens, die Greco, Sidney Bechet. Und rundherum verliebten sich alle wechselweise ineinander, während sie selbst ihnen dabei hingerissen zusah und gar nicht – vorläufig wenigstens – auf den Gedanken kam, so etwas könne auch ihr passieren.

Diese an den Tagesunterricht angefügten, halb durchwachten Nächte waren für sie nur möglich, wenn sie nicht nach Hause fahren mußte. Und es hatte sich eine Übernachtungsmöglichkeit für sie ergeben, der auch ihre Mutter in Floridsdorf zustimmen konnte und die sie häufig nutzte. Sie blieb einfach über Nacht bei Zsoka.

Zsoka. Anfangs hatte sie Mühe, sich diesen Namen einzuprägen und ihn halbwegs richtig auszusprechen. Schooka, mit weichem Sch und gedehntem Ooo. Zsoka war Ungarin, aber bei Pflegeeltern in der Schweiz aufgewachsen. Der Pflegevater war niemand Geringerer als Rudolf Baumgartner, Leiter des Kammerorchesters ›Festival Strings Luzerne‹, der eng mit dem Geiger Wolfgang Schneiderhahn zusammenarbeitete, die Pflegemutter Bildhauerin, die Familie wohlhabend – diese kultivierte, von kleinlichen Nöten unbelastete Atmosphäre schien ihr aus Zsokas Wesen entgegenzuwehen. Deren stille, fast scheue Art, anderen Menschen zu begegnen, stufte sie anfangs als noble Zurückhaltung und gute Erziehung ein. Später erfuhr sie Näheres über Zsokas Lebensumstände. Daß sie sich nicht nur vornehm zurückhielt und schwieg, weil man sie so gut erzogen hatte, sondern auch aus ängstlicher Unsicherheit. Zsokas Vater war in Ungarn Kinderarzt gewesen. Nach der Flucht vor dem Kommunismus ging er nach Amerika und ließ seine Frau und drei Kinder in Zürich zurück. Er wollte die Familie später zu sich holen, wenn er Fuß gefaßt hätte – kam aber auf mysteriöse Weise ums Leben. Die Mutter war gezwungen, in der Schweiz Arbeit zu suchen. Die Kinder blieben, wo man sie anfänglich nur vorübergehend hatte deponieren wollen. Obwohl Zsoka es vergleichsweise gut getroffen hatte und ›Baumis‹ – wie sie ihre Pflegeeltern nannte – sie wie eine eigene Tochter an allem teilhaben ließen, konnte sie sich von früher Jugend an nicht des Gefühls erwehren, ein Fremdling und nur geduldet zu sein. Konnte sie nie die elementare Erfahrung machen, irgendwo völlig zu Recht zu Hause zu sein, wo man sie so liebte, wie sie eben war. Sie glaubte, sich Liebe und Zuneigung durch Liebenswürdigkeit verdienen zu müssen, durch ein überhöfliches, überaufmerksames Wesen. So knechtete sie also ihr ungarisches Temperament, wurde zur säuberlichen Schweizerin und litt ein Leben lang unter diesem Zwiespalt – ihre Emotionalität konnte sich nicht unbefangen und selbstverständlich entwickeln.

Zsoka hat später keine große schauspielerische Karriere gemacht, ihren Beruf jedoch immer geliebt. Die seelischen Verwundungen ihrer Kindheit und Jugend haben sich nicht verloren, sondern vertieft, und prägen die Frau mehr als das junge Mädchen. Doch wenn sie lächelt oder hell auflacht und das Gesicht mit den großen grauen Augen sich verblüffend verjüngt, wird es zu dem der Schauspielschülerin von damals, mit dem kräftigen, dunklen Haar, dem tiefen und versonnenen Blick, der hübschen weiblichen Figur, den bewundernswert geraden Beinen und schmalen Schenkeln.

Auch Zsoka war eine bemühte, ernsthafte Schülerin, und

daher sahen sie einander regelmäßig bei den Unterrichtsstunden. Trotzdem dauerte es längere Zeit, bis sie dieses ruhige, zurückhaltende Mädchen wahrnahm. Denn in ihrem Jahrgang gab es unerhört aufwendige, schillernde Figuren, die vorerst alle Aufmerksamkeit auf sich zogen.

Oh, dieser Jahrgang – eine Wunderklasse, heißt es. So viele daraus seien später berühmt geworden ... Weltweit ein wenig zum Begriff wurden Marlies – alias Marisa Mell – und Senta Berger. Maria Perschy hatte ein Jahr vor ihnen begonnen, war aber noch am Seminar. Drei wirkliche Schönheiten, jede auf ihre Art. Heidelinde Weis war damals, im Gegensatz zu heute, entzückend mollig, und Klaus Wildbolz sah immer schon sehr gut aus, zu gut fast – er hatte anfangs Mühe, daß man ihm das verzieh. Männer reagieren auf fesche Männer viel wütender als Frauen auf schöne Frauen.

Und wer noch? Ernst Wolfram Marboe, später Fernsehintendant – Achim Benning, später ihr Direktor und Regisseur am Burgtheater. Ein maßvoll berühmt gewordener Jahrgang, ja.

Zsoka bewohnte ein geräumiges Untermietzimmer nicht weit vom Seminar, in einem älteren, villenartigen Gebäude in der Elßlergasse. Jedes Haus dort lag in einem Garten. Wieder bewunderte die Besucherin Weitläufigkeit, Bäume vor großen Fenstern, kultiviertes Mobiliar und Eigenart – luxuriös im Vergleich zur elterlichen Wohnung. Hier kamen sie und Zsoka sich bei endlosen abendlichen Gesprächen näher, bei Tee und Broten an einem runden Tisch, von dem man zwischen hellen, gebauschten Vorhängen in dichtes Baumgeäst blickte. In der warmen Jahreszeit drang der Geruch des Laubes durch das geöffnete Fenster.

Zsoka war durch ihren Pflegevater mit Schneiderhahn und dessen Frau Irmgard Seefried befreundet. Das wiederum führte dazu, daß sie den Dominikanerpater Diego Hans Goetz kannte. Dieser, so etwas wie ein Künstlerseelsorger, hatte vielfältige Kontakte zu Künstlern, die ihrerseits seine sonntäglichen Predigten in der Dominikanerkirche besuchten.

Als nun am Reinhardt-Seminar die erste Stunde mit Pater Diego angesetzt war, wußte also wohl nur Zsoka, was und wer da auf die Schüler zukam. Der große, schlanke Mann im schwarzen Anzug erzeugte sogleich Aufmerksamkeit. Seine blitzenden Augen, die kräftige Nase, die Linie seines großen Mundes, die Begehrlichkeit und Melancholie ausdrückte, und auch Bereitwilligkeit, sich dem Lachen zu öffnen – all das schien der Tatsache, daß er Priester war, zu widersprechen und sie gleichzeitig zu unterstreichen. Dem Mädchen aus Floridsdorf gefiel er sofort. Und mehr noch, als er zu sprechen begann. Da saß ein Mann vor ihr, der mit Klugheit formulierte und sich doch und offenkundig dem Geheimnisvollen anheimgab. Er sprach über Gott, ohne den Gottesbegriff handlich und begreifbar werden zu lassen – etwas, wogegen sie seit den weit zurückliegenden Tagen ihres Kinderglaubens zu Felde zog. Ihr war, als sage er das, was sie selbst noch nie ausgesprochen, aber schon in sich getragen hatte. Endlich jemand, der es verstand, auf den Schimmer des Göttlichen hinzuweisen, ohne ihn anzutappen und mit schmierigen Allerweltsgedanken zu beschmutzen. Und sein Umgang mit dem Wort beeindruckte sie. Er erforschte die Worte, vertiefte ihren Sinn, indem er sie bis zu ihren Ursprüngen hin aufbrach.

Dieser hohe, dunkle, von der Aura eines klösterlichen Lebens umhüllte Mensch, der dennoch sinnlich und irdisch auf die jungen Menschen, die vor ihm saßen, reagierte, gewann ihre ehrfürchtige Zuneigung. Sie begann sich auf die wöchentliche Stunde mit ihm zu freuen. Vielleicht machte er sie sogar auf Zsoka erst richtig aufmerksam, als sie sah, wie vertraut und herzlich sie einander begrüßten. »Ja, Zsoka –«, sein aufleuchtender Blick wandte sich ihr zu, er drückte ihre Hand, »bist du jetzt wirklich hier, wie schön.« Und Zsoka erwiderte ihm unbefangen, in aller Selbstverständlichkeit.

Die Beobachterin überkam da ein Anflug von Neid oder zumindest das trübe Gefühl, aus Bereichen ausgeschlossen zu sein, in denen kluge, künstlerische Menschen einander in aller Ruhe begegnen. Zsoka schien diese Bereiche zu bewohnen.

Einmal nahm Zsoka sie mit zu einer Probe der ›Festival Strings Luzerne‹ im Wiener Musikvereinssaal. Da saßen sie beide allein unter den goldenen Brüsten der sie umgebenden Karyatiden und hörten Vivaldis *Vier Jahreszeiten*, als würde nur ihnen zu Ehren gespielt. Sie war hingerissen und bestaunte Zsokas Ruhe. »Ich war immer schon bei Proben dabei«, sagte Zsoka so gelassen, wie sie selbst vielleicht von einem Essen am Familientisch gesprochen hätte.

Diese Probe des hervorragenden Kammerorchesters wurde zu einem ihrer ersten tiefen musikalischen Erlebnisse. Und es ereignete sich in demselben Saal, wo sie an einem anderen Abend im Kreise der goldenen Frauenstatuen nahezu hinzuschmelzen meinte, als Sergiu Celibidache Tschaikowskys *Pathétique* dirigierte. Der damals wunderschöne und feurige Dirigent, die schwermütige und aufschreiende Musik, die in ihre Blutbahn drang, der Glanz der nackten Goldbrüste um sie her – sie geriet in einen unvergeßlichen Gefühlsrausch, in eine heftigere erotische Aufwallung, als Erlebnisse mit dem anderen Geschlecht ihrer jungen Sinnlichkeit damals zu schenken vermochten.

Einmal kam Zsokas Mutter aus der Schweiz zu Besuch und lud auch sie zum Essen in ein ungarisches Lokal ein. Zigeuner spielten auf, die Speisen enthielten reichlich Paprika, die zierliche, stark geschminkte Mutter lachte hell und perlend. Mit der Mutter sprach Zsoka ungarisch, und schon wenn sie das tat, schien sie ein anderer Mensch zu werden. Plötzlich erschien ihr Zsoka in einem anderen Licht, sie wußte plötzlich, wo diese wurzelte und wie schonungslos man sie verpflanzt hatte.

Tags darauf kam wieder eine pflichtbewußte, verhaltene Schülerin ins Seminar, die mit Hilfe des Rollenspiels diese Verhaltenheit aufzulösen suchte. Zsoka suchte immer das Theater, weil nur dieses imstande zu sein schien, ihr Gefühlsleben aufzubrechen und sie zu Unmittelbarkeit zu bewegen. »Die Bühne macht mich lebendig«, hat sie später einmal gesagt und damit alle Vorhaltungen, sie klammere zu sehr an diesem zwiespältigen Beruf, aufrichtig und abschließend beantwortet. Unlängst hatte Zsoka bei einer indischen Yoga-Meisterin meditiert und der alten Freundin am Telefon davon erzählt, mit so heller Stimme, als wäre auch diese in Licht gefallen. »Ich freue mich, wenn das gut für dich war«, sagte die Zuhörerin. »Ja – mit all deinem Spott ...«, gab Zsoka lächelnd zur Antwort.

Aber nicht aus Spott hatte sie schweigend zugehört. Nur aus Skepsis, Traurigkeit und tiefem Unglauben, der allem gilt, was der Mensch für die leidende Menschheit organisiert und gründet. Zuviel Sektiererei und fundamentalistische Religiosität, zuviel esoterischer Klimbim, zuviel Geschäftemacherei, Politik, Krieg und Elend im Namen irgendeines Gottes. Und viel zu wenig menschenwürdiges Leben, zuwenig Achtung des Lebens, zuwenig Besinnung darauf, daß man für jeden Schritt auf diesem einen irdischen Weg selbst verantwortlich ist. Es gibt Menschen, die solcher Theorien bedürfen, um im praktischen Leben nicht gänzlich zu scheitern. Die ihrer Angst, ihrem inneren Unbeheimatetsein diesen trügerischen Schutzmantel umlegen müssen, der nur geistigen Hochmut nährt, Gefühllosen ein besseres Gefühl gibt und jede Chance raubt, einen Zugang zum eigenen nackten Selbst zu finden. Und nur darauf käme es an.

Sie kann von keiner spirituellen Theorie mehr hören.

Doch zurück zu den ersten schauspielerischen Erfahrungen im Reinhardt-Seminar. Unlängst hat sie ein gilbendes Blatt gefunden, auf dem sie damals in noch sehr kleiner, rundlicher Schrift mit blauem Kugelschreiber notiert hat:

Manchmal versinkt alles um mich her. Eine helle, dichte Glocke zieht sich eng um eine Angst zusammen – um meine Angst.

Es wird meine Angst.

Das Herz stockt. Mit einem fernen, verwischten Befremden spüre ich, wie meine Lippen zu zittern beginnen. Die Stille preßt sich gegen mich. Es ist mir gelungen, diese qualvolle Stille heraufzubeschwören. Und jetzt peinigt sie mich. Jetzt hat sie mich, ihren Urheber, verlassen und wendet sich gegen mich. Alles wird zu Angst.

Und doch – es ist wahr –, über alledem freue ich mich an alledem. Es ist eine unsägliche, unbeschreibliche Freude.

Es hatte sie wohl plötzlich dazu gedrängt, eines der ersten schauspielerischen Erlebnisse aufzuschreiben, die elementar Wahrhaftigkeit beanspruchten. Dies hatte nichts mehr mit dem kindlichen ›Theaterspielen‹ zu tun, dem Verkleiden, Erfinden, Darstellen und Herzeigen, nichts mehr mit der Freude an solchen Äußerungen.

Jetzt wurde sie aufgefordert, ihr Inneres zu betreten.

Der Unterricht folgte – wie von Max Reinhardt gefordert – den Methoden Stanislawskis, beginnend mit ›Stummen Szenen‹, Übungen, die am Seminar bis heute praktiziert werden. Konzentrativ und ohne verbalen Ausdruck galt es, ein inneres Geschehen sichtbar zu machen. Sie erinnert sich an die Erfahrung der zu produzierenden Angst, die sie in der Notiz beschrieben hatte. Sie saß auf einem hellen Bretterboden, das künstliche Licht der kleinen Übungsbühne wie eine Scheibe um sie ausgelegt. Mit angezogenen Beinen saß sie da und dachte vorerst: ›So. Ich muß jetzt Angst haben. Ich muß Angst empfinden – ich, ganz und gar ich. Nichts und niemand sonst als ich. Da ist niemand, da gibt es keine Geschichte und kein Kostüm, nur ich bin da, ich allein auf dieser Bühne, ich, mein Gesicht, mein Körper, alles dem untertan, daß Angst entstehen soll, meine ureigene Angst –‹

Und plötzlich wußte sie, daß die Angst in ihr erwacht war. Sie lebte, füllte sie aus – und endlich wurde *ihre* Angst so eigenständig, daß sie mit ihr umgehen, sie gestalten konnte.

Somit hatte sie im Ansatz erfahren, worum es ging, wenn aus der Schauspielerei Menschengestaltung, vielleicht sogar Kunst werden sollte. Daß es ein Weg ins Innerste ist, nicht dem Publikum entgegen. Daß nur die eigene Bewegtheit bewegen kann, nur die eigene unverwechselbare Wahrhaftigkeit zur völligen Illusion wird.

Späterhin fand sie diese ›Stummen Szenen‹ oft lächerlich, meist mündeten sie in wildem Aufschreien oder Schluchzen und wurden von den zuschauenden Schülern mit viel Hohn quittiert. Immer unwilliger ging man in diese Unterrichtsstunden, man wollte ›richtige‹ Szenen spielen, die aus gesprochenen Sätzen bestanden.

Aber dieses erste öffentliche Eintauchen in ein vorerst privates Gefühl, aus dem langsam eine allgemeine Formel erwuchs – die Formel für ANGST in diesem Fall –, hatte sie nachhaltig belehrt.

Die Schüler konnten, nach Anmeldung, einen Saal im Palais einige Stunden lang für sich allein beanspruchen. Die Räume vergab ›Frau Poldi‹, eine kleine, vierschrötige Person mit einem winzigen Köpfchen, um das ihr schwarzes Haar eng und kurzgeschnitten lag, seitlich gescheitelt und mit einer Metallspange befestigt. Das blasse Gesicht blieb meist unbewegt, und gerade deshalb überraschte es, wie frisch und kindlich sie lächeln konnte. Im Umgangston gab sie sich rauh, aber die grauen Augen blickten gütig. Sie war eine Frau undefinierbaren Alters, aber seit eh und je Direktionssekretärin und Hausfaktotum im Max-Reinhardt-Seminar. Generationen von Schauspielschülern konnten sich das Palais ohne Frau Poldi nicht mehr vorstellen.

»Welchen Saal möchtest denn?« fragte sie mit einem schnellen Seitenblick. »Sicher den größten, was?«

Ja, sie wollte den größten. Der Frau Poldi war bald aufgefallen, wie oft und lange sie sich in so einen Saal zurückzog und daß sie immer ganz früh kam, um den größten und begehrtesten zu belegen. Nicht aus Prestigegründen, sondern einzig, weil sie es leidenschaftlich genoß, sich in der Weite eines Raumes aufhalten zu dürfen, der für einige Stunden ihr gehörte, ihr ganz allein. Und obendrein noch ein mit Stukkatur, altem Kachelofen und Parkett versehener, unmöblierter, stimmungsvoller Saal in einem alten, feudalen Gebäude. Sie pflegte sich mitten auf den knisternden Parkettboden zu setzen, im Türkensitz oder mit angezogenen Beinen. In den großen, geschwungenen Fenstern bewegten sich die Parkbäume im Wind, oder sie standen als schwarzes Gitterwerk vor einem apfelgrünen Winterhimmel. Lange saß sie schweigend da, atmete Stille, Geschichte, Kultur, den Geruch nach altem, poliertem Holz und verblichenen Seidentapeten. Die Zeit floß schnell und sanft dahin. Und jedesmal mußte sie sich einen Ruck geben, um endlich das zu tun, weswegen sie sich in einem Übungssaal befand – nämlich zu üben.

Sie studierte alle möglichen und unmöglichen Monologe und Szenen, stand immer wieder mit irgendeinem Büchlein lernend in der Ecke der Straßenbahn, die langen Fahrten vergingen ihr so wie im Flug. Und sie flog wirklich – durch die Himmel der Imagination. Auf Spaziergängen mit dem Dakkel Maxi, aus ihrem Verandafenster in den Lindenbaum hinausgelehnt, oder in den großen, stillen Übungssälen sprach sie den gelernten Text dann laut vor sich hin, versuchte ihn zu gestalten. Manchmal tat man sich mit anderen Schülern zusammen und erarbeitete Szenen gemeinsam.

Einmal waren sie und Marlies auf die Probebühne gestiegen, um die Szene Maria Stuart-Elisabeth darzubieten. Zsoka hatte zugesehen: »Ihr beide! Irrsinnig würdevoll habt ihr euch aufgestellt – und mit tödlichem Ernst begonnen –, aber! Beide hattet ihr kurze Röcke an, besonders kurze Röcke! Die langen bestrumpften Beine – und darüber die Kinderröckchen – und noch weiter oben die tragisch ernsten Gesichter. Plötzlich ist ein einhelliges Gelächter entstanden, wir konnten nicht mehr aufhören – jeder eurer Sätze hat das Lachen gesteigert –, es war einmalig.«

Sie selbst kann den täglichen Kampf, sich etwas zu eigen zu machen, nur noch als Gesamtstimmung nachvollziehen. An welchen Stücken und Rollen sie sich versucht hat? Wohl an allem, was irgendwie aufzutreiben war, was man ihr empfahl, was sie lockte. Ein System jedenfalls steckte nicht dahinter.

Aber aufgrund dessen, was man im Unterricht von ihr erfuhr, galt sie anscheinend als begabt. Als der alte, erfahrene Regisseur Josef Gielen sich bereit erklärte, mit den Schauspielschülern Shakespeares *Was ihr wollt* zu inszenieren, wurde sie als Viola besetzt – *die* Traumrolle aller Schülerinnen. Zum Erbrechen oft hatte man schon gehört: »Ich ließ ihr keinen Ring«, Violas berühmten Monolog, und das mit sämtlichen Nuancen mehr oder weniger gut gestalteten Erstaunens. Jedes Mädchen sprach ihn vor, und bei »Ich ließ ihr keinen Ring –« stießen alle Anwesenden unisono einen schweren Seufzer aus: »Schon wieder!«

Dennoch begab sie sich mit glühender Begeisterung in die Proben zu dem Stück. Josef Gielen war ein etwas mürrischer und reizbarer Mann. Sein furchiges Gesicht mit der hervorspringenden Nase und das wilde Grauhaar flößten ihr höchsten Respekt, wenn nicht gar Angst ein. Aber sie wußte genau, daß sie sich zum ersten Mal in den Händen eines Regisseurs befand, eines echten, am wirklichen Theater tätigen, und daß sie mit dieser Arbeit den ersten Schritt in die Realität von Schauspielern tat. Also bezwang sie ihre Furcht und versuchte konzentriert, Gielens Anweisungen umzusetzen. Das ging eine Weile ganz gut – bis eines Tages der ominöse Ring-Monolog an die Reihe kam. In ihrem Kopf kreisten alle Interpretationsvarianten, die sie bisher hatte anhören müssen: »Ich *ließ* ihr keinen Ring –«, »Ich ließ ihr keinen *Ring* –«, »Ich ließ ihr *keinen* Ring –« Sie fühlte sich unfähig, diese Sätze mit Eigenleben zu füllen, es war, als hätte man sie ihr für immer entrissen. Sie kam so ängstlich zur Probe, als würde sie dort geschlachtet.

Josef Gielen wurde natürlich sofort aufmerksam und spürte ihre Verkrampfung. »Was ist denn –«, sagte er schlechtgelaunt, »sei doch natürlich – Ich ließ ihr keinen Ring – Viola ist erstaunt und denkt nach, was ist daran kompliziert? – Also, noch einmal: Ich ließ ihr keinen Ring –« Sie zwang sich also, ganz unkompliziert erstaunt zu sein und nachzudenken. Gielen brummte, ließ sie aber fortfahren. An einer bestimmten Stelle jedoch – als Viola erkennt, worüber sie nachgedacht hat – schrie er zur Bühne hinauf: »Und jetzt lachen!« Sie unterbrach. »Wie bitte?« wandte sie sich höflich in den dunklen Zuschauerraum hinunter. »Du sollst lachen! Viola lacht vor Überraschung! Also – los –«

Lachen. Sie sollte jetzt lachen. Ihr war ganz und gar nicht zum Lachen zumute. »Ha, ha, ha –«, es klang schrecklich. »Das war kein Lachen, das war ein Grunzen!« schrie der Regisseur herauf. »Ha,ha,ha«, versuchte sie es nochmals und schämte sich gleichzeitig dieser gequälten Töne. »Was war das!« stöhnte der Regisseur. »Weißt du nicht, wie man lacht?« Nicht mehr, dachte sie und startete noch einen Versuch, »Ha, ha, ha«. Tränen traten ihr in die Augen, als sie ihre eigene Stimme hörte, die in einem Brunnen zu ertrinken schien. »*Lachen!*« brüllte der Regisseur. Da weinte sie.

Obwohl es ihr bei einer späteren Probe gelang, so frisch und unbekümmert zu lachen, daß es die Zuschauer ansteckte und Gielen sie auf seine kurz angebundene Art lobte – diese Episode hat sie nie vergessen. Den erschreckend tiefgreifenden Zwang, der auf sie ausgeübt wurde – solche Empfindungen hat sie in den vielen Jahren ihres Schauspielerlebens immer wieder kennengelernt. Geweint hat sie nie mehr, aber sich vergewaltigt gefühlt. Erst sehr spät wurde sie fähig, nur sich selbst sprechen zu lassen. Auch im Gebotenen das eigene Gebot nicht zu übertreten. Sie fand Regisseure – wenige, aber es gab sie –, die niemals die Vision des Schauspielers verletzten, dessen innere und äußere Kontur in die Arbeit übernahmen und nie forderten, was sie nicht geben wollte. Sie hat Dressur immer gehaßt. Und alle Aspekte des Theaters, die damit zu tun haben.

Man hat ihr berichtet, daß ein Regisseur unserer Tage bei einer Probe die Schauspieler sich im Kreis hinsetzen hieß und ihnen befahl zu summen: Er brauche es, um »seine Bilder« zu finden. Sie weiß, daß sie da auch in jungen Jahren aufgestanden und gegangen wäre. »Ich komme wieder, wenn Sie Ihre Bilder *haben*«, hätte sie gesagt.

Was ihr wollt hatte schließlich im Schönbrunner Schloßtheater Premiere. Elisabeth Orth spielte Olivia, Reinbacher den Narren, Heers den Malvolio, Benning den Sebastian, Heidelinde Weis die Maria ... und ein blonder, blauäugiger, großgewachsener Jüngling den Fürsten, dem Violas Liebe gilt. Als Mitschüler war er ihr kaum aufgefallen. Aber jetzt, in seinem blauen Wams, im Duft der halbdunklen Bühne, von Shakespeares Sätzen umwoben, mit den Augen der sehnenden Viola gesehen – wurde er ihr ›blauer Fürst‹.

Die zweite Inszenierung, die für sie bedeutsam wurde, war *Kiss me, Kate*. Das Musical.

Ja, sie sang, trotz der von Zizi konstatierten »isolierten Bruststimme«... Susi Nicoletti, die auf die musikalische und tänzerische Ausbildung der Schüler großen Wert legte, inszenierte dieses Musical. Begeisterung herrschte, das Palais war von Singstimmen erfüllt wie ein Frühlingsmorgen, in jedem Raum wurde musikalisch geübt, und alle bereiteten sich auf das große Vorsingen vor. Nur sie nicht. Sie fand, sie könne nicht singen, und erwog keinen Augenblick, bei dieser Produktion mitmachen zu wollen. Ohne Groll oder Traurigkeit hielt sie sich abseits. Bis Susi im Vorbeigehen zu ihr sagte: »Sing du auch was vor.« – »Ich?« Sie war perplex. – »Ja, du. Warum nicht?« – »Mit meiner Stimme?« – Susi lachte. »Mit deiner Stimme, jawohl.« – »Aber was soll ich singen?« – »Irgendwas, egal. – Morgen, ja?« Und sie ließ sie stehen.

Ihr war grauenvoll zumute. Sie und Singen! Grübelnd ließ sie alle Lieder Revue passieren, die sie aus dem Radio kannte. Und entschied sich schließlich für einen englischen Song, der von Bergarbeitern und deren Mühen handelte. Er begann mit den Zeilen: »Now people say, man is made out of mud ...« Der Refrain lautete: »Sixteen tons, and deeper we get – another day deeper, and deeper indeed –«, oder so ähnlich. Warum gerade dieses Lied? Vielleicht schienen ihr die Mühen des eigenen Singens denen der Bergarbeit zu gleichen, einem Wühlen und Graben in der Tiefe.

Tags darauf gab sie den Song zum besten, mit tiefer Stimme und dem Mut der Verzweiflung. Sie fühlte die Röte in ihrem Gesicht und Unbehagen im ganzen Körper. Der Rhythmus des Liedes half ihr ein wenig, er machte sich gegen alle Widerstände in ihr breit und zwang sie zu einer gewissen Interpretation. »Prima«, sagte Susi, als sie geendet hatte, »du machst die Kate.« Es war klar, daß sie ihr von vornherein diesen Part hatte zuteilen wollen und sich nur pro forma das düstere Bergarbeiterlied anhörte. Susi schmunzelte dabei.

Also wurden alle Lieder und Duette der Kate für sie in die Tiefe transponiert, und mit Feuereifer stürzte sie sich in die Proben. Sie sah auch gern zu, wenn die anderen arbeiteten. Der Umgang mit Tanz, Gesang und Musik riß das ganze Seminar in die helle, aufgedrehte Stimmung einer richtigen Musical-Truppe. Mädchen in Trikots liefen durch das Haus, es wurde ›trainiert‹, und an jedem verfügbaren Klavier ertönten Tonleitern oder ganze Songs. Es war damals noch nicht üblich, werdende Schauspieler in dieser Weise zu fordern, und sie kamen sich alle sehr wichtig vor, wie am Bug eines Schiffes, das in neue, unbekannte Gewässer einfuhr. Wie Pioniere.

Für die Szenen, in denen Kate Shakespeares Katharina aus *Der Widerspenstigen Zähmung* spielt, mußten entsprechende Kostüme her. Susi nahm sie in die Kostümdepots des Burgtheaters mit und ließ sie eine Reihe von Kleidern probieren. Ehrfürchtig stieg sie in diverse Seidenröcke und Mieder ein, bis ihr endlich eines paßte – sie prangte immer noch in der lebenshungrigen Fülle, die der Magersucht gefolgt war. Auf einem Foto sieht man ihr rundes Gesicht mit den dicken, dunklen Augenbrauen, das kurze Haar wie ein dunkler Helm, schwarze Fransen in der Stirn. Das helle, lange Shakespeare-Gewand betont ihre breite Taille, der Ausschnitt den Ansatz zweier kräftiger junger Brüste. Sie betrachtet diese fernen Fotos mit Rührung. Sie weiß, daß sie sich in dem Kleid gefallen hatte, es war das erste Kostüm mit einem langen, schwingenden Rock, das sie trug. Und jemand hatte es schon einmal auf der Burgtheaterbühne getragen, es roch förmlich danach. Staubgetränkt, von ihrer heißen Haut neuerlich durchlebt, im Scheinwerferlicht aufschimmernd, umgab es sie als die Verheißung einer endlosen, ebenso schimmernden Zukunft.

Nach der Premiere dieses Musicals wurde sie vom eben ernannten neuen Direktor der Burg, Ernst Häussermann, als Elevin an dieses Theater engagiert. Er sah sie, wohl von seiner Frau Susi Nicoletti gedrängt, in der Aufführung und bot ihr dies sofort an. Deshalb auch übersprang sie – nach Vorversetzungsprüfungen – ein Jahr Schauspielschule und wurde Mitglied des Wiener Burgtheaters. Was sie bis heute ist.

In *Kiss me, Kate* also, ihrem ersten Ausflug in den Gesang, erfuhr sie zum ersten Mal ihre Fähigkeit, musikalisch zu interpretieren. Das Solo der Kate, »Nur kein Mann!«, gewann anscheinend gerade durch die Tiefe ihrer Stimme humorvoll an Wirkung und unterschied sich originell von den üblichen, mit Opernstimme gesungenen Versionen. Bei den weiteren Aufführungen nahm sie die Reaktionen des Publikums immer bewußter wahr und wurde sich dadurch ihrer eigenen Möglichkeiten bewußt.

Sie liebte den Umgang mit Musik. Aber sie liebte auch die dunklen, versonnenen Aufführungen im Schloßtheater, die

Erregung vor dem Auftritt – ein Herzklopfen, das den ganzen Körper zu erschüttern schien, ein Zurechtzupfen des Trikots, das auch die innere Befindlichkeit zurechtrückte, und das Hinaustreten in die Scheinwerfer, hinaus in Violas liebende, sehnsuchtsvolle Welt.

8

Da beschreibt sie eine Zeit, die etwa vierzig Jahre zurückliegt, ihre viel älteren, sonnengebräunten Hände bewegen sich auf der Tastatur und erzeugen Worte, doch zugleich ist sie auch noch das Mädchen von damals. Nur die Hülle ist mürber geworden, die Bereiche, in denen das Denken und Fühlen umgeht, haben sich verändert. Aber in ihr lebt jenes fast zwanzigjährige Mädchen fort, das damals, gegen Ende der fünfziger Jahre, sehnsüchtig einen Weg beschritt, auf dem es die Sterne erreichen wollte. Die Sterne, oder jedenfalls etwas, das fernab der täglichen Gegebenheiten lag. Doch ihr Verlangen war kaum auf Dinge gerichtet, die eine Karriere oder Erfolg ihr bringen könnten, nach denen sie heute junge Menschen, realistisch und abgebrüht, drängen sieht – man verlangt es ihnen wohl auch ab.

Sie wollte viel mehr. Sie wollte die Vervollkommnung. Und sucht sie vielleicht noch immer – als Utopie zumindest.

Doch sie will sich weiter erinnern, an Heidelinde, zum Beispiel.

Heidelinde Weis war aus Villach ans Seminar gekommen, eine kleine, rundliche Kärntnerin mit blühenden Wangen und einem nie versiegenden Lachen. Ihre Augen wurden dabei zu vergnügten Halbmonden, die Zähne schienen sich vorzuschieben wie die eines Kaninchens. Alles an ihr mutete weich und freundlich an. Sie bewohnte in Wien eine winzige, fensterlose Wohnung, das Licht kam durch Mattglasscheiben, die in den Gang des alten Zinshauses hinausführten. Trotzdem hatte sie sich dieses Verließ mit bescheidenen Mitteln putzig und wohnlich gemacht. Wenn Heidelinde sie dorthin zu einem Imbiß einlud, wurde sie – ihrem Gast darin unendlich wesensfremd – zu einer kleinen Hausfrau.

Schon damals, und ihr ganzes weiteres Leben, hat sie Frauen bestaunt, die zu jeder Zeit imstande sind, ihre Zelte um sich aufzuschlagen, die Wohnlichkeit, Nahrung, die Erfüllung sämtlicher menschlicher Bedürfnisse und alle Voraussetzungen für ein bequemes, funktionierendes Leben mit sich tragen wie einen Papierblumenstrauß aus dem Zauberladen – ein Druck, und er springt auf, erblüht. Sofort verbreiten diese Frauen Geborgenheit, für sich und jedermann. Heidelinde schien eine von ihnen zu sein. Ihre kleinen, sanft gepolsterten Hände hantierten schnell, die frischen Bewegungen erzeugten in Blitzeseile, was die Beobachterin, in umständlicher Tumbheit, viel Zeit und Mühe gekostet hätte. (Noch heute sagen vertraute Menschen, denen sie bei irgendwelchen häuslichen Zurüstungen ihre Hilfe anbieten will, schnell und mit schreckgeweiteten Augen: »Nein, danke – nicht nötig!« – wohlwissend, daß die entstehenden Komplikationen größer wären als die Hilfe.)

Eine warme, kleine, sehr weibliche Person, das war Heidelinde damals für sie, heiter und lebensbejahend. Es schien unvorstellbar, daß gerade sie extreme seelische und körperliche Hürden würde überwinden müssen. Daß sie zu einer zarten, fast durchsichtigen Frau werden sollte, zu einer Schauspielerin, der man beständig ›Rehaugen‹ attestiert und die, stets mit ausgesuchter Eleganz gekleidet, etwas Verwundbares zu verhüllen scheint. Nur die Kaninchenzähne unterhalb der gekräuselten Nase, wenn sie lacht, und die Halbmondaugen dabei – das ist geblieben, wie es war, und zeugt davon, daß ihr Humor und ihre weibliche Wärme weiterbestehen.

Im Sommer nach dem ersten Schauspielschuljahr verbrachte sie einige Zeit mit Heidelinde. Deren Mutter besaß in Villach ein Milchgeschäft und verkaufte in den Sommermonaten kalte Milch und Joghurt auch an einem Badestrand des Faaker-Sees. Um ein wenig Geld zu verdienen, verdingten sich die beiden Mädchen also als Milchverkäuferinnen. Keiner sah ihnen, wenn sie erhitzt hinter der Theke hantierten, ihre schauspielerische Berufung an. Tagelang hatte sie nur nackte Bäuche und verrutschte Bikinis vor sich, bemerkte allenfalls Schweißtropfen oder Sonnenbrand, nicht aber die dazugehörigen Gesichter – so viel war zu tun. Ihrer Ungeschicklichkeit zum Trotz bemühte sie sich, die Schreie nach Frou-Frou, saurer Milch oder Käsesemmeln möglichst schnell zu beantworten, schob unaufhörlich Becher, Gläser, Brote in Richtung der sonnenbraunen Arme, Bäuche und Brüste. Der Geruch nach Milch und Käse wurde ihr langsam zuwider, und es dauerte lange, bis sie nach dieser Erfahrung wieder Milchprodukte zu sich nehmen konnte.

Erst am Abend, wenn der Badestrand sich leerte, konnten sie und Heidelinde aufatmen und auf den still gewordenen See hinausschauen, der in der Dämmerung zu schillern begann. Oft übernachteten sie in einem Verschlag der kleinen Verkaufshütte, die Kühlschränke surrten und summten, sie lagen auf schmalen Luftmatratzen und schliefen aus Übermüdung dennoch tief. Der einsam erwachende See sah sie oft bei Sonnenaufgang an seinem Ufer sitzen, eine Unberührtheit genießend, die sich wenige Stunden später in den Hexenkessel zurückverwandeln sollte, den badefreudige Urlauber unweigerlich erzeugen.

In diesem Sommer schrieb sie in einem Brief an den »sehr geehrten Pater Diego«:

Ich habe mich gefreut über Ihr Buch, ganz richtig gefreut. Und das möchte ich Ihnen sehr gerne sagen. Und auch, daß ich Ihnen in vieler Hinsicht danken muß, nicht nur in dieser einen. Denn Sie haben mir geholfen, klar zu werden in einer Wirrnis seltsamer Ahnungen und Gewißheiten, und mich bestärkt, etwas zu verfolgen, dem ich klein und verlegen und tastend auf der Spur war. Ich hab' immer gewußt, DASS – aber nicht genau, WIE. Jetzt bin ich oft unsäglich froh. Das heißt – fast immer. Auf eine Art, die man nur ertragen kann, wenn man zu lächeln oder tief zu atmen beginnt.

Vielleicht schäme ich mich fast, denn Sie sind sehr klug, ich glaube, nahezu unerbittlich klug. Jedenfalls habe ich das Gefühl, Sie wüßten in allem eine Antwort, die wahr ist. Außerdem beneide ich Sie. Schade, daß ich niemals ein Mönch werde sein können –

Jetzt verkaufe ich bereits sehr angeregt Milch. Vor einem weichen blauen See – ich höre ihn den ganzen Tag sprechen.

Danke.

Erika

Offenbar hatte Diego Goetz ihr Hingezogensein bereits mit Zuwendung beantwortet.

Was in ihrem ersten Jahr am Seminar als scheue erste Einladung und als Höflichkeitsbesuch begonnen hatte, wurde zu einer immer wiederkehrenden, festen Einrichtung: Zu dritt saßen sie in Zsokas Untermietzimmer bei Tee, Broten und Keksen um den runden Tisch vor dem laubgefüllten abendlichen Fenster und sprachen bis tief in die Nacht über Gott und die Welt – ja, genau das. Der erwachsene Mann schien die Gespräche mit den jungen Mädchen zu schätzen und ließ sich bereitwillig auf deren unorthodoxe Fragen ein, die er, obwohl Priester, ebenso unorthodox und persönlich zu beantworten suchte. Locker und dunkel saß er mit übereinandergeschlagenen Beinen in seinem Sessel und rauchte eine Gauloise-Zigarette aus dem blauen Päckchen nach der anderen. Deren Rauch und Geruch umgab sie, während sie mit glühenden Wangen in die Geheimnisse geistigen Lebens vorzudringen meinte. Bis heute kann der Duft einer zufällig in ihrer Nähe gerauchten Gauloise sie sofort in diese Erinnerung zurückreißen, so sehr bestimmte er für sie Diegos Erscheinung und Präsenz.

Für Verliebtheit war da noch zu viel Ehrfurcht, zu viel klösterliche Distanz. Mit Liebe aber hatte es allemal zu tun, in jedem ihrer Gottesgespräche war der Begriff der Liebe zum Mittelpunkt geworden. Aber sie überantwortete dieses Lieben, dieses Frohsein, dieses innere Lächeln einer höheren Ordnung, und es schien zu gelingen. Ein Blick über das blaue Wasser des Sees genügte.

Als sie die Arbeit zwischen Milchflaschen und Joghurtgläsern beendet hatten und Heidelindes liebenswürdige Mutter sie mit bescheidener Entlohnung aus ihren Diensten und aus Villach entließ, reisten sie beide, wie zuvor geplant, per Autostopp nach Italien. Auf einem Foto von damals sind sie als ungleich großes, vergnügtes Paar zu sehen, Heidelinde mit einer kegelförmigen Mütze auf dem Kopf, zwei wohlgenährte, abenteuerlustige Figuren, die in die Kamera lachen.

Und doch gab es da auch jenen dämmernden, schweren Abend, an dem sie, von einem Auto abrupt abgesetzt, sich zu Fuß den düsteren, steinernen Häusern eines friaulischen Dorfes näherten, das, noch von keinem Erdbeben und keiner Touristenlawine geschädigt, schweigsam und abweisend in der Nacht zu versinken begann. Nur die Stimmung ist ihr in Erinnerung geblieben – Verlorenheit und Fremdsein, das Geräusch ihrer beider Schritte, die bedrohliche Stille, während das Tal sich mit Schatten füllte.

Doch irgendwie gelangten sie nach Lignano. Und bei Lignano sah sie zum ersten Mal in ihrem Leben das Meer.

Freunde oder Verwandte von Heidelinde ließen sie in ihren Zelten auf einem großen Campingplatz unterschlüpfen – dabei hatte (und hat) sie eine ausgeprägte Abneigung gegen das Campieren, diese plastikverseuchte Form von ›Zurück zur Natur‹. Nie verstand sie den Wunsch, zwischen anderen Zelten und der Hautnähe von deren Bewohnern, auf gräßlich bunt bespannten Leichtrohrmöbeln, von Plastikkübeln und Plastikgeschirr umgeben, seinen Sommeraufenthalt zu gestalten.

Aber sie weiß von ihrem Weg zu der großen Sanddüne, und wie erregt sie diese bestieg. Und dann auf einmal der weite Blick über die bis zum Horizont reichende Wasserfläche! Bleifarben und träge glänzte sie in der Ferne auf, am Ufer jedoch schlugen die Wellen weich an wie Pferdelippen, in fast geräuschloser Mattigkeit. Es war das Mittelmeer, dem sie hier gegenübertrat. Viel später erst würde sie die Kraft und Macht der Ozeane erfahren, vor denen sich ihr eigenes Leben in seinen Dimensionen relativierte. Doch schon hier in Lignano, als knapp Zwanzigjährige, konnte sie sich nicht sattsehen am Meer, an dieser Ausdehnung, dieser Weite – des Wassers und des Himmels –, die einen fernen Horizont berührte. Um sie herum sang man zu dieser Zeit unaufhörlich den italienischen Schlager: »Volare – hoho – cantare – hohoho-ho –«, und das Gefühl, auffliegen und singen zu wollen, übertrug sich angesichts der Meeresfläche auf sie. Im Badeanzug und mit nackten Füßen ging sie durch die seichten, lauen Uferwellen, schaute bis hin zu den kleinen Wölkchen am Horizont und sang VOLARE.

Im Herbst betrat sie das Palais Cumberland als etwas Vertrautes, Wiedergefundenes, ohne Scheu diesmal, nach allen Seiten grüßend und von allen Seiten begrüßt – zugehörig. Und praxisnahe, fordernde Einstiege in die Schauspielerei eröffneten sich ihr, die Erarbeitung und Aufführung von Stücken. Sie lernte und erfuhr viel in diesem zweiten Jahr. Und vieles geschah.

Verliebtheit und Liebe. Da zogen zwei Schüler – wie hießen sie nur? – zusammen, in irgendein altes, umwuchertes Haus. Das Mädchen war schwanger. Susi hielt ihre schützende Hand über die beiden. Und sie selbst beobachtete, bei seltenen Besuchen, was sie unter Liebe verstehen zu müssen meinte. Scheu blickte sie zu einem durchwühlten, warmen Bett hin, zu dem Säugling, der im Arm der blassen Mutter hing – etwas Erwachsenes, Anderes hatte sich da eingeschlichen, ein Hauch von reifem Leben, der sie jedoch traurig stimmte. Etwas in ihr rückte entschieden davon ab – obwohl es sie faszinierte. Sie wußte, daß sie *das* nicht wollte. Diese Manifestation.

In ihr begannen Empfindungen Raum zu gewinnen, frei und geheimnisvoll. Die Gesprächsabende mit Pater Diego in der Elßlergasse, in Zsokas Untermietzimmer, setzten sich fort. Und über die Freundin hinweg schien sich ein zweiter, wortloser Dialog aufzubauen, ein feines Netz aus Blicken und Gefühlen. Diegos Lächeln blieb länger bei ihr hängen, Antworten entstanden im Glanz zweier Augen und mußten nicht ausgesprochen werden. Sie fühlte eine Übereinstimmung mit diesem fernen, gottgeweihten Mann, die sie bestürzte und aufregte. Oft teilten sie spät in der fast leeren Stadtbahn ein gemeinsames Stück Heimweg, einige kostbare Stationen lang. Saßen einander gegenüber und versuchten, die Gespräche des Abends in ihrer Allgemeingültigkeit fortzusetzen. Doch die entglitten mehr und mehr oder mündeten in wenige persönliche Worte, die in ihrer beider Schweigen fielen und Kreise zogen. Dieses Schweigen konnte so laut und sprechend werden, daß es sie verwirrte. Daß sie die Augen senken mußte, als hätte sie etwas Unbotmäßiges gesagt.

Wenn sie sich verabschiedet hatten und Diego ausgestiegen war, fuhr sie allein weiter. Unter den grünlichen Neonlampen saß sie in der ratternden Bahn, sie starrte vor sich hin und schüttelte ihren erregten Kopf. ›Ich bin verrückt –‹, dachte sie. Und wußte gleichzeitig, daß sie sich nicht irren konnte. Daß nicht sie allein diese Brücke spannte, diese zarte, vibrierende Brücke unausgesprochener Anziehung. Er ist Mönch! sagte sie sich, er ist Priester, ein Mann Gottes! Aber es gelang ihr nicht, sich zurechtzuweisen. Sie blieb auf beseligte Weise unbekümmert. Sie wollte nichts, sie fühlte nur. Und sie fühlte sich dem, was sie GOTT nannte, näher denn je.

Sie begann, an Sonntagen – sporadisch anfangs, dann immer regelmäßiger – die Kirche des Dominikanerklosters in der Postgasse zu besuchen. Nach jener Phase kindlicher Frömmigkeit, die der Tante Ritschi Angst eingejagt hatte, war sie nie mehr zur Kirche gegangen. Längst war die Zeit der Maiandachten in der kleinen Jedlersdorfer Pfarrkirche vorbei, als sie über die Felder durch den Maiabend spaziert war und dann vor dem Gold und den Blumen des Altars, bei Weihrauchduft und Orgelmusik, den schlichten Gott ihres Herzens angebetet hatte. Einmal war sie dabei sogar in Ohnmacht gefallen, das fromme Entzücken hatte sich plötzlich in ein lichtes Nichts aufgelöst – und als sie wieder zu sich kam, lag sie auf einer Kirchenbank, von herabgeneigten, besorgten und überraschten Gesichtern eingekreist.

Schnell versuchte sie, sich aufzurappeln, hörte Bemerkungen wie »Zuviel Weihrauch eingeatmet« oder »Tja, die Pubertät« – das vor allem ärgerte sie, es klang nach lebenslanger weiblicher Schwäche. Die ganze Szene war ihr schließlich nur sehr peinlich.

Als sie heranwuchs, endeten ihre Kirchenbesuche, und sie betete auch abends vor dem Einschlafen nicht mehr. Es folgten Jahre, in denen sie alles andere auf Erden mehr beschäftigte als ihre christliche Prägung.

Nun aber begann sie Diegos Predigten zu besuchen. Sie sah ihn die Messe lesen, die Arme vor dem Altar ausbreiten wie ein großer Vogel. Die priesterlichen Gewänder standen ihm gut. Am besten jedoch die weiße Mönchskutte. Als er ihr zum ersten Mal so gegenübertrat, groß, hell, lächelnd und würdevoll, stockte ihr das Herz. Er schien, ihr und jedem irdischen Gedanken entrückt, zu einem fernen weißen Engel zu werden. Und das machte sie traurig.

Wenn er auf der Kanzel stand und predigte, schien die gesamte Kirche den Atem anzuhalten, nicht nur die Menschen in den Bänken, nein, es war, als stünden auch die Heiligenstatuen stiller als sonst, als gleite der Weihrauchdunst leiser als sonst zu Boden. Diego war ein ausgezeichneter Prediger. Obwohl er die Regeln der Dominikaner, eines Predigerordens, übernommen hatte und in deren formaler Tradition zu den Menschen sprach – eine Hand unter das Gewand gelegt, mit der anderen sparsame, eindringliche Gesten ausführend –, gab es das hartnäckige Gerücht, er sei früher einmal Schauspieler gewesen. Er selbst belächelte es, aber es schien ihm auch zu behagen. Er war kein uneitler Mensch, gab es offen zu und machte seine eigenen Witze darüber. Er wolle nur deshalb Kardinal werden, weil das Rot ihn so gut kleide, sagte er einmal und lachte über ihr zweifelndes Gesicht.

Zu dem Gerücht von seiner Schauspielervergangenheit war es nicht von ungefähr gekommen. Da hörte man etwas von der Kanzel herunter, was dem üblichen Priestersingsang in keiner Weise entsprach, von seiner Diktion bis zum Inhalt seiner Predigten. Suggestiv holte er die Menschen in sein eigenes Reflektieren, ließ die ihm frei zur Verfügung stehende rechte Hand bewußt sprechen, und immer wieder bewunderte sie die Schönheit dieser einfachen Gesten, die den Raum zu bewegen schienen. Sie lernte bei diesen Predigten, erfuhr Wesentliches über rhetorische Kraft. Wie sehr die ruhige Mitte des Körpers den Einsatz einer groß ausgeführten Geste verstärkt. Wie stark eine Geste sein kann!

Später neigte sie beim Erarbeiten von Rollen, vor allem in Phasen der Unsicherheit, zum ›Fuchteln‹ – ein prägnanter Ausdruck für unkontrolliertes, heftiges Bewegen der Hände. Achim Benning, einer der Regisseure, mit denen sie besonders häufig zusammengearbeitet hat, mahnte bei den Proben zu jeder Inszenierung einmal seufzend: »Erika – du fuchtelst schon wieder –«, und sogleich wurde sie sich beschämt ihres eigenen Unbehagens bewußt. Wenn Intention und Ausführung übereinstimmen, in der lockeren Paarung von Wissen und Können, ›fuchtelt‹ man nicht. Auch dies ist eine über die Schauspielerei hinausgehende Lehre, die ihr bei Diegos Predigten erstmals bewußt wurde und die sie bis heute begleitet.

Was jedoch das sonntägliche Auditorium am meisten bezwang und eine Menge nicht sehr christlich orientierter Künstler in die Kirche trieb, waren wohl der direkte, sinnliche Inhalt seiner Gottesauslegungen, die Schönheit seiner Sprache und der beeindruckende Mann selbst. Oft, wenn er seine Predigt nach einem letzten Hochreißen aller Emotionen leise beendete, sah sie schnell wieder in den Schoß zurückgelegte Hände, die knapp davor gewesen waren, zu applaudieren.

Sie sog diese Ansprachen in sich auf, als sei nur sie angesprochen. Jedes Wort traf ihre Seele – eine Seele freilich, die auf der Suche war, offen für Auslegungen und Beschreibungen, die nicht dem Engen, Miefigen und Trübseligen der alltäglichen Lebenskonstellationen galten, sondern dem seltenen, herrlichen Durchscheinen göttlich schöner Wunder. Vor allem dem Wunder der Liebe. Sie wurde dem Geringfügigen enthoben und auf das Licht einer großen Fügung aufmerksam, nach dem sie sich immer schon gesehnt hatte.

Als Diego wahrnahm, wie häufig sie kam, lud er sie ein erstes Mal ein, ihn nach der Sonntagspredigt aufzusuchen. Sie läutete im Kloster an einer schweren Tür und nannte durch ein kleines Fenster ihren Namen. Eine schmale Seitentür wurde geöffnet, und sie durfte ein Besucherzimmer betreten – vergitterte Fenster, ein Kreuz an der weißen Wand, Tisch und Sessel. Sie setzte sich scheu. Eine andere Stille schien hier zu herrschen, es roch nach Pfeifentabak und alten Steinen, nach Linoleum und Kernseife – der Geruch abgeschlossenen, schweigsamen, und wie ihr schien: geistigen Lebens.

Dann öffnete sich die Tür, die ins Innere des Klosters führte, sie sah kurz einen mit Steinplatten ausgelegten Gang, und Diego betrat das Zimmer, groß, wehend und weiß. Er betrat es schwungvoll und unbefangen, lächelte sie an, setzte sich ihr gegenüber, benahm sich nicht anders als beim Unterricht oder an Zsokas Teetisch. Aber ihre Befangenheit wollte nicht weichen. Hier, im Kloster, hatte sie das Gefühl, ihm nicht begegnen zu dürfen. Er stand ihr plötzlich so fern wie ein Gestirn, welches durch andere Himmel kreist, obwohl er sein Gauloise-Päckchen aus der Mönchskutte holte und zu rauchen begann.

Später begann sie sich an diese Gegebenheiten ein wenig zu gewöhnen, läutete mit mehr Selbstverständlichkeit an der

Klosterpforte, und sie führten in diesem kargen Besuchszimmerchen lange, innige Gespräche, die sie nie vergessen wird. Ehe er starb, durfte sie sogar das Kloster selbst betreten, über die Steinplatten, die sie im Öffnen und Schließen der Tür immer nur kurz gesehen hatte, zu seinem persönlichen Raum hinaufsteigen. Aber die Empfindung von ernstem Abstandnehmen hat sie dort nie verloren. Die Stille und der kühle Steingeruch wiesen sie zwingend auf Abkehr und Abschied hin, auf das Nicht-Erfüllbare, ewig Ferne – wohl auf die Einsamkeit, die uns begleitet.

So geschah ihr auch bei diesem ersten Besuch, und Diego lächelte und munterte sie auf. Aber in seinen Augen sah sie, daß er sie verstand. Immer verstand er sie.

Sie kamen einander näher, ja, doch nur, weil sie sich in gewisser Weise längst nahe waren. Er, der um vieles ältere Mann, entzog sich dieser Nähe nicht. Und sie, jung, verwechselte eine Menge – wenn sie auch versuchte, reifer zu leben, als sie war. Wohl auch deshalb tauchte jener ›blaue Fürst‹ aus dem Halbdunkel der Bühne auf und wurde für sie immer blauer, schöner und wirklicher. Sie benötigte eine Portion Wirklichkeit.

9

Im zweiten Jahr Schauspielschule überstürzten sich die Ereignisse, obwohl die Erinnerung ihr kein hektisches, sondern ein erstaunlich unerschütterliches Bild von sich überliefert – als habe sie für alles Zeit und Muße besessen, genug Kraft für jede Form von Intensität. Oder hat sie damals, wie später noch oft, im Halbtraum an der Realität entlanggelebt? Sie als ein begleitendes Geländer und nicht als Weg benutzt? Den Weg im Dickicht der eigenen Gefühle gesucht?

Fest steht, daß sie nach der Premiere von *Kiss me, Kate* an das Burgtheater engagiert wurde. Sie dachte an die große Oma im Rathauspark zurück und wunderte sich weiter nicht darüber. Aber sie hatte mitten im Jahr verfrühte Abschlußprüfungen zu bestehen, für die sie gemeinsam mit Elisabeth Orth – der Tochter von Paula Wessely und Attila Hörbiger – zu lernen begann. So trafen sie einander einige Male im großen Haus in der Himmelstraße. Ihre Ehrfurcht und Befangenheit war unermeßlich. Als hätte ein Fabelwesen sie gestreift, blickte sie Frau Wessely nach, wenn diese schnell wie ein Schatten vorüberkam, vom Wehen ihrer Hände und Worte gleich wieder davongetragen. »Die Mutter ... sie bleibt nie lang ...«, sagte Elisabeth ruhig und ging zur nächsten theatergeschichtlichen Frage über.

Wohl schon bevor sie die Abschlußprüfung bestanden hatte, ließ der Regisseur Rudolf Steinboeck sie vorsprechen, und die Proben für ihr erstes Stück am Burgtheater begannen – *Das Phantom* von Hermann Bahr –, in dem sie bereits eine recht umfangreiche Rolle übernehmen sollte. Auch um in der sogenannten ›Tischgesellschaft‹ beim Salzburger *Jedermann* mitzumachen, hatte sie vorgesprochen – und war engagiert worden. Sie sollte im kommenden Festspielsommer, neben Will Quadflieg als Jedermann, in der wollüstigen Schar der Zecher und Tischkumpane mithüpfen. Der Beruf kam also nahtlos und folgerichtig auf sie zu, und sie nahm es entgegen, als könne es gar nicht anders sein. Jedenfalls erinnert sie sich an keinen Hauch von überschwenglicher Freude, sprachloser Überraschung, tiefer Dankbarkeit. An nichts dergleichen. Es kommt ihr vor, als habe sie immer nur »Aha« gesagt, genickt und getan, was anstand.

Gitti und Roland waren aus Amerika zurückgekommen und hatten in dem Haus Kohlmarkt 7 eine alte, verwahrloste Wohnung gekauft. Die Wände waren mit schwärzlichen, goldgeprägten Pergamenttapeten bedeckt, alles wirkte geheimnisvoll dunkel. Dorthin lud sie eines Abends fast alle Schauspielschüler ein. Sie genossen die wilde, dunkle Atmosphäre, nur Kerzen brannten, an den Wänden schimmerten Goldrunen auf, und man konnte in den Räumen, die ohnehin renoviert werden mußten, schonungslos ein exzessives Fest begehen.

Wenig später zerbrach zu ihrer Bestürzung die Ehe ihrer Schwester. Auch dieses Märchen, an das sie jahrelang geglaubt hatte, hielt nicht stand, und Roland fuhr allein nach New York zurück. Da jetzt nur Gitti in der großen Wohnung blieb, zog die junge Schauspielerin zu ihr. Sie verließ die Brünnerstraße mit all den elterlichen Streitereien, dem Platzmangel und der kleinen, von Lindenblättern umgebenen Veranda, mit ihrer Vorstadtatmosphäre und den nächtlichen Lokomotivgeräuschen. Sie zog in die Wiener Innenstadt, und die hohe Innenhofwohnung am Kohlmarkt wurde ihr für einige Jahre zur zweiten Heimat.

Während all dieser äußeren Umwälzungen ließ sie sich von ihrem Liebeshunger allmählich einreden, sie sei in den ›blauen Fürsten‹ verliebt. Unausgesprochen wußte sie, daß die seelische Nähe zu Diego auch ihren Körper erfaßt hatte, doch instinktiv suchte sie einen Ausweg aus diesem Dilemma, und der führte schließlich in die Arme des ›blauen Fürsten‹.
Daneben treten glasklare Bilder aus dem Halbdunkel der Erinnerung, solche von einer sommerlichen Reise mit Zsoka in die Schweiz. In Zürich sah sie das Haus von ›Baumis‹, in einem Villenviertel gelegen. Das große Musikzimmer führte in den gepflegten Garten hinaus, die vielen gemütlichen Räume warteten still auf die Heimkehr ihrer Besitzer. Zsoka zeigte ihr das Zimmer, in dem sie als Schulmädchen ständig gelebt hatte, jetzt aber nur noch zeitweise nächtigte. Ein italienisches Dienstmädchen lächelte freundlich.
Sie fuhren weiter an den Lago Maggiore, in das erlesene, kleine Haus von ›Gromi‹ – Zsokas Stief-Großmutter –, direkt am See. Eine Mauer trennte den wuchernden Garten vom Wasser, in den Zimmern hörte man das Schlagen der Wellen. Auch ›Gromi‹ war gerade verreist, und ungestört konnten sie sich für ein paar Tage diesem Seeluxus hingeben. Noch nie zuvor war sie in die Lebensbereiche wirklich wohlhabender Menschen geraten, doch sie genoß diese Umgebungen, die sie – nur für sich – verschwommen als ›elitär‹ bezeichnete. Es würde ein einmaliger Ausflug bleiben, dessen war sie sicher.
Aber als noch schöner empfand sie die anschließende Zeit

in Semione, einem kleinen Dorf in einem Tessiner Tal. Zsoka brachte sie in ein hohes Steinhaus. Ihre Zimmer waren über schmale Stiegen zu erreichen, und schmal waren auch die Balkone, von denen aus sie über die Talsohle bis zum Fluß sehen konnten. Zu ebener Erde gab es eine uralte, schwarzverrußte Küche, wo sie den Kaffee aus Steingutschalen tranken, die lange Zeit überlebt haben mußten und von edler Schönheit waren. Bis heute liebt sie es, Kaffee aus solchen Schalen zu trinken – in Portugal oder Südfrankreich hat sie immer wieder die Regale kleiner Läden durchstöbert, um sie hier und da in schlichter, unverfälschter Form zu entdecken.

Das Dorf mit seinen steinernen Häusern bedeckte den steilen Hang, die schmalen, steingepflasterten Wege waren von unregelmäßigen Stufen unterbrochen, und in diesem Winkelwerk aus Stein und Gemäuer wucherten hellrosa Hortensienbüsche. Auch das sah sie hier zum ersten Mal: Die ihr sattsam bekannten Wiener Muttertagsblumen – ein, zwei Dolden in einem Topf, meist mit einer Plastikschleife verziert – wuchsen hier in wilder Fülle.

Die beiden Mädchen verbrachten die heißen Tage im Tal, lagen im Schatten der Obstbäume oder schwammen im Fluß. Spät am Nachmittag stiegen sie wieder zum Dorf und zum steinernen Haus hinauf, hungrig und braungebrannt. Sie waren einander innig zugetan, und dennoch kam es ab und zu zu Zwistigkeiten, die es wieder zu bereinigen galt. Die Harmonie dieser Sommertage war nicht frei von Irritation und zeitweiser Auflehnung gegeneinander. Und im Lauf der Jahrzehnte wurde daraus ein nicht wegzudenkender Aspekt ihrer Freundschaft – auf die Nerven gehen sie einander immer wieder einmal, ohne die Treue aufzugeben. Zsoka führte ihr damals verborgene Schönheiten vor Augen, die heute nicht mehr aufzufinden sind. Den Lago Maggiore, die Täler des Tessins – sie wird sie *so* in diesem Leben nicht wiedersehen. Solche Erinnerungen an Unwiederbringliches hütet sie wie einen Schatz – ja, wie einen Schatz.

Im Rückblick erstaunt sie, daß Erfahrungen und Erlebnisse außerhalb des Theaters vorherrschten, daß sich die allmählich gedeihende Schauspielerexistenz wie nebensächlich eingegliedert hatte. Sicher war dies für sie die Hauptsache, gleichzeitig aber lebte sie, wie auf einer anderen Bahn, ein zweites intensives Leben: das der Liebeserfahrungen und seelischen Nöte, die sie – mehr und mehr – schreibend zu bewältigen suchte.

Im Sommer nach dem Abschluß des Max-Reinhardt-Seminars und vor Antritt des Burgtheater-Engagements fand sie sich in Salzburg wieder. Bei entfernten Bekannten der Eltern bewohnte sie ein kleines, vollgeräumtes Zimmer, litt an der spießbürgerlichen Privatatmosphäre und sehr bald an Heimweh. Auch die *Jedermann*-Proben auf dem Domplatz erquickten sie in keiner Weise. Das Niveau der mittelmäßigen Kleindarsteller, aus denen die ominöse ›Tischgesellschaft‹ sich letztlich zusammensetzte, stieß sie ab. Sie kam sich vor wie eine Statistin – und schon damals hegte sie eine unüberwindliche Abneigung gegen das Theatermilieu, konnte es nur schätzen oder lieben, wenn Kunst von Können kam und herausragende Menschen diese ausübten. Das eifrige, eitle Geplapper all derer, die nur am Rande darin tätig sind und sich doch als Mittelpunkt fühlen, enervierte sie – und so ergeht es ihr heute noch. Da wird von den großen Schauspielern am liebsten per Vornamen gesprochen – damals hieß es: »Der Will war heute recht gut, finde ich –«, oder: »Ist die Adrienne aber wieder bissig – nur beim Lothar ist sie wie ein Lamperl ...« Gemeint waren Will Quadflieg, Adrienne Gessner und deren Ehemann Ernst Lothar.

Bei Ernst Lothar hatte sie vor dem Sommer vorsprechen

müssen – es war das letzte Vorsprechen ihres Lebens, ein Vorgang, den sie immer als entwürdigend empfunden hatte. Aber mit ihrer aggressiv aufmüpfigen Shaw-Johanna, der Möglichkeit, auch Ernst Lothar anschreien zu können statt sich lieb Kind zu machen, hatte sie genügend Aufmerksamkeit erregt, um jetzt inmitten der Edelstatisterie am heißen, sonnigen Domplatz stundenlang am langen Tisch zu sitzen, zu lachen, zu schreien, zu hüpfen, zu laufen und zwei oder drei Sätze solo sprechen zu dürfen.

»Diese Sätze hat vor Ihnen Johanna von Kozcian übertragen bekommen«, sagte Lothar in seiner näselnd hochmütigen Art zu ihr, »nehmen Sie das als gutes Vorzeichen.« Sie lächelte und nickte höflich, ohne dieses gute Vorzeichen sonderlich hoch zu bewerten. Mehr Bedeutung maß sie dem Umstand bei, daß Will Quadflieg einmal, schwitzend unter seinem Blumenkranz, kurz vor ihr anhielt, sie musterte und ruhig sagte: »Sie sind begabt.« Dann ging er, ohne sie weiter zu beachten, wieder davon. Aber diese kurze sachliche Bemerkung machte ihr Freude, eine der wenigen Freuden, die diese Proben und Vorstellungen ihr bereiteten. Sie mußte ein häßliches gelbes Kleid tragen, dazu eine schräge Schirmmütze, die sie blödsinnig fand. Den Abendhimmel, Sterne oder Wolken, Wind oder Schwüle, was immer die Natur zu bieten hatte, fand sie weitaus beeindruckender als das Gebrüll der Schauspieler, die dagegen angehen mußten. Sie hätte lieber beobachtet, wie die Fassaden der alten Gebäude rings um den Platz im Dämmerlicht ihre Farbe veränderten, als auf Stichwort in kreischendes Gelächter oder in einen gekünstelten Aufschrei auszubrechen. Sie wußte sofort, daß das sogenannte »Freilicht«-Theater ihr zuwider war, und sie hat es auch nur wenige Male in ihrem Leben ertragen. Das Theater braucht künstliche Bedingungen, um wahrhaft und lebendig wirksam zu werden. Angesichts der Natur kann das Theater nur zum Spektakel schrumpfen und ist etwas für Leute, die eben Spektakel lieben. Für sie mit ihrer Abneigung gegen Spektakel ist es nichts. Nur aus dem Dunkel einer in sich geschlossenen Bühne, eines konzentrierten Theaterraumes, kann das unspektakuläre und gleichzeitig bezwingende Geheimnis von Darstellung erstehen – und, hinter dem Dargestellten, Lebenssubstanz. Dessen war und ist sie sich sicher, auch wenn oder gerade weil mittlerweile aus jeder Burgruine, jedem Schloßplatz, jeder Freitreppe und jedem ungenutzten Dorfanger ›Theatersommer‹ oder ›Sommertheater‹ sprießen. Daß nicht jeder davor flüchtet und sich lieber still in eine Wiese legt, um den Sommer zu genießen – daß diese Veranstaltungen Besucher haben! –, wird ihr ewig ein Rätsel bleiben.

Damals quälte sie sich brav durch diese Wochen, saß zwischen dem Nippes und den gestrickten Deckchen ihres Kabinetts und schrieb an Diego, um sich daraus zu erheben. Vielleicht hat sie auch mit dem ›blauen Fürsten‹ korrespondiert. Nachdem die Premiere vorüber war und ihr zwischen den Vorstellungen tageweise Zeit blieb, kam er nach Salzburg.

Sie erinnert sich an einen langen, ermüdenden Aufstieg zu einer Hütte. Der ›blaue Fürst‹ sah auch als Bergsteiger sehr imposant aus, sein helles Haar, die blauen Augen, das gebräunte Gesicht paßten sich mit Lederhosen, Wollsocken und Flanellhemd vorzüglich in die Landschaft ein, er sah aus wie die menschgewordene Natur. Er gefiel ihr, wie er in der Abendsonne, immer ein wenig vor ihr, elastisch den Bergpfad aufwärtsschritt, und sie bemühte sich, ihr Keuchen und ihre Anstrengung möglichst zu verbergen. Aber als sie schließlich zur Almhütte kamen, fühlte sie sich zu Tode erschöpft. In einer Kammer mit holzgezimmerten Wänden legten sie sich nebeneinander in ein und dasselbe Bett, aber ihr fehlte die Kraft zu jeder Form von Erregung – sie schlief sofort ein.

Es mußten einige Stunden vergangen sein, als sie aufwachte und die Augen öffnete. Die Nachttischlampe brannte – auf einer groben weißen Häkeldecke; diese Bemühung um Wohnlichkeit zwischen Holzbalken und Bergeinsamkeit fiel ihr auf. Der ›blaue Fürst‹ lag mit aufgestütztem Arm neben ihr und sah sie unverwandt und blau an. Es schien, als hätte er seit Stunden so gelegen und sie betrachtet, während sie schlief. Draußen hatte sich ein Gewitter erhoben, es donnerte und blitzte, die Bergtannen röhrten im Sturm. Die kleine erleuchtete Kammer schien über die Gebirge zu fliegen, gehalten nur vom eindringlichen und ruhigen Blick des ›blauen Fürsten‹. Plötzlich griff die Sinnlichkeit von Sturm, Regenrauschen und tiefer Nacht nach ihr, die seiner begehrenden Augen und Arme, und sie fanden zum ersten Mal und sehr leidenschaftlich zueinander.

Ihre Sinne waren hungrig. Diese Tage auf dem Berg nährten und sättigten sie, nicht nur im Sturm der Nacht. Sie wanderten hoch hinauf und in abgelegene Täler, fanden einen eiskalten Fluß mit Wasserfällen. Dort warfen sie ihre Kleidung ab und spielten nackt im strömenden und auf sie niederbrausenden Wasser, sprangen mit hellen Schreien über die Steine und dem anderen in die Arme, schmiegten sich mit pulsierender, nasser Haut aneinander. Der ›blaue Fürst‹ schien in Nacktheit und Bergluft zu Hause zu sein, er sah schön aus. Als sie wieder ins Tal stiegen, zeigte er ihr, wie er bergab stets springe und laufe und welch ein beseligendes, freies, fliegendes Gefühl das in einem auslöse ... Sie tat es ihm nach und hatte wirklich den Eindruck, jauchzend ins Tal zurückzufliegen ...

Tags darauf konnte sie sich kaum bewegen. Sie hatte einen so gewaltigen Muskelkater, daß sie meinte, sie müsse für immer gelähmt bleiben. Jedes Teilchen ihres Körpers schmerzte, sie schleppte sich dahin. Von all der Sinnenfreude war nur Überforderung übriggeblieben – als sollte es so sein ...

Als sie nach den *Jedermann*-Aufführungen nach Wien zurückkam, trat ihr ein anderer ›blauer Fürst‹ entgegen. Sie erkannte es nicht sofort, war vielleicht bereit, die reine Schönheit der Bergtage in irgendeiner Form fortzusetzen. Aber sehr bald fiel ihr auf, daß er sich von der Freiheit und Sinnlichkeit der Bergaugenblicke völlig abgewandt hatte. Er wollte sie besitzen. Eines Tages schenkte er ihr eine eiserne Rose – eine dunkle, schwere, aus Eisen naturgetreu nachgeformte Rose –, mit dem Hinweis, dieselbe habe sein Vater schon seiner Mutter geschenkt, ehe sie geheiratet hätten. Ihr wurde angst und bang. Sie haßte diese schreckliche Rose, sie schien ihr das Symbol von Unfreiheit und dunklem Druck zu sein. Anfangs versuchte sie ihm mit einigem Zartgefühl klarzumachen, daß ihre eigenen Vorstellungen sich nicht mit den seinen deckten, daß sie eben dabei sei, sich den Schauspielerberuf zu erobern und auf keinen Fall eine feste Bindung eingehen wolle. Aber als er nahezu boshaft reagierte, sie mit einer möglichen Schwangerschaft zu ängstigen suchte und sogar bei ihrer Mutter – der junge blonde Männer prinzipiell gefielen – weinte und sich beklagte, wurde sie immer kaltherziger. Ihr Herz kühlte, da sie ihn nicht liebte, schnell und unbarmherzig ab. Sie wollte ihn los sein.

Abwechselnd sind wir das Schwert – oder die Durchbohrten. Man kann es nur mit Grauen oder mit Gleichmut betrachten, wie sehr Menschen einander unaufhörlich und wechselweise verletzen, dieses ewige Schlachtfeld, das zwischen, um und in uns lebt. Ein Wunder, wenn jemand da ohne allzu tiefe Blessuren und am Leben bleiben kann. Und die Wunden, die man selbst schlug, möchte man gern vergessen – immer ertönt der eigene Leidensschrei lauter als die

Klage der von uns Mißhandelten, mit ihm wollen wir unser schlechtes Gewissen überschreien. Der ›blaue Fürst‹ wollte sie unverbrüchlich lieben, und sie wollte ihn schließlich los sein. Weil sie frei sein wollte für ein anderes Lieben, an dem wiederum sie litt, das *sie* durchbohrte. Und so weiter und so fort, bis in alle Trostlosigkeit.

Die Wohnung am Kohlmarkt war jetzt weiß ausgemalt und teilweise in neuenglischem Landhausstil möbliert. Die Fenster zum Innenhof aber, für sie das Wichtigste an diesen Räumen, blieben, wie sie waren: Aus buntem Glas zusammengesetzt, zeigten sie Schwäne, Seerosen und Schilfvögel. Nicht verändert hatte man auch die alte Küche mit ihren Borden und Schränken, dem Tisch mit der durch Jahrzehnte gescheuerten Platte und der herabziehbaren Hängelampe mit Porzellanschirm darüber. Sie liebte diese Küche, die immer im Halbdunkel lag, da nur ein Fenster zum Lichthof sie schwach erleuchtete. Auch der Schlafraum führte in so einen Schacht und dämmerte fernab der Außenwelt vor sich hin. Melancholisch und lebenshungrig zugleich lebte ihre Schwester Gitti in diesen seltsamen, höhlenartigen Räumen, und die Jüngere – in ähnlicher Verfassung – leistete ihr dort bald Gesellschaft. Mit Sack und Pack übersiedelte sie in die Kohlmarktwohnung – wobei ihr ›Sack und Pack‹ damals recht geringfügig war. Sie erhielt eine schmale Elevinnengage am Burgtheater, die Schwester hatte kaum Geld. Tagelang lebten sie von Reis, den die Schwester prachtvoll körnig, mit Gewürznelken und Zwiebelchen bestückt, zubereiten konnte. Aber der äußerlichen Armut zum Trotz führten sie in diesem Jahr ein reiches Leben – reich an Erfahrungen, Schmerzlichem und immer wieder hochquellender Lebenslust.

Irgendwann begann eine kleine Katze das häusliche Dasein der Schwestern zu teilen, jemand hatte ihr das Tier ans

Herz gelegt, sie konnte beim Anblick des grau-schwarz gemusterten Bündels nicht widerstehen und brachte es in die Wohnung. Wieviel Energie und Spielfreude, was für hellwache, glänzende Augen in diesem warmen, weichen Körperchen. Weil dieses anfangs so winzig war, nannten sie die Katze ›Brösi‹ – Bröselchen. Sie kam nie aus den dämmernden Räumen hinaus, spielte und lebte dort. Mehr und mehr wurde sie zu einem graufelligen, huschenden Hausgnom, der sie nach jeder Abwesenheit schnurrend und mit beseligt schmalen Augen umstrich und begrüßte. Nachts schlief die Katze auf ihrem Bett, in die Kniekehlen geschmiegt oder nahe ihrem Herzen. Vieles konnte sie mit ihren weisen grünen Katzenaugen beobachten, die Pfoten säuberlich vor sich gestellt, den runden Kopf ihr zugewandt. Einsamkeit und Begegnungen sah sie mit an, Torheit, Elend und Glück. Wenn die menschliche Gefährtin unter der Porzellanlampe schrieb, legte die Katze sich mitten auf den Küchentisch und verfolgte mit trägem Blick das Vorwärtswandern der Feder, belauschte mit spitzen Ohren die schleifenden Geräusche auf dem Papier.

Irgendwann hatte sie begonnen, mit Feder und Tinte in ein großes, schwarzgebundenes Buch zu schreiben. Gleich neben dem Hauseingang zum Kohlmarkt Nummer 7 lag – und liegt noch heute – die Papierhandlung Huber & Lerner. Sie kaufte da die unlinierten, altmodischen Kassabücher, Glasflaschen mit schwarzer Tinte, marmorierte Kiele und Schreibfedern. Und ihr Leben konzentrierte sich immer mehr auf dieses aufgeschlagen daliegende Buch, wo die nächste leere Seite darauf zu warten schien, sich mit ihren schwarzen Schriftzeichen zu füllen.

Das erste Stück, in dem sie spielte, war, wie gesagt, Hermann Bahrs *Das Phantom*. Als Schauspielschülerin noch hatte sie auf einer Probebühne des Burgtheaters dem Regisseur Rudolf Steinboeck vorgesprochen, und seine kleinen, heiteren und sehr gütigen Augen beobachteten sie aufmerksam. Aber nur kurz mußte sie sich vor ihm abmühen. »Das wird gehen«, sagte er schnell und ruhig.

Es mußte zu dieser Zeit gewesen sein, als sie zum ersten Mal die große Bühne des großen Hauses sah. An einem Vormittag betrat sie die Bühne, die leer war, kein Bühnenbild aufgebaut. Sie schlug den schwarzen Seitenvorhang zurück und hatte plötzlich den Bühnenraum vor sich. Er war nur schwach erhellt – ›Arbeitslicht‹ nennt sich das, sie erfuhr es später –, und seine Höhe und Ausdehnung, sein Schweigen und sein Geruch, diese fast unüberbrückbar scheinende Weite raubte ihr für einen Moment den Atem. Der dahinterliegende Zuschauerraum mit seinen Rängen wirkte vergleichsweise klein, als ducke er sich angesichts dieser Allmacht. Ja, etwas von der Allmacht der Bühne, diesem Lebenssymbol, Brennglas, Energiekonzentrat, Ort des Gegenüber-, Darüber- und In-sich-Seins – es hatte sich ihr an diesem Vormittag mit großer Feierlichkeit enthüllt.

Das Phantom jedoch wurde im Akademietheater aufgeführt, der kleineren Bühne der Burg. Die Probenarbeit leitete Rudolf Steinboeck behutsam und liebevoll. Nie wurde er ungeduldig, strich sich höchstens ein wenig ratlos über seinen Schnauzbart, ehe er zu einer neuerlichen Erklärung ansetzte. Und jederzeit war er bereit, meckernd aufzulachen, das Gesicht weich und humorvoll gefältelt. Sie mochte ihn gleich (und liebt ihn bis heute, obwohl sie einander kaum noch sahen, vom Alter und Älterwerden unerbittlich getrennt – er starb 1996).

Um den erfahrenen Kollegen bei der Arbeit zuzusehen, hatte sich die Elevin eines Morgens während der Probe in den Zuschauerraum gesetzt und das als völlig selbstverständlich empfunden. Da unterbrach Adrienne Gessner, eine kleine Frau mit gichtverkrümmten Händen, viven bösen Augen und tadelloser grauer Löckchenfrisur, plötzlich ihr Spiel. Sie deutete mit einem ihrer krummen Finger in den Spitzenhandschuhen zu der Zuschauenden hinunter und sagte: »Die Kleine soll verschwinden. Sie hat mir nicht zuzuschauen.«

Ihr wurde heiß vor Scham, und mit blutrotem Gesicht sprang sie auf, um hinauszulaufen. Aber Rudolf Steinboeck hielt sie zurück und wandte sich erstaunlich bestimmt zur Bühne. »Verehrte Adrienne«, sagte er, »die Kleine ist deine Partnerin, vergiß das nicht.« Dann neigte er sich zu ihr und flüsterte: »Geh halt – weißt, die alten Damen ...«, und seine kleinen glitzernden Augen lächelten sie aufmunternd an. Sie verließ zwar den Zuschauerraum, aber sie mußte sich nicht mehr schämen.

In den nächsten Jahren wurde sie immer wieder mit der Boshaftigkeit dieser Schauspielerin konfrontiert, die auf der Bühne ein kleines Juwel, im persönlichen Umgang eine durch Arthritisschmerzen und private Demutshaltung giftig gewordene Frau war. Nur konnte die jüngere Kollegin später das Gebrochene, Gequälte daran besser einschätzen und über die vorzügliche Bissigkeit der Bemerkungen lachen. Ihre ungeschützte Jugend jedoch schien die kleine Dame mit dem putzigen, stupsnäsigen Gesicht ständig zu bedrohen, und sie ging ihr aus dem Weg, wann immer sie konnte.

So auch während der *Phantom*-Proben. Auf der Bühne, in den Szenen fühlte sie sich von Rudi beschützt. In den Pausen floh sie die Gegenwart der ›Adrienne‹ und konnte sich des Gefühls nicht erwehren, daß diese ihr sogar nachstellte, um Gift und Spott ihres Herzens loszuwerden.

Die anderen Kollegen – darunter Michael Janisch und Erich Auer – waren nett zu ihr. Auf vergilbten Zeitungsfotos sah sie sich nachträglich, im Stil der dreißiger Jahre hell gekleidet, mit einem Tüchlein fuchteln und das Gesicht verziehen – sie mußte viel herumweinen in dem Stück. Später erzählte man ihr, alle hätten sich gewundert, weil sie bis zur Premiere ruhig blieb und kein Lampenfieber zeigte. Hatte sie wirklich keines? Sie erinnert sich allerdings, daß sie ruhig vor dem Spiegel saß, an Orgelmusik, die aus den Räumen der Musikakademie bis in ihre stille Garderobe drang, und an eine tiefe innere Freude an dem allen. Nervosität, Lampenfieber, ja Angst – das ereilte sie viel später. In ihrer jugendlichen Unbekümmertheit war sie offenbar gelassen geblieben und hatte das ›Spiel‹ – bei aller Ernsthaftigkeit – nie mit tödlichem Ernst verwechselt.

Als sie bei der öffentlichen Generalprobe – die damals fast ausschließlich von Schauspielern und Angehörigen des Theaters besucht wurde – zum ersten Mal vor Publikum trat, hörte sie in der ersten Reihe zu ihrer Überraschung eine röhrende Stimme: »Wer ist denn *die*?« brüllte ein alter, schwerhöriger Schauspieler seinem Nachbarn ins Ohr. Wer immer dieser Nachbar war, sie hörte eine andere Stimme etwas gedämpfter ihren Namen nennen. »Kenn' ich *nicht*! Eine *Neue*?« wurde zurückgeröhrt. Sie hörte das unterdrückte Lachen der Umsitzenden, heftiges »Pscht«-Gezische und halblaute Verweise, mußte in dieser ganzen Unruhe beginnen, ihre Figur zu gestalten, und ließ sich doch nicht aus der Ruhe bringen. Etwas in ihr lachte mit.

In ihren Anfängen hatte sie, wenn's drauf ankam, eine ähnliche Selbstsicherheit wie früher auf dem Spielplatz oder Misthaufen bei den kindlichen Theaterspielereien. Natürlich mußte das eines Tages gebrochen werden, um eine halbwegs gute Schauspielerin aus ihr zu machen. Ohne die tiefe, einsame Verantwortlichkeit für die zu gestaltende Figur – und *das* löst Angst aus, die Angst zu versagen – bliebe man nur ein Kasperl.

Sie galt wohl als jung und einigermaßen begabt, mit diesem Maß wurde gemessen, auch in den Kritiken zum *Phantom*. Der Titel des Stückes allerdings erschien ihr immer als symptomatisch. Sie bewegte sich nicht wirklich inmitten der anderen Schauspieler, nicht wirklich durch das Theater. Sie lebte anderswo.

Nach der Hauptrolle in Bahrs Stück setzte sich ihr Einstand am Burgtheater in anderer Weise fort. Nun kamen wahrhaft »tragende« Rollen auf sie zu: In der *Wallenstein*-Trilogie, die Ernst Häussermann in voller Länge aufführen ließ, spielte sie in *Wallensteins Lager* eine Marketenderin, die einen riesigen Pappmachékrug ›trug‹. Sie mußte sich so eine Dreiviertelstunde lang zwischen der Soldateska bewegen, ausschenken, lachen, gierige Hände abwehren und immer so tun, als wäre der federleichte Krug aus schwerem Steingut. Etwa zwei Sätze und einen Schrei hatte sie von sich zu geben, nicht viel mehr. Die Haupt-Marketenderin mit einigem Text wurde von Martha Wallner verkörpert. Sie beide standen vor dem Auftritt in ihren Lumpenkleidern meist gemeinsam beim Inspizientenpult und lächelten einander an, ohne viel zu sprechen. Die üppige Frau mit den blondgefärbten Haaren und wiegenden Bewegungen scheint, bei aller Freundlichkeit, ebenso verhalten gewesen zu sein wie sie selbst. Später zog sich Martha Wallner sehr entschieden vom Beruf zurück, blieb lieber daheim bei Kind und Kindeskind. Etwas von diesem weichen weiblichen Abstandnehmen meint sie schon damals bei ihr gefühlt zu haben.

Die zweite ›tragende‹ Rolle war die einer Hofdame im *Prinz von Homburg*: Diesmal trug sie ein Silberservice mit heißer Schokolade *und* ein Seidencape der illustren Gesellschaft hinterher. Kein Satz oder Sätzchen, nicht einmal ein Seufzen oder Auflachen wurde ihr abverlangt. Stumm wie ein Grab und – ihrer häuslichen Ungeschicklichkeit wegen – immer tiefbesorgt, alles könne ihr unversehens aus der Hand gleiten, schritt sie über die Bühne, stand sie im Hintergrund herum und dachte nur wie nebenbei, daß die Schauspieler, die reden durften, es nicht sehr gut taten.

Und prompt erlebte sie bei diesem Stück zum ersten Mal die Unverblümtheit und Unbestechlichkeit eines jungen Publikums. Anläßlich einer Nachmittagsvorstellung für Schüler brach schallendes Gelächter aus, jeder pompöse Satz wurde mit Spott quittiert. Die Protagonisten erröteten und schimpften hinterher. Die Kinder haben recht gehabt, dachte sie selbst ohne Erbarmen.

In den dunklen Büchern finden sich kaum Beschreibungen ihrer Theateranfänge, nur – ›dichterisch‹ – umgesetztes Gefühlsleben troff ihr seitenweise aus der Feder. Hier einer der seltenen Hinweise darauf, daß es das Theater *gab*. Im November 1960, als sie in *Der Kardinal von Spanien* von Henri de Montherlant eines der drei Hoffräulein geben mußte, schrieb sie:

»*Warum kämpft ihr mit den Menschen? Das heißt ihnen eine Bedeutung geben, die sie nicht haben –*«

Die dünne, eindringliche Frauenstimme vorne auf der Bühne straffte sich und wurde hart vor Stärke, Kraft aus dem Dunkel der Seelen, harte schwarze Kraft.

Die Königin (mit höhnischem Lachen, achselzuckend): Einen Kampf führen!! Ankämpfen wider die Menschen heißt ihnen eine Bedeutung beimessen, die sie nicht haben. Und was immer man dabei auch gewinnen mag –

Schon gut, dieser Montherlant, nicht wahr? wandte sich das Mädchen neben ihr an sie, halblaut flüsternd. Man sitzt auf Treppenabsätzen, mit angezogenen Knien, im Halblicht hinter den Kulissen, und wartet und hört ein wenig die Stim-

men und auch den Wortlaut, gezwungenermaßen: Schon gut, dieser Montherlant, nicht wahr.

Sie nickte mit dem Kopf, ohne ihre Stellung zu verändern.

Die Seidler ist toll, nicht wahr? flüsterte wieder das Mädchen neben ihr und rückte näher. Ihm ist langweilig, es möchte plaudern, es gelingt euch nicht, fünf Minuten bei euch sitzen zu bleiben. Nicht ärgerlich werden. Wozu. Ankämpfen wider die Menschen heißt –

Sie wandte dem Mädchen den Kopf zu und nickte wieder, fühlte dabei die Herzlichkeit in ihrem Gesicht und wunderte sich. Ja, die Seidler ist toll. Mürrisch und silbern, schön wie ein Stein und ebenso karg und reich. Unwirtlichkeit der unbegangenen Höhen. Aber es ist umsonst, ich werde jetzt nicht mit dir plaudern, tut mir leid. Ich nicke, siehst du, ja, die Seidler ist toll. Mehr wird es nicht werden.

Neben den kleinen, runden Lämpchen am Inspizientenpult schlief ein Bühnenarbeiter mit offenem Mund zwischen den Vorhangschnüren. Neben ihm hing die große Gongscheibe, jemand hat drei halbbekleidete Mädchen in Rosa und Zitronengelb daraufgeklebt, nachdem er sie aus einer Zeitung geschnitten hatte. Seit sie dieses Theater kennt, schlägt der lederüberzogene Gongschläger gegen ihre lächelnden Ballettmädchenbeine, und noch immer leuchten sie munter und unverdrossen durch das Hinterbühnendämmern. Schau, dieser große offene Mund, gleich wird er schnarchen. Ich werde auch gleich gähnen. Ich möchte gehen, weggehen.

Wie lange noch? fragte sie den Inspizienten, der aus der Requisitenkammer kam und gerade gähnte, o Wohltat des Gähnens. Und sie gähnte auch.

Was weiß ich, schüttelte der Inspizient die Worte ergeben aus seinem Eiergesicht, der macht's immer so lang. Was weiß ich. Er gähnte nochmals und starrte mit feuchtgegähnten Augen in sein Buch.

Sie stand auf und ging auf Zehenspitzen zwischen den knarrenden Versatzteilen hin und her. Am Gipfel allen Gähnens wird einmal einem Menschen der offene Mund zugeschlagen, weil er staunt.

Sie sah hinauf in den hohen, dämmernden Schnürboden, dann hob sie die Arme und streckte sich. Sauerstoffmangel, das ist es.

So bald schon so viel Langeweile ... Ja, ihre Distanz zur Schauspielerei, zum Theater, ist in einer gewissen Weise immer schon vorhanden gewesen. Später, viel später, gab es freilich einige Jahre, in denen ihr Aufgaben übertragen wurden, die erfüllten, was an Wunsch und Vision einer Schauspielerin in ihr war. In diesen Jahren lebte sie aus dem Theater und das Theater aus ihr, da hatten beide ihre Hoch-Zeit. Gut, das es sie gab. Und sie genügte ihr.

Eine weitere Theaterimpression aus den dunklen Büchern, ebenfalls 1960 geschrieben:.

Die Kantine des Theaters brummte nur ganz leise, zwei blaugekleidete Bühnenarbeiter tranken Bier und gähnten ab und zu, sie saßen vor dem hellen Fenster eines föhnigen Dezembertages, mit dunkelumrissenen Köpfen. In der Ecke, vor einem mit gelbem Wachstuch überzogenen Tisch, aß eine der Schauspielerinnen Haussülze mit Senf, dazu trank sie Apfelsaft. Eine von diesen Schauspielerinnen, die – alt, hager – beiseite geschoben wurden, ohne ihre Energie und ein wenig törichte Sorgfalt zu verlieren. Diese hier, ein dummes, langnasiges, äußerst gutmütiges und mit erstaunlichem Geschmack gekleidetes Wesen, hatte großen Erfolg mit der Herausgabe eines sprechtechnischen Übungsbuches erzielt, dieses dünne rotbeschriftete Buch befand sich wohl einmal in der Hand eines jeden Schauspielschülers, immerzu lag eines von diesen Exemplaren im Aufenthaltsraum des Seminars herum ...

Die Dame, die jetzt neben ihr saß und mit einem weggespreizten kleinen Finger ihre Haussülze verzehrte, unterhielt sich mit ihr immer noch in dem sanft überlegenen, aber wohlwollenden Ton der ehemaligen Lehrerin. Sie hatte im Seminar unterrichtet und tat es auch jetzt noch, und so blieb dieses Seminar auch der einzige wahrhafte Gesprächsstoff zwischen ihnen, jetzt, wo es plötzlich dazu gekommen war, sich am gleichen Theater zu begegnen, und man begegnet sich reichlich am Theater, und sie schöpften immer wieder aus dieser Quelle: Seminar, so wie jetzt zum Beispiel, neben der Haussülze, die auf dem Teller hin- und herschwabbelte. Der kleine weißhaarige, geschäftige Kantineur zählte halblaut Semmeln ab, während seine Gattin Gläser wusch. Sie sah den hellen, windigen Tag vor dem Fenster dahinfegen, während die Stimme der alten Schauspielerin sie nur mehr ganz verschwommen anrührte. Sehr viele Neuerungen im Seminar jetzt. Was gingen sie die Neuerungen im Seminar noch an ...

Ja, der Wind bläst sehr stark heute. Wie entwurzelte Rüben mit wilden Haarschöpfen fegen Menschen hinter den Tüllgardinen des ebenerdigen Kantinenfensters vorbei. Blaue Föhnwolken verdunkeln zeitweise das helle Sonnenlicht. Dieser Föhn, seufzt die Haussülze, dieser schreckliche Föhn. Wir Theatermenschen leiden doch alle so unsäglich unter dem Föhneinfluß, es ist ja unmöglich, einen vernünftigen Satz zu sprechen, ach Gott, dieser Föhn, mein Kopf zerspringt.

Ich leide nicht darunter, sagt sie.

– Wie? Die Haussülze hebt ihre kleinen blinkenden Augenschlitze und fühlt sich unterbrochen.

Ja, dieser Föhn, sagt sie. Die Augenschlitze fallen besänftigt auf den Teller zurück, *ach ja, Föhneinfluß, ich leide darunter, wie gesagt, mein Kopf zerspringt. Dieses Wetter ist der Feind eines jeden Theatermenschen, noch sind Sie jung, aber auch Sie werden es erfahren, glauben Sie mir ...*

Die Stimme der Haussülze, angehoben und ein klein wenig gereizt, hinter dem gesättigten und abschließenden Rascheln einer Papierserviette, *hallo, Sie, Kleine, ich habe gefragt, ob Ihnen diese Rolle Spaß macht.*

Sie holte ihre Augen aus dem gelben föhnigen Fenster zurück und nickte bereitwillig, *o ja, sie macht Spaß.* Dann stand sie auf. Sie verabschiedete sich höflich und ließ die Haussülze hinter dem gelben Wachstuch in der Kantine zurück. Sie ging durch den hellerleuchteten Garderobengang und über die schmalen eisernen Stufen zur Bühne. In dem warmen Halbdunkel setzte sie sich in einen alten Lehnsessel, während der Wortwechsel der Probierenden wie kleine Windstöße zu ihr geflogen kam.

Noch Zeit! murmelte der Inspizient, der mit seinem Buch, und einen Apfel kauend, an ihr vorübereilte.

Ja, ja, ich weiß. Sie lehnte sich zurück und schloß die Augen. *Schöner, unnützer Duft der Bühnen, was gehst du mich an. Muschelduft, immer in sich geschlossen, vibrierend, voll süßgeschminktem Staub, sanft um mich gelegt jetzt wie ein Schultertuch, das nach fremden Frauen riecht. Leises Knakken der Heizungen, gelbe abgeschirmte Glühlampen ...*

Später stand sie auf und verließ ihren Lehnsessel. Sie begann mit dem Inspizienten zu plaudern, indem sie sich neben ihn gegen sein Pult lehnte, mit breit aufgestützten Ellbogen. Sie wurden so laut und heiter bei ihrem Gespräch, daß man plötzlich vom Zuschauerraum her ein ärgerliches ›Ruhe hinter der Bühne!‹ hörte. Daraufhin verstummten sie beide achselzuckend und belustigt. Sie trat zwischen die Kulissen und *verfolgte mit verschränkten Armen die Probenarbeit der anderen.*

Die junge aufstrebende Schauspielerin steht in den Kulissen und schaut aufmerksam zu, so ist das, siehst du sie? Kritisch zusammengezogene Augenbrauen, ein dunkler Pullover, Konzentration.

Was geht es mich an? Was geht es mich denn wirklich an? Was habe ich mit euch zu tun ... was sollen mir eure verdorbenen Gesichter, wenn ihr aus dem Lichtkegel tretet, eure verwaschenen Gesichter, gewaltsam und gewichtig aufrechterhalten im ständigen Kampf um das Etwas, das euch ausmacht. Was macht euch denn aus? Seid ihr das selbst? Ich glaube, daß einzig das Licht und die von einer Menge erzeugte Isoliertheit euch anzündet und euch das Gefühl einer Ermächtigung bietet. Und so stülpt ihr eure schlafenden Seelen um und zerrt an ihnen, bis sie sich regen wie Menschenseelen ... Wo ihr euch am stärksten dünkt, dort besiegt euch die Eitelkeit am völligsten. Was ihr absolute Ehrlichkeit nennt, ist Anheimgabe auch der Ehrlichkeit an die Eitelkeit. Früher dachte ich ebenfalls, man könne wahr sein auf den Bühnen, abgrundtief wahr, durch und durch wahr. Ich dachte, man könne mit Leib und Stimme ein Bild der absoluten Wahrheit geben ... Ich dachte, man könne Geist in Form der eigenen Form übermitteln ... Als ich im Gegenteil damit begann, ihn herauszuheben, war mir, als ginge ich mit aufgehobenen Armen durch ein schillerndes Unkrautfeld, ganz und gar beschattet von den Stauden der Eitelkeit, und nur meine Fingerspitzen ragten hinaus und lachten sich eins. Die kleinen Spitzen des Wissens gehen hinweg über diese arme, bunte, eitle Fülle in euren zerschlissenen Seelen. Oh, was geht ihr mich an! ... Und einmal werde ich tatsächlich verwerfen, was meine Gedanken längst verworfen haben.

Von der Kohlmarktwohnung wanderte sie über die großen Plätze zum Burgtheater hinüber oder quer durch die Innenstadt zum Akademietheater und ging ihrer Arbeit nach. Und vertiefte sich gleichzeitig mehr und mehr in ein anderes, verborgenes Leben, unter den Gewölben der alten Küche und an ihren dunklen Büchern, von der Katze Brösi schläfrig oder aufmerksam beäugt.

Gitti, an ihrer Seite, schien nicht sehr glücklich zu sein, wirkte unsicher und suchend, unfähig, ihrem Leben wieder Form zu geben, nachdem die eine, beherrschende zerborsten war. Sie flirtete, nähte sich flink ein neues Kleid, um auszugehen, und später in der Nacht hörte sie sie im Nebenzimmer gurren wie eine Taube, während sie selbst zu schlafen versuchte. Oder aber die Schwester saß allein und wie verloren in den düsteren Zimmern, hörte Schallplatten von Fats Waller, sang mit ihm »I gonna sit right down and write myself a letter« und schien tatsächlich auf entwurzelte Weise mit sich selbst zu korrespondieren. Irgendwann fuhr sie nach New York zurück.

Aber noch ehe sie das tat, geriet auch das Gefühlsleben der jüngeren Schwester aus der Balance. Der ›blaue Fürst‹ hatte ihr lange nachgesetzt, sich von ihm zu lösen wurde ihr zur Qual. Und sie wußte nun, daß es sinnlos war, ohne Liebe die Arme zu öffnen, nur weil man einen, den man liebte, nicht in die Arme nehmen konnte. Sie bekannte sich dazu, ohne Anspruch zu lieben – und dieses Bekenntnis auch zu leben. Sie nahm sich damit viel zuviel vor, aber das erfuhr sie erst später.

Diego begann, sie in der Kohlmarktwohnung zu besuchen, und sie setzten ihre umfassenden Gespräche fort. Unter dem Licht eines siebenarmigen Leuchters saßen sie, die Kerzenflammen zitterten leise, und das Zimmer füllte sich mit dem Geruch seiner Zigaretten. Manchmal kam er in seiner weißen Mönchsrobe die Treppen hinaufgestiegen, und ihr drehte sich das Herz im Leibe um, so schön fand sie ihn dann. Er nannte ihre Schwester ›Fee‹, weil sie stets lächelnd und mit großer Zartheit vorbeischwebte, selbst als Anwesende feenhaft unsichtbar blieb, wenn sie beieinandersaßen, und sie niemals störte. Dabei gab es nichts, bei dem sie wirklich hätte ›stören‹ können. Aber sie fühlte wohl, was zwischen den beiden Menschen unbenannt hin- und herging. Die Sinnlichkeit hinter ihren sehr geistig gehaltenen Gesprächen muß wohl jedem fühlbar gewesen sein, der wachen Sinnes war.

Diego gab auch ihr einen Namen: ›Soeurette‹ hieß sie für ihn, ›kleine Schwester‹. Sie wußte, daß dieser Name einer Standortbestimmung gleichkam. Dennoch empfand sie anders, als eine kleine Schwester empfinden sollte. Sie liebte Diego als Frau, als junge und aufblühende Frau. Und diese Liebe nicht gewähren lassen zu dürfen wurde schmerzhaft. Heldenhaft verbarrikadierte sie sich hinter ihrem Entschluß, nichts zu fordern – und konnte immer weniger verhindern, daß sie litt.

Diego war oft lange Zeit nicht in Wien, besuchte andere Klöster, um Exerzitien oder Vortragsreihen abzuhalten. Sie schrieben einander, und im Erwarten dieser Briefe – seiner Briefe – bestand das Grundgefühl der vorbeiziehenden Tage.

Sie schrieben einander, solange Diego lebte, und sie besitzt den gesamten Briefwechsel, da Diego ihre Briefe aufbewahrt hatte und vor seinem Tod in ihre Hände zurückkommen ließ. Wenn sie heute in den Briefen liest, wird die sich jeder Realisation enthaltende Liebe offenbar, deren Schmerz und Schönheit, und dann der sanfte Wandel hin zu Freundschaft und reiner Zärtlichkeit. Er war ihr bester Freund, ihr liebevollster Betrachter. Und blieb es bis ans Ende seiner Tage.

Als die Schwester schließlich abreiste und sie allein in der großen Wohnung zurückließ, versank sie noch tiefer in ihre Zurückgezogenheit, die sich seltsam, ja, fast ein wenig verrückt neben den Aktionen der jungen Schauspielerin breitzumachen begann. Sobald sie den Innenhof betrat, die steinerne Treppe hochstieg, die alte, hohe Tür aufschloß, die Katze mit schläfrigen Augen und schnurrend ihre Beine umspielen spürte, in der Gewölbeküche die Porzellanlampe und den Gasofen andrehte, das aufgeschlagene Buch samt Feder und Tinte so auf dem Tisch liegen sah, wie sie es verlassen hatte – entglitt sie dem Zwang jeglicher Realität und betrat ihr traumhaftes Eigen-Leben. Sie gab allem, was sie umgab, schwere Namen: Der Hof vor den Fenstern wurde ›Brunnen‹, die Küche ›das Gewölbe‹, Brösi hieß nur noch ›die Katze‹, wenn sie schrieb. Sie schrieb unaufhörlich. Wenn es nicht die Briefe an Diego waren, dann Seite für Seite in ihren dunklen Büchern. Das ständige Halbdunkel von Schlafraum und Küche, die Schwanenfenster vor dem Hof, die dicken und uralten Mauern, die Stille über den Dächern, das Taubengurren oft lange als einziges Geräusch – sie geriet in einen seelischen Dämmerzustand, dem etwas Ekstatisches anhaftete. Daß die schauspielerische Pflicht sie zwang, diese Einsiedelei zu verlassen, pünktlich hinauszugehen, um pünktlich im jeweiligen Theater anzukommen, war wohl das rettende Element dieser Zeit. Sonst suchte sie nur am Fluß, an den Donau-Ufern, Kraft und Belebung, fuhr mit der Straßenbahn dorthin und wanderte durch Sonne, Wind, Regen, Kälte, Nebel, bei jedem Wetter und von der Vielfalt der Witterungen hochgerissen, über die große Wiese und dann am Wasser entlang.

Aber wirklich zu leben begann sie nur, wenn Diego sein Kommen ansagte. Die Vorfreude schon ließ sie hellwach werden, sie schwirrte durch den Tag, hatte ein nettes Wort für jedermann, und ihre Seele sang. Dann steckte sie frische Kerzen in den Leuchter, bereitete den Tisch zu, auf dem die Katze sich sofort königlich und ebenfalls erwartungsvoll niederließ, und fühlte ihr Herz immer heißer schlagen, je näher der Augenblick rückte, der Diego an ihre Eingangstür bringen würde. Wenn sie ihm öffnete, tat sie es mit angehobenem Gesicht, denn sie wußte von seiner Höhe, wußte genau, wo seine lächelnden Augen sie erwarteten und auf sie herniederblicken würden. Sie gaben einander die Hände und sahen einander an, und alles schien richtig und an seinem Platz zu sein, klar und geklärt.

Er brachte oftmals delikate Aufstriche, Käsegebäck oder Pastetchen mit, Geschenke, die fromme Frauen ihm gemacht hatten, und dann aßen sie beide genußvoll. Und sie tranken nicht wenig an so einem Abend, wurden wohlig trunken im Gespräch, ließen diesen Sinnenfreuden reichlich Raum –

Ja.

Die Vögel,
wenn sie ihre dunklen Zeichen
in die Sonne schreiben,
machen plötzlich das Licht begreifen.
Und die Insel,
im Wellenschlag des großen Meeres,
sieht stets den ganzen kreisenden Himmel
über sich.

Frei und gelassen
entzieht sich der Fuß jeder Schlinge,
wie überflüssig er ist,
wie sehr ohne Verwendung.

*An der Verwendung
zerbricht jegliche
Zuwendung.*

*Und der halbe Mond
lag wie eine silberne Spange
im Geäst.*

So schrieb sie und schrieb sie und schrieb sie, beschrieb den Himmel und die Kuppeln über der Stadt, beschrieb die Katze, die Nächte, den Morgen, das Licht und die Geräusche, ihre Einsamkeit, ihre Liebe, ihre Sehnsucht und wachsende Verwirrung. Schreibend gelang es ihr, aufrecht zu bleiben.

Im Herbst gab es eine Gastspielreise mit dem *Phantom*, das ganze Ensemble fuhr nach Meran, um im dortigen Theater zu spielen. Es war die Zeit der Weinlese, alle Hänge glühten. Michael Janisch hatte Freunde in einem hochgelegenen Dorf und nahm sie auf dem Rücksitz eines Motorrads mit dorthin. Welch eine Fahrt – die gewundene Straße zwischen Hügeln mit Weingärten, die heiße, wehende Luft, der warme Geruch nach Trauben und Erdreich und der starke, junge Männerrücken vor ihr, den sie umschlang. Ihr war, als flögen sie die goldenen Hänge aufwärts und als könne sie alles vergessen, was ihr teuer war und sie so schmerzte. *Hier* wollte sie sein, hier und am Leben, mit diesem warmen Rücken verschmolzen und fliegend.

Aber es währte nicht lange, und sie fiel wieder zurück in ihre Isolation. Während des dörflichen Weinlesefestes betrank der Schauspieler sich unsinnig, sie stolperte allein zwischen Weinlaub und Weinfässern umher, mit Mühe kamen sie wieder nach Meran zurück, und die Anziehung seines Körpers war verflogen.

Noch dazu forderte ›Adrienne‹ sie an einem Abend

hinterlistig auf, mit ihr essen zu gehen. Obwohl sie viel lieber mit den anderen, jüngeren Schauspielern zusammengesessen hätte, fühlte sie sich geschmeichelt und dachte an ein Begraben des Kriegsbeils. Die kleine Frau aß zierlich mit ihren Gichtfingerchen und lächelte sie freundlich an. Um ihr zu guter Letzt zu sagen, sie solle das Burgtheater bleiben lassen und in die Provinz gehen, hier hätte sie noch lange nichts verloren, sie sei zu anfängerhaft und müsse sich erst freispielen – all dies mit zuckersüßem Lächeln und scharf wie ein frischgeschliffenes Messer.

Im Grunde war es diese Aufforderung, die sie in Zukunft für die Idee eines anderen Engagements unzugänglich werden ließ. ›Grade nicht!‹ dachte sie am Tisch der boshaften alten Dame, und dabei blieb es für sie. Grade nicht. Ich bleibe am Burgtheater und werde sowohl die Provinzerfahrung wie das Freispielen *hier* erledigen, sagte sie sich.

Sie kehrte nach Wien zurück. Und blieb, als was sie sich fühlte: eine Insel. Eine Insel, unverrückbar ins Meer geworfen, schauend, erwartend. Sie konnte nur bereit und da sein, wenn der Vogel geflogen kam. Doch sie konnte ihn nicht begleiten, wenn er sich wieder davonschwang.

Als Kind hatte ein Lied sie jedesmal aufweinen lassen, wenn jemand es ihr gefühlvoll vorsang, und jetzt schien ihr, als wäre dieses Lied eine Art Vorahnung gewesen. Es handelte von einem Vöglein, das geflogen kam, einen Brief brachte; und es schloß mit den Zeilen:

> *… denn ich kann dich nicht begleiten,*
> *weil ich hierbleiben muß.*

Spätestens da war sie in Tränen ausgebrochen. Jetzt weinte sie weniger leicht, aber ihr zerriß das Herz.

Und es gab für sie in jungen Jahren wenig Möglichkeiten, sich abzulenken. Sie reiste kaum, kannte nur wenig von der Welt. Mit dem Seminar noch war sie einmal in Rom gewesen – einige Schüler durften in den päpstlichen Gärten Hofmannsthals *Großes Salzburger Welttheater* aufführen, sie wurde kurzfristig als ›Weisheit‹ besetzt und auf diese Reise mitgenommen. Einmal war sie kurz aus dem Zug gestiegen und hatte vom Bahnhof aus einen Blick getan, der ihr Venedig vor Augen führte – den Platz, die Treppen, das Wasser im Dämmerlicht eines frühen Morgens, sie sah es wie im Traum. Von Rom ist ihr nur noch ein sonnengoldenes Zimmer im Halbschatten, eine hohe Flügeltür zum Balkon in Erinnerung, riesige Blumenstände, von einer Fülle und Farbigkeit, die ihr den Atem raubte, und sie entsinnt sich dunkel eines Empfangs und der Erzählungen eines heiteren geistlichen Würdenträgers, der schilderte, wie Zuspätkommende des Nachts in den Vatikan einstiegen. Tags darauf zeigte er ihnen diese schmale Pforte und führte sie durch die vatikanischen Gärten. Der Anblick des Petersdoms von der Höhe her, in einer so anderen Perspektive, hatte sie überrascht, die Stille der Gartenanlagen sie beeindruckt.

In ihren Anfängerjahren am Theater jedoch gab es außer jenem Meran-Gastspiel und sommerlichen Besuchen bei den Eltern im Salzkammergut keine Reisegelegenheit, die sie den langen Nächten und einsamen Tagen des Kohlmarkts hätte entreißen können. Nur die Theaterarbeit gab es und ihre Wanderungen am Fluß. Und Freunde, wenige, die sie ab und zu traf.

Ja. Freunde. Im Garten der Großeltern in der Schwarzlackenau begegnete sie auch Bärbels neuen Freunden von der Kunstakademie, alle werdende Maler, Graphiker, Bildhauer. Und einige der dort Anwesenden *wurden* auch, was sie zu werden versprachen. Es gab eine warme Sommernacht, Streuselkuchen, heftiges Trinken, überheblich-jugendliche Kunstgespräche, den Sonnenaufgang am Fluß ... Und sie traf dort zum ersten Mal einen jungen Tiroler Kunststudenten, den aus unerfindlichen Gründen alle ›Gul‹ nannten, obwohl er Walter Pichler hieß. Er war groß und hübsch, mit dunkelgewelltem Haar, melancholischen Augen und einem frechen, fast zynischen Lachen. Er galt als sehr begabt. Und sie hörte in der Runde von einem sprechen, der der Allerbegabteste sein sollte, ein Genie. ›Udo‹ nannten ihn alle, er tauchte jedoch nicht auf.

Bärbel schien diesen Gul zu lieben, man sah es, ihr Blick und ihr Lächeln schimmerten unter seinen Augen auf. Auch er war ihr offensichtlich zugetan. Einmal begleitete sie die beiden zu einem Sonnenwendfeuer an die Donau, und sie sprang mit Gul durch die Flammen, saß mit ihm auf den Ufersteinen und fühlte Bärbels beunruhigten Blick. Sie fühlte auch Guls erwachendes Interesse, eine kleine, warme Brücke zwischen sich und ihm. Sie fühlte es vage und kurz. Es gibt ein Foto, das wohl Bärbel gemacht hat, auf dem sie beide, gegen einen Heuhaufen gelehnt, nebeneinandersitzen und gut zueinander passen würden.

Aber es trieb sie immer wieder heimwärts, in ihre dunklen Gewölbe, in Erwartung und Einsamkeit.

Oft wanderte sie am Abend zur Dominikanerkirche, setzte sich in eine der letzten Reihen und belauschte die Chöre der Mönche. Ob sie wohl ihre Gesänge heute noch pflegen? Hat doch die katholische Kirche mittlerweile alles abgeworfen, was ihr Geheimnis und ihre Würde ausmachte. Banalste deutsche Sprache, banalste Lieder, ein vorgezogener Heimwerkeraltar voll geschmackloser Utensilien, Mikrofone als wichtigster Bestandteil von Kirchen, alles auf Volksnähe getrimmt und damit alles verloren, was einmal an Mysterium und Gottsuche möglich war. Jetzt trällern die

Gläubigen zur Gitarre abgewandelte Wander- und Pfadfinderlieder und halten einander an den Händen, wie es bei jeder sektiererischen Gruppierung üblich ist. Das trügerische Händereichen, überall signalisiert es Verführung und Parteilichkeit, falsch verstandenes Gemeinschaftsgefühl und das rassistische Ausschließen anderer Möglichkeiten. Menschen halten einander nicht en gros an den Händen – daran ist immer etwas faul. Sie können einander die Hand reichen oder umarmen. Ab und zu. Und immer nur zwei einzelne. Das Händereichen als Massenkundgebung pflegt bedrohlicher Manipulation vorauszugehen.

Damals jedenfalls trafen sich die Dominikanermönche zu einer abendlichen Andacht, bei der sie ihre uralten, strengen Chöre sangen. Die Kirche war meist menschenleer. Tief verbarg sie sich in der Bank, sah wie in weiter Ferne die Männergestalten in den schwarzen Übermänteln ihre Rituale feiern und lauschte ihren dunklen Stimmen. Nicht nur weil Diego unter ihnen war, ergriff sie ein schmerzliches Verlangen, eine von ihnen zu sein. Später belächelte sie dieses Verlangen, aber der Chor der Mönche schuf ein Gegenbild zu der Unzulänglichkeit, die sie sich damals zuschrieb. Erstens waren die Mönche *Männer*, eine Frau hatte bei ihnen nichts zu suchen. Da sie an ihrem Frausein wieder einmal litt, hätte sie sich dessen gern entledigt. Zweitens hatte das klösterliche Leben dieser Männer eine ritualisierte, von außen gegebene Form. Ihres nicht. Sie lebte auf der einen Seite, in ihrem Kohlmarkt-Gewölbe, fast klösterlich. Auf der anderen Seite war sie junge Schauspielerin, gezwungen, sich der Welt zu offenbaren, und ständig bemüht, von deren Rachen – in Gestalt eines Publikums – nicht verschlungen zu werden. Diese Diskrepanz rieb sie auf. Und drittens meinte sie im mönchischen Leben den Atem eines Friedens, einer Gelassenheit zu fühlen, der ihr selbst fehlte. Diese letzte Annahme war wohl die trügerischste. Später erfuhr sie von Diego manches über Querelen und Unstimmigkeiten innerhalb des Klosters. »Aber man kann seine Tür zumachen«, sagte er abschließend, »man kann alle Türen zumachen, wenn's drauf ankommt –« Sie glaubt, ihn nie gefragt zu haben, warum eigentlich er ins Kloster eingetreten war, was ihn dazu getrieben hatte, alle Türen zuzumachen. Dieser Entschluß gehörte für sie so sehr ihm, daß sie die Frage danach scheute.

Diego war dem Prior des Klosters freundschaftlich zugetan, er erwähnte Pater Alfons oftmals im Gespräch. Die beiden besuchten einander häufig in ihren Zimmern, saßen rauchend, trinkend und philosophierend halbe Nächte lang beisammen.

Als der ältere Pater Prior vor ihm starb, traf es Diego hart. Das Kloster hörte auf, für ihn Heimat zu sein. Es fiel zusammen mit Diegos ruhelosen, suchenden Jahren, die er weitgehend auf Reisen verbrachte – und sehr ›weltlich‹, wie sie vom Hörensagen erfuhr. Man erzählte ihr, man habe ihn, Marihuana rauchend, zwischen Hippies gesehen – man habe ihn betrunken erlebt –, man erzählte ihr vielerlei. Er kam zurück und war krank, sein Herz erschöpft. Ein Schrittmacher wurde eingesetzt, damals noch riesige Apparate, und er litt unter dem Fremdkörper unter seiner Haut. Aber bis zu seinem Tod blieb er von nun an Mönch und Priester, zurückgezogen, liebevoll und schweigsam. Oft fuhr sie später in der Postgasse am Dominikanerkloster vorbei und sah ihn immer wieder am Fenster seines hochgelegenen Zimmers stehen, weiß und aufrecht, wie lauschend.

Eines Tages ging sie mit Diego und Pater Alfons ins Kino. Der Vorschlag kam von den beiden, und sie nahm ihn ohne Erstaunen an, es freute sie, ein wenig von Diegos unbetretbarer Welt mit ihm teilen zu dürfen. Pater Alfons war ein feiner grauhaariger Mann, der sie mit wissenden Augen ansah, die voll Güte waren. Beide Männer trugen ihre Mönchsrobe, sie saß zwischen ihnen im Kino, und sie sahen *Orfeo Negro*. Und erst vor der Sinnlichkeit und einfachen Lebensfreude, der Hitze, Leidenschaft und Farbenpracht, die aus dem Film auf sie übergriffen, wurde ihr bewußt, zwischen wem sie saß. Wessen sie sich enthalten mußte. Es war der denkbar abwegigste Film, den die drei für einen gemeinsamen Besuch ausgewählt hatten. Sie kämpfte plötzlich mit dem Gefühl, schreien, aufspringen und davonlaufen zu müssen. Diego sah sie an, und auch in seinen Augen schien ein verhaltener Schmerz zu schimmern. Bis heute begleitet sie ein Lied aus diesem Film, ja, es wurde in ihrem Leben, etwa zwanzig Jahre später, sogar zu einer inneren Erkennmelodie:

Tristeza nao tem fim
Felicidade sim –

Daß die Traurigkeit kein Ende finde, das Glück jedoch immer, konnte sie nur bejahen.

Am Theater hatte sie fortlaufend zu tun, nur *was*, daran erinnert sie sich beim besten Willen nicht. Die Aufgaben müssen mäßig gewesen sein, und viele ›Übernahmen‹ waren dabei. Das bedeutete, mit nur wenigen Proben – meist war es nicht mehr als eine einzige – Rollen zu übernehmen, wenn andere Kollegen ausfielen. Die Rollen waren meist klein. So erinnert sie sich, als Fee in irgendeinem Raimund in den Schnürboden hochgezogen worden zu sein und auf der kleinen Plattform, in schwindelnder Höhe und selbst mit Schwindelgefühlen kämpfend, ihren Text in einen Abgrund hinunterdeklamiert zu haben. Das Ganze erschien ihr so unsinnig, daß sie bei der Talfahrt haltlos zu kichern begann. Sie hatte keinerlei Bezug zu der sie umgebenden Aufführung, ein Lichtzeichen befahl zu sprechen, und sie tat es. Für nichts, dachte sie, alles für nichts.

Oder sie befand sich plötzlich in einer ärmlichen Stube, ärmlich gekleidet, und sang mit den anderen: »So leb denn wohl, du stilles Haus – wir ziehn betrübt aus dir hinaus –« Die Drehbühne verschluckte das alles bald wieder, samt »stillem Haus«, sie verließ die Dekoration und ging in die Garderobe zurück. All diese Aufgaben waren nicht dazu angetan, ihr mehr abzufordern als Pflichterfüllung.

Als sie in Schillers *Jungfrau von Orleans* eine der bäuerlichen Schwestern der Johanna spielte, stand sie mit Judith Holzmeister eines Abends vor dem Auftritt. Diese, groß, schön, wogend, gab die Jungfrau, und sie bewunderte sie dabei sehr, ihre modulationsreiche Sprache, ihr edles Profil, die leuchtenden Augen. Ehrfürchtig stand sie also neben ihr. Plötzlich, nach einem flüchtigen Seitenblick, starrte Judith (sie nannten einander später beim Vornamen und tun es bis heute) auf ihre Hände und brüllte sie an: »Du hast sie nicht geschminkt! Du hast deine Hände nicht geschminkt! Schau, wie rot sie sind! Diese jungen Leute! Das hätte es früher nicht gegeben!« Unter diesem Geschrei stockte ihr das Herz, sie wurde blutrot, sicher bis in ihre geschmähten Hände hinein, die sofort noch röter leuchteten, und versuchte sich zu rechtfertigen: »Aber – ich dachte nur – ich bin schließlich ein Bauernmädchen – die haben doch meist ungeschminkte Hände – also rot – meine ich –« Judith ließ diesen absolut gerechtfertigten Hinweis jedoch nicht gelten und blitzte sie böse an, bis sie auf die Bühne mußten und einander schwesterlich liebten. – Heutzutage würden die Hände des Bauernmädchens *rot* geschminkt werden. So ändern sich die Zeiten und Gebräuche.

Einmal nahm sie sich ein Herz und klopfte an die Garderobe von Alma Seidler. Ein vages Gefühl, den Zuspruch eines ›großen‹ Theatermenschen zu benötigen, trieb sie an. Die Frau empfing sie sehr einfach und ohne Umstände, lächelte sie unter dem Perückenband, mit seitlich hochgezogenen Augenbrauen freundlich an. Sie stammelte etwas von ihrem Ungenügen, ihrer inneren Ratlosigkeit am Theater, bat um Rat. Da wurde das Gesicht der Alma Seidler ernst. »Das wird schon noch«, sagte sie, »aber weißt – *ganz* g'fallt's einem nie. Weil man sich selber nie ganz g'fallt. Das g'hört dazu, weißt …«

Das kurze Gespräch fand in einer Garderobe des Burgtheaters statt – sie weiß nicht mehr, in welchem Stück sie da gemeinsam auftraten. Die Frau in ihrer Schlichtheit beeindruckte sie sehr. Um so mehr litt sie, als bei der Generalprobe des *Kardinal von Spanien* ein Schauspieleralptraum Wahrheit wurde. Sie stand, schwarz gekleidet, den Kopf durch einen engen Stehkragen hochgehalten, mit den beiden anderen spanischen Hoffräulein hinter der wunderbaren Alma Seidler. Plötzlich eine Pause, die kein Ende mehr nahm. Diese ›hing‹ – wie man Textabsencen zu nennen pflegt, ein an sich theaterüblicher Vorgang. Aber dieses ›Hängen‹ der Seidler war tiefgreifend und, wie es schien, unwiderruflich. Sie begann zu stammeln. Ihr Entsetzen übertrug sich so qualvoll, daß den Hofdamen unter dem schwarzen Samt der Schweiß ausbrach. Am liebsten wäre sie zu ihr hingestürzt und hätte sie schützend an ihr Herz gedrückt. Zuletzt begann die Seidler sich beim Publikum zu entschuldigen. »Tut mir leid – tut mir leid –«, flüsterte sie und hob beide Arme bedauernd hoch, wie ein flügellahmer Vogel. Der Vorhang mußte fallen.

Die Premiere stand unter einem ungeheuren Druck. Wird die Alma Seidler diesen Schock verkraften? Ist sie jetzt nicht traumatisiert und stürzt wieder ab? Jeder fragte sich das. Sie, als Hoffräulein mit wenigen Sätzen, zitterte wie Espenlaub und bangte so atemlos mit der Seidler, wie sie damals nie für sich selbst gebangt hätte, auch bei einer größeren Rolle. Gottlob ging alles gut, die Frau überwand jede traumatische Furcht und spielte herzergreifender denn je. – Später, selbst in plötzliche Phasen aufkeimender Textpaniken geratend, dachte sie an die Seidler zurück und bezwang sich dadurch. Ja, ›*ganz* g'fallt's einem nie‹, dachte sie dann.

Es gab dazumal wenige ältere Schauspieler, die sich den jüngeren gegenüber herzlich und ungezwungen benahmen. Ihr schien, als läge die Zeit, wo Burgschauspieler in weißen Handschuhen probierten und von riesigen Kutschen gebracht und abgeholt wurden, erst knapp zurück. Jedenfalls benahmen sie sich so. In der Kantine wagte sie anfangs nicht, sich an einen der Tische zu setzen, wo ehrwürdige Schauspieler speisten. Diese warfen Blicke zu ihr her, die das Blut in den Adern hätten gefrieren lassen können. Und wie immer gab sich am hochmütigsten, wer am mittelmäßigsten war. Das Mittelmaß regiert die Welt, warum also nicht auch das Theater.

Es hat sich ihr aus diesem Grund unauslöschlich eingeprägt, wenn man nett und freundlich zu ihr war, und vor allem *wer* es war. Lilly Stepanek, in ihrer ruhigen Klugheit, hat sie immer höflich behandelt. Oder Lilly Karoly, die kleine, kauzige Frau. Und einer der ersten, der einen freundschaftlichen Ton bei ihr anschlug, sich sehr bald von ihr duzen ließ, war Albin Skoda. Man konnte damals auf das Dach des Burgtheaters hinausgehen und sich auf dessen Schräge setzen, nur von einer niedrigen Balustrade vorm Absturz geschützt. In Probenpausen war sie gern dort oben und blickte über die Stadt, sah Rathaus, Ringstraße, Volksgarten, Heldenplatz, Hofburg und die Silhouette der Innenstadt prachtvoll vor sich ausgebreitet, unter wechselndem Himmel, wechselndem Licht, ziehenden Wolken oder klarer Sonne. Immer liebte sie den Anblick dieser Stadt, die so sehr ihre Stadt war (und bis heute geblieben ist). Albin – wie sie ihn später nennen durfte – war dort auch häufig anzutreffen. Er fotografierte sie eines Tages da oben, der Rathausturm hinter ihr zu sehen, sie lächelnd zur Kamera gewandt. Er schenkte ihr das Bild, nachdem er eine liebenswürdige Widmung daraufgeschrieben hatte. Diese Geste wärmte ihr Herz. Sie hatte diesen Schauspieler als junges Mädchen so oft bewundert, seine scharfe und gleichzeitig volltönende Stimme – nie vergaß sie seinen Cyrano de Bergerac –, und jetzt saß er neben ihr auf dem Dach des Burgtheaters wie ein Freund. Sie mochte ihn sehr.

Als Albin Skoda gestorben war und man seinen Sarg, wie vorgeschrieben, dreimal um das Burgtheater trug, war sie unter den Schauspielern, die hinterhergingen. Außerdem war sie schwanger, weshalb ihr übel wurde und sie taumelnd an einem benachbarten Arm Halt suchte, mit schneeweißem Gesicht. Zwar hatte Albins Tod sie sehr traurig gemacht, doch ihre Trauer so dramatisch kundzugeben, lag nicht in ihrer Absicht. Nun aber sah es so aus, als litte sie unsäglich. Der Vater ihres Kindes, der davon erfuhr, pflegte von nun an im Scherz zu sagen: »Des Kind is' e net von mir – sondern vom Albin Skoda ...«

Mit den jüngeren Kollegen und Kolleginnen – obwohl sie nichts schöner gefunden hätte als echte Kollegialität, hat sie dieses gebräuchliche Wort immer mit Skepsis benutzt; die Utopie von Zusammengehörigkeit im Hinblick auf ein gemeinsames Ziel mußte sie sich im Lauf der Jahre ›abschminken‹ – war es natürlich leichter, freundschaftlichen Kontakt zu finden. Sie hätte sich gewiß vertraulicher und interessierter nähern können, als sie es tat. So aber verbrachte sie mit den Kollegen nur die notwendige Zeit, die der Proben und

Vorstellungen, und lief danach meist schnell wieder nach Hause. Abgesehen von späteren, viel späteren Liebesaffären fand sie am Theater die wirklichen Freunde nicht unter den Schauspielern. Mit Garderobieren, Maskenbildnerinnen, Souffleusen, Inspizienten und Bühnenarbeitern hatte sie von Anfang an die besten Beziehungen. Wenn sie überlegt, was ihr bis heute an dauerhaften Freundschaften aus dem Theater erhalten blieb – dann nennt sie einen ehemaligen Inspizienten, der jetzt Bühnenbilder entwirft, zwei Souffleusen, eine Dramaturgin und Regisseurin, einen Regisseur ... Susi – ja, Susi darf sie nicht vergessen.

Sicher, unter Schauspielern entsteht bei jedem Wiedersehen rasch und unkompliziert Herzlichkeit, ja Innigkeit, jedoch nur flüchtig und abhängig von gemeinsamer Arbeit. Als Spezies – oder Menschenschlag – waren Schauspieler ihrem Herzen wohl immer ein wenig fremd.

Sie liebte die Gegend um den Kohlmarkt. Sie liebte den Blick auf die Kuppel der Hofburg, die wie ein großer Edelstein die Straße abschloß. Sie liebte den spitzen Turm der Michaelerkirche, den ganzen Michaelerplatz. Durch die Hofburg erreichte sie schnell den Heldenplatz mit seinen zwei Reiterstandbildern, den Wiesen und Alleen. Und dem weiten Himmel, über den ungehindert Wolken und Taubenschwärme fliegen konnten. Auf dem Heimweg vom Burgtheater wählte sie, wenn sie trödeln wollte, oft den Weg durch die dunklen Straßen, sah in fremde Fenster, hinter denen Licht brannte, und studierte in den Bogengängen der Minoritenkirche im Schein der Straßenlampen alte religiöse Inschriften. Wenn sie durch die Wallnerstraße schlenderte, pflegten die Huren, die damals dort ihre Stammplätze hatten, ihr schrill hinterherzurufen: »Hoppauf – hoppauf! Net so langsam, Klane! *Du* gehst hier net am Strich!« Anfangs hatte das Geschrei der Huren sie erschreckt, und eilig war sie in den Kohlmarkt eingebogen. Mittlerweile kannten sie einander, die Nutten wußten, daß sie ihnen nicht das Geschäft verderben wollte, und schrien ihr nur noch pro forma, mit einem Augenzwinkern, hinterher. Sie lächelte zurück und ging gemächlich weiter.

Hier, in der Wallnerstraße, holte sie aus einer Greislerei auch das wenige, was sie brauchte – Milch und Brot, Kaffee, Butter, Äpfel. Nachdem Gittis herrlich körniger, nelkengespickter Reis als Hauptgericht weggefallen war, lud sie sich bei der Mutter zum Mittagessen ein, wenn ihr nach abwechslungsreicherer Nahrung zumute war. Die schien sich zu freuen, wenn sie kam, trug ihre Lieblingsgerichte auf und sagte: »Du ißt nicht genug! Du schaust nicht auf dich! Du mußt regelmäßig essen!« Dann erzählte die Tochter meist Begebenheiten aus dem Theater. Das gefiel der Mutter. Jedem gefielen Theatergeschichten.

Sie beobachtet bis heute das leicht voyeuristische Interesse, das Laien dem Theater entgegenbringen, bereit, jeden Unsinn zu glauben, den man ihnen auftischt. Nur daß am Theater hart gearbeitet wird, nehmen sie nicht gern zur Kenntnis, das wäre auch zu langweilig. Nein, am Theater muß immer ›was passieren‹ – Skandal, Schande, Scherz und Tollerei, Geistreiches oder Ordinäres, was auch immer, aber es muß ›passieren‹!

Einfühlsamer, ließ die Mutter sich auch über die Probenarbeit berichten, über Schwierigkeiten oder Erfolgserlebnisse. Manchmal saß die jüngere Schwester dabei, die bald das Gymnasium abschließen und danach in Fritz Wotrubas Klasse Bildhauerei studieren sollte – bildhübsch nun, ihr Kopf mit dem kurzen Haar ebenmäßig wie der eines sinnlichen Jünglings.

Nach den mittäglichen Besuchen bei der Mutter ging sie

meist noch an den Fluß und saß eine Weile nachdenklich auf den Ufersteinen, ehe sie wieder in die Innenstadt zurückfuhr.

Manchmal traf sie auch ihre schöne Cousine Liesi, die sich in einen Röntgenarzt verliebt und ihn geheiratet hatte. Die beiden bewohnten ein altes, ländliches Haus in der Eroicagasse. Man betrat es durch einen Garten, und rundherum lagen Villen, Winzerhäuser und Heurigenlokale. Selbst Ärztin, war Liesi eine bemühte, wenn auch schusslige Hausfrau und rang nach allen Seiten hin um Perfektionismus – ein Ringen, das sie später zu einer erschöpften Frau werden ließ, der alles entglitt. Damals aber herrschte sie noch schön und klug über den reichgedeckten Gartentisch und ging souverän darüber hinweg, wenn ihr der Kuchen aus der Hand flog oder sie den Kaffee danebengoß. Als ehrgeiziger Frau gefiel es Liesi, daß ›die kleine Cousine‹ am Burgtheater engagiert war, sie fragte sie danach aus und besuchte fast alle Vorstellungen, in denen die Verwandte zu sehen war.

Die beiden Großväter, ›Ota‹ und ›Opapa‹, waren mittlerweile gestorben. Die ›kleine Omama‹ lebte nach wie vor in der Wohnung im Hinterhof des alten Währinger Hauses, nur die Glasmalerei war nicht mehr in Betrieb. Im Garten wuchsen die Himbeeren, das Salettl verfiel, die Großmutter fand uneingeschränktes Glück in ihrer Pfarre und bei ihrem Pfarrer. Sie konnte sich jetzt ganz der Frömmigkeit widmen, und vielleicht deshalb war sie duldsamer geworden, wenn man sie besuchte. Sie fragte nicht mehr quengelnd nach den Kirchenbesuchen, ihr Herz schien ein wenig weiter geworden zu sein. Auch sie war eine jener Frauen, die erst beginnen, sich selbst gemäß zu leben, wenn sie die familiären Bindungen abgeworfen haben.

Hin und wieder besuchte sie die ›kleine Omama‹ oder traf sie in einem Caféhaus. Ihr altes Gesichtchen wurde immer kleiner, die Hüte, die sie trug, wirkten immer größer, sie saßen ihr wie Sturmkappen auf dem winzigen Kopf.

Als sie schließlich starb, geschah es fromm und friedlich. Sie wurde an einem Tag begraben, dessen Himmel von überirdischem Blau war. Die Enkeltochter sah die ›kleine Omama‹ als dünnes, seliges Englein in dieses Blau entschweben, geradewegs ans Herz ihres »lieben Gottes«.

Es gab also weiterhin Familie und Kontakte zu ihr. Es gab weiterhin Freunde und Freundinnen. Es gab ein heiteres und jugendlich-selbstbewußtes Gesicht, das sie den Menschen zu zeigen versuchte. Aber sie fühlte sich überall nur als flüchtiger Gast, betrachtete alles mit den Augen einer letztlich Unbeteiligten. Immer mehr fixierte sich ihr gesamtes Lebensinteresse auf die stillen, hohen Zimmer der Kohlmarktwohnung und deren Weltabgeschiedenheit. Und auf die wenigen Stunden, die Diego bei ihr verbringen konnte.

FEUER AUF DIE ERDE ZU WERFEN,
BIN ICH GEKOMMEN,
UND WAS WILL ICH ANDERS,
ALS DASS ES BRENNE?
Lukas 12,49

So schrieb sie es an einem einunddreißigsten Juli mit großen Buchstaben in ihr Buch. Es muß ein heißer Sommertag gewesen sein, an dem sie, nach längerer Abwesenheit, in die Stadt zurückkehrte. Sie erwartete Diego und sah ihn wohl bald, denn auch er verbrachte diesen Sommer in Wien. Sie schrieb: *Das Glück Deiner Nähe ist vollständiges Sein. Es umschließt alles Vorher und Nachher ... Das Glück Deiner Nähe ist so groß wie alle Fernen – dies war und ist mein unsägliches Erstaunen: daß Deine Nähe die Wahrheit der Ferne niemals mindert! Daß Deine Nähe alles vernimmt ...*

Am vierten August schrieb sie: *Wie soll ich zurückfallen – in den Schattenabend – und nicht sterben?* Am vierzehnten: *Wind ist aufgewacht, Wind, Regen und erste Dämmerfarbe. Ich warte. Du wirst kommen. Kühl vor Wind und nass vor Regen – und blau, blau, blau vor Augen – – Kann man das sagen?* Am fünfundzwanzigsten, wieder groß die Seite füllend:

> *EILE RASCH HEIM IN DEIN HAUS,*
> *DORT ERHEITERE DICH,*
> *DORT SPIELE UND TU,*
> *WAS DIR IN DEN SINN KOMMT.*
> *Sirach 32,15*

Am Ende der Seite fügte sie hinzu: *Adelige Lebenszucht des Spielenkönnens = Eutrapelia.* Und am selben Tag die Eintragung: *Ich trug mich durch heißes gelbes Gras zum Fluß hin. Kleine knisternde Eidechsen – das stete müde Knarren eines Drahtseils neben mir, an dem ein Boot hing – eines der Flußboote – Kühler Fluß und so viel heiße, heiße Sonne umhüllte mich, und eine grüne Heuschrecke umsprang meine Fußsohle.* Einen Tag später: *... sieh meine offenen Hände. Da, ich lege sie vor mich hin auf den Tisch. Und laß es ein Versehen sein, daß in meinem Herzen Wünsche nisten wie wilde Schmetterlinge. Ich verachte sie nicht. Ich kann sie auch nicht töten. Ich warte, daß sie entfliegen, von selbst, wenn es an der Zeit ist. Deshalb sieh meine Hände!*

Ab dem neunundzwanzigsten August belegte das Theater sie neuerlich mit Beschlag. Sie schrieb: *Es beginnt wieder. Ich gehe ihn täglich wieder, den Weg über den großen Platz, zu dem weißen Gebäude, das wie eine weiße Muschel innen voll Klang und Stimmen ist, und voll unzähliger Gänge. Ich begrüße – ich begrüße – ich begrüße – und ich bin fröhlich – und ich bin erholt –*

Am ersten September: *Herbst fällt aus dem Himmel. Seit Du fortgegangen bist, wurde mein Herz kühl und herbstlich. Selbst die heiße Sonne am Fluß gelangte nicht in mein leises Frieren.* Am elften: *... Schläfrigkeit, Freundin meiner versuchten Zeiten. Wenn alles grundlos wird und auf die Suche geht, dann möchte mein Leib schlafen. Verloren bei Kaffee, Brot, Tinte, Büchern – die Sonne so fern, und gegenüber auf Mauer und Dach – die Katze, eine schwarze tanzende Silhouette an den Fenstern –*

Und am zwölften September machte sie folgende Eintragung: *Aus heiterem Himmel kam es. Ja, ganz genau, denn gerade zuvor hatte ich mich der Heiterkeit verschrieben und gemeint, mutig damit zu sein. Dann kam ein heiterer, blauer, selbstsicherer Abend, und vor der Michaelerkirche lief mir jemand über den Weg, den ich gekannt hatte, einmal, wenige junge Sommertage lang, auf den Flußwiesen, auf den Kirschenbäumen, beim Sonnwendfeuer, und auf Rädern eine gewittrige Allee entlang – Und jetzt staunte ich in ein Gesicht, das anders geworden war – älter, häßlicher und schöner, und ganz jung. Meine Heiterkeit wurde voll Interesse, wie sie für alles, was ihr in die Augen fiel, ihr selbstsicheres bewahrtes Interesse hatte.* Auf der nächsten Seite, aber wohl am selben Tag, schrieb sie: *Ich sah eine Plastik von Brancusi: DER VOGEL IM RAUM. – Ja – ich mußte Dich wohl zurückwerfen in den Raum. Ich hatte wohl mein Gezweig um Dich geschlagen wie eine Enge.*

Am vierzehnten September hat sie geschrieben: *... Ich werde tausendfach alles sein, und immer wieder sein, und sein bis zum Verhängnis. Ich werde sterben – und wieder leben – und sterben – ... Aber laß mich weinen. Laß mich* *weinen, denn ich bin Soeurette, und bin es, und muß es mit mir nehmen – und möchte es um Dich legen –*

Und am fünfundzwanzigsten September endete dieses Buch mit der Eintragung: *Ich kam ... zurück in das Gewölbe, aus dem goldenen Tag, der aus allen Dächern Taubenschwingen macht, zurück in das kühle Dämmern ... und Musik überfiel mich. Die leise tanzende Violine, die wir hörten hinter den Schwanenfenstern, die Arme angehoben in den Mosesstühlen, im Dunst des warmen Rauches – ich hörte sie. Und ich hörte die Schönheit Deiner letzten Gegenwart, ehe Du aufflogst. ... Ich möchte Deine Stirne leise anrühren. Ich möchte Deine Augen segnen. Ich möchte Dein Herz küssen. ... Deine Ferne ist unvorstellbar, und deshalb eine immerwährende Anwesenheit.*

So gelang ihr also der Absprung.

Es mußte sein. Diese Liebe mußte aus ihrem Herzen gerissen werden. Sie war zu jung, um nicht ihrem Verlangen nachgehen zu müssen. Mehr noch – sie war eben erst dabei, Verlangen und Begehren bei sich selbst zu entdecken. Sie hatte den langen, schmerzhaften Weg, das andere Geschlecht zu erforschen, noch vor sich, und ahnte nicht, daß Zerstörungslust auf sie zukommen würde, Erobererinstinkt, Bemächtigungswille und Trophäensammlerei. Sie dachte nur an Liebe, an die ihrer Seele und an die ihres Körpers. Sie ahnte, daß für sie diese Einheit gegeben war, und mußte dennoch ein halbes Leben lang nach dieser Einheit suchen. Diego hatte sie früh ›verwöhnt‹ – er war ein erwachsener und reifer Mann, der sie durchschaute *und* liebte. Der wußte, wen er vor sich hatte, und nichts anderes von ihr wollte als sie selbst. In dessen Verständnis sie sich unverbrüchlich geborgen fühlte und dem am Herzen lag, was sie tat und dachte. Nur *haben* konnte sie ihn nicht. Dieses schreckliche und elementare Bedürfnis überrollte sie, obwohl in ihrem jungen Gemüt schon ein vages Wissen um dessen Hinfälligkeit vorhanden war. Diego hatte ihr die Blindheit des Besitzenwollens anhand eines einfachen Beispiels vor Augen geführt. »Sieh die Zündholzschachtel«, sagte er, »sieh, wie sie in meiner Handfläche liegt. Ich kann sie betrachten, lesen, was auf ihr geschrieben steht, erkennen, wofür sie gut ist. Und nun will ich sie ganz und gar haben, schließe meine Finger, umschließe sie mit meiner Hand ... Schau, was passiert. Die Zünder werden unsichtbar, ich sehe nichts mehr, weiß nichts mehr von dem, was ich so sehr festhalte –« Sie hat diese Parabel von der offenen Hand nie mehr vergessen. Obwohl er ihr an jenem gemeinsamen Abend eher den Sinn der christlichen Armut hatte demonstrieren wollen – daß es dabei nicht um Besitzlosigkeit gehe, sondern ums Nicht-Festhalten –, kam ihr seine Hand mit der Zündholzschachtel in den Sinn, wann immer sie im Begriff war, sich an einem Menschen festzuklammern. Vielleicht auch deshalb tat sie es meist nicht allzu lange, sobald dieser andere Mensch sich entziehen wollte. Die Scherereien, die sie machte, waren immer vergleichsweise gering.

Damals aber wußte sie nur, daß ihr geboten war, Diego loszulassen. Da sie es nicht mehr schaffte, ihre Hände und ihr Herz *nicht* gänzlich um ihn schließen zu wollen, suchte sie eine Ausflucht. Einen Absprung. Es mußte so sein.

Sie überwand den Schmerz, indem sie sich in etwas Neues warf, das sie retten sollte und in dem sie sich wieder rettungslos verlor. Im Rückblick dieses Im-Kreis-Gehen wahrzunehmen, den Ausgang des Ganzen bereits vor Augen, ist schmerzlich. Aber so sieht Leben aus.

10

Derjenige, der ihr vor der Michaelerkirche über den Weg lief, jener ›Gul‹ aus vergangenen Tagen, war ein sehr veränderter, herb gewordener junger Mann, der sie mit einem leicht spöttischen Lächeln begrüßte. Sie wußte sofort, was er auf diese Weise belächelte – es war das Burgtheater, die Schauspielerei, ihr geäußertes, äußerlich erscheinendes Leben. Ihr Instinkt erkannte präzise, daß dieser ›Künstler‹ all das nur verachten konnte. Aber ihr gefielen auf Anhieb sein schmal gewordenes und bleiches Gesicht, die leicht gebückte Haltung, die Verwahrlosung und Askese, die er ausstrahlte. Daß der fesche Tiroler Jüngling, der er gewesen war, sich so ganz und gar verloren hatte, beeindruckte sie. Außerdem sprach er davon, daß er hungrig sei, lange nichts gegessen habe ... Sie standen auf der Straße, direkt vor dem Portal der Michaelerkirche, und sie glaubte sofort an ein halbverhungertes, ringendes, geistiger Qual und Anstrengung ausgeliefertes Künstlerschicksal, eines, das ihrem eigenen Geschick haushoch überlegen war. »Ich habe nur Weißbrot und Butter zu Hause«, sagte sie, aber er kam gern mit hinauf in die Kohlmarktwohnung. Wirklich aß er heißhungrig den ganzen Brotwecken auf, sie saß ihm gegenüber, und er blieb bis spät in den Abend.

Daß aus dieser Begegnung eine Liebesbeziehung entstand, war wohl unvermeidbar. *Ich will keine Zuneigung!* schrieb sie zwar in ihr Buch, aber von allzuviel Haltung geschwächt, neigte sie sich ihm dennoch zu. Wie sie später erfuhr, war er all die Zeit in festen weiblichen Händen, noch dazu in denen einer jungen Frau, die er liebte und der er bis heute verbunden ist. Und die andere lief nachts, nach dem Theater, über den Heldenplatz, die metallenen Nadeln lösten sich aus ihrem Haar und klirrten leise hinter ihr auf den Asphalt, sie lief und erreichte ihn mit aufgelöstem Haar und aufgelöster Seele, lief in seine Arme und liebte ihn bald viel tiefer, als sie wollte. Daß er sich mit ihr einließ, hatte wohl mit jugendlich-männlichem Räuberinstinkt zu tun – sich nehmen, was sich nehmen läßt, keine Gelegenheit auslassen, um sich, indem man eine Frau in sich verliebt macht, vor sich selbst zu beweisen. Sie hat diese simple männliche Struktur später bis zum Überdruß erlebt – damals war sie ihr neu. Darum lief sie ungeschützt und ohne zu zögern der Liebe entgegen, wieder der Liebe, landete schließlich auf abweisendem Gestein und schlug sich wund.

Er nahm sich gewisse Zeit für Eroberung und Dialog, ab und zu gab es ein nächtliches Beisammensein, glühende Hinweise auf Giacomettis Plastiken, Gespräche über Mystik und Tempelkulte, sie lauschte mit Hingabe (und die Bewunderung für den Künstler in ihm hat sie bis heute nicht verloren). Sie müssen oftmals eine Platte gehört haben, auf der die Flöte spielte, die man NAI nennt, denn in ihren eher kryptischen Aufzeichnungen erscheint dieses Wort immer wieder und der Begriff des Flötenspielers – *ein Flötenspieler geht leise und einsam durch fallende Blätter – er geht, als hätte er etwas verloren auf diesen Wegen –*. Wieder bemühte sie sich, ihre Unsicherheit und getäuschten Erwartungen dichterisch umzusetzen. Von einem gewissen Zeitpunkt an nämlich blieb er wortlos aus, und sie wartete sich die Seele aus dem Leibe, ahnungslos und fragend.

Diego hatte schnell erkannt, was ihr geschehen war, und sich ganz zurückgezogen. Doch ohne ihr jemals das Gefühl zu nehmen, für immer in seinem Herzen geborgen zu sein. Die Feinheit und Rücksicht seines Abstandnehmens, obwohl er vielleicht litt – sie nahm etwas Dunkles hinter seinen hellen Worten wahr –, war eine der schönsten Gesten von Liebe, die sie je erfuhr.

Und von diesem Zeitpunkt an erreichte sie in Phasen äußersten Unglücks – und derer gab es in den kommenden Jahren reichlich – ein Brief von ihm. Er schien genau zu fühlen, wann sie stürzte, und versuchte sie mit seinen Worten aufzufangen. Manchmal gelang es ihm ein wenig.

Ihr einsames Kämpfen und Ausschauhalten hielt also an. Sie gebärdete sich wieder einmal als Heldin. Zu klagen wagte sie nur in ihr Buch.

Denn ich weiß, hier muß ich aufrecht bleiben wie ein Baum. Und für mich wie ein Lied. Und stark muß ich sein, und selbstverständlich und jung und alt. In diese Augen muß ich lächeln, als wäre ich selbst ein wenig spöttisch. Er, der mir über den Weg lief, ist stark, und wild vor Geist. Er ist unduldsam und unbedingt, und keusch und rauh und ohne Milde, schrieb sie und versuchte zu verherrlichen, was ihr weh tat. Das Schreiben wurde ihr wieder zum einzigen Halt. *Ich nehme die Feder zur Hand wie eine Lanze, die brennt. Es ist, als müßte ich zielen. Es ist, als müßte ich treffen. In ein Herz. In irgendein Herz, oder Auge, oder in irgendeinen Schrei, der nach mir schreit.* Oder: *Ich brauche ein aufgeschlagenes Buch in meinen Räumen, das schwarz ist vor Schriftzeichen, und lockend weiß und leer zugleich. Und ich schütte darauf nieder. Ja, ich schütte darauf nieder, ich streue aus, ich streue mich aus. Warum reicht die Kraft dieses Hun-*

gers nicht hin, mich *zu überwinden und darüber hinauszugehen in ein so sehr Geschaffenes, daß es mich verlassen kann? Es mag wohl daran liegen, daß ich eine Frau bin. Es liegt wohl tatsächlich daran. ... die weibliche Eigenschaft hinter sich lassen? Kann das sein? O niemals, nie – – –*

Die weiblichen Selbstverstümmelungen begannen hier erneut. Als junges Mädchen hatte sie versucht, ihren Körper zu verstümmeln, zu vernichten. Jetzt tat sie Ähnliches mit ihrer Begabung und ihrem Selbstbewußtsein. Sie redete sich ihr künstlerisches Vermögen aus, weil sie derart emphatisch zuhörte, wenn man es ihr ausreden wollte. Sie schrieb tagaus, tagein – und dachte keine Sekunde daran, daß ihr da vielleicht etwas in die Wiege gelegt worden war, das sie hätte verwalten sollen – daß diese ihr so sehr gemäße Ausdrucksform mehr sein könnte als eine verzweifelte Privatbeschäftigung. Statt dessen ließ sie sich als Schauspielerin belächeln oder gönnerhaft auf die Schulter klopfen, wurde mehr und mehr *die* Schauspielerin par excellence, versuchte sich davon zu überzeugen, sie sei es – und war es doch nie. Daraus entstand die seltsame Gewißheit, sie müsse freiwillig Verzicht leisten, komme ›als Frau‹ für ein gewisses Leben, für gewisse Taten nicht in Frage.

Wieder schrieb sie über das Theater in ihr dunkles Buch. Zunächst, in Anführungszeichen, den Satz, den sie als angelsächsische Köhlerstochter in Anouilhs *Becket oder die Ehre Gottes* zu sprechen hatte: »*Er war schön, dieser Herr. Will er mich wirklich in seinen Palast holen?*« Welten in einem Satz ... Theater. Theater *– warum verrate ich Dich eigentlich so sehr? Und bin doch eine von den Deinen, und bin es, ich weiß – und gebe Dir keinen Raum außer dem der Pflicht. Und Du – von großer Güte bist Du zu mir und gestattest mir, meine Pflicht spielend zu spielen, und verlangst nichts von mir außer dem Einsatz des Augenblicks. Und*

hüllst die Sanftmut Deiner schwarzen Bühnenmäuler um meine Verwirrungen... Und Müdigkeiten zwingst Du in ein spielerisch hartes Muß. Du bist mir gut, und niemals danke ich Dir, und Dein Verräter bin ich allerorten. Verzeih. Vielleicht liebe ich Dich mehr, als ich weiß.
Eine Drehscheibe surrt sanft wie ein Bienenschwarm in einem hohlen Baumstamm – eine Regentrommel regnet – und zwei Pappendeckelpferde hängen mit müden Köpfen um Männerhüften – reitet doch! Reitet! Reitet, als wäre es das Natürlichste von der Welt!

Ihre Rolle in dem Anouilh-Stück war denkbar klein. Sie kroch zerlumpt aus einer Hütte oder einem Verschlag, um Thomas Becket – den Oskar Werner spielte –, dargeboten zu werden. Während sie, am Boden kauernd, ihre Schulter entblößte, schaute Oskar Werner ruhig auf sie herab. Und von der ersten Probe an drang sein Blick ihr bis ins Herz. Diese Mischung aus Skepsis, Milde und Trauer, die seine Augen dabei füllte, ließ sie diesen kurzen Augenblick hingerissen erleben. Becket verließ die Szene, und der Satz »Er war schön, dieser Herr...« floß ihr lebendig von den Lippen, ehe sie wieder ins Dunkel zurückkroch. Der Schauspieler und sie wechselten in dieser Zeit kein privates Wort, sie schwieg aus Ehrfurcht, und er sprach die Kleindarstellerin nicht an. Aber sie saß unentwegt in den Proben und sah alle seine Szenen. Sie erkannte, wie sehr dieser charismatische Mensch – und wie jeder, der wahrhaft Charisma hat – sein Umfeld prägte. Wenn er auftrat, und sei es bei der alltäglichsten Probe, schien die Luft um ihn in Bewegung zu geraten, sich zu weiten und das ganze Theater zu bewegen.

Leider entstanden unüberbrückbare Unstimmigkeiten zwischen ihm und dem Regisseur Leopold Lindtberg, und Werner verließ das Burgtheater. Es war, als wäre dort das

Licht abgedreht worden. Und auch dem Schauspieler hat kein anderer Regisseur je so wohlgetan wie dieser von ihm verschmähte Lindtberg, das Ganze war ein Jammer.

Etwa zwanzig Jahre später sprach sie mit ihm darüber, aber er blieb unversöhnlich bei seiner abwehrenden Haltung, bei seinen egomanischen und größenwahnsinnigen Fiktionen, die, neben dem Alkohol, die eigentlichen Mörder seiner Genialität wurden. Obwohl sie sich aus einer beginnenden Freundschaft schließlich zurückziehen mußte, weil ihr der Sog seiner Selbstzerstörung unerträglich wurde, dankt sie ihm noch einige Begegnungen, in denen sein Gesicht, seine Augen, seine Stimme, seine genialische Präsenz sie ebenso hinrissen wie einst das vor ihm kauernde Köhlermädchen.

Auch in Shakespeares *König Heinrich IV.* hatte sie an seiner Seite gespielt – vielmehr trat sie vor oder nach ihm auf, denn in dieser Aufführung spielte sie die Lady Mortimer und traf Prinz Heinrich auf der Bühne nicht. Aber beim Proben sah sie ihm wieder zu, so oft sie konnte.

Diese Lady Mortimer mußte gälisch sprechen und ein gälisches Lied singen. Sie lernte die Worte phonetisch genau, da sie sich nur in dieser Fremdsprache auszudrücken hatte – daß keiner sie verstand, war der Sinn ihrer Szene. Kenner attestierten ihr später, daß ihr Gälisch recht korrekt gewesen war. Und das Lied, eine hübsche Melodie, brachte ihr einen kleinen, aber soliden persönlichen Erfolg. »Am danat ti mai son ...«, lautete die erste Zeile phonetisch. Sie hatte professionell einen weiteren Schritt zum Singen hin getan.

Und langsam kamen auch größere Rollen auf sie zu.

Im Frühjahr 1960, anläßlich des hundertsten Geburtstags von Anton Tschechow, besetzte sie Josef Gielen, der sie ja bereits kannte, in Tschechows *Der Kirschgarten* als Warja. So kam es zu ihrer ersten Konfrontation mit einem russischen Theaterautor. – Später sollte man sie als »prädestiniert für die Russen« bezeichnen, sie spielte Tschechow, Gorki, Turgenjew und war von deren Stücken stets angetan. Nur – wie jede Schublade, in die man gestopft wird, erschien ihr auch die russische als zu einseitig und phantasielos. Wahrscheinlich war sie eher für differenzierte Frauenfiguren prädestiniert, und solche haben die russischen Dramatiker allerdings geschaffen.

Ihre Warja spielte sie intensiv und gern, in einem dunklen Kleid mit ledernem Gürtel, an dem mit einer Silberschnalle in Form eines Eulenkopfes der klirrende Schlüsselbund befestigt war. Diesen Eulenkopf besitzt sie noch heute. Und auf Fotografien sieht sie ihr rundes, blasses Gesicht, die dikken, dunklen Augenbrauen, das dunkle Haar. Johanna Matz, anmutig und feingliedrig, spielte die Anja – und wenn sie diese Partnerin umarmte, hatte sie trotz ihrer Jugend das Gefühl, um vieles älter und schwerer zu sein. Sie lauschte den federnden, immer ein klein wenig wirren Ausführungen, die Johanna in der Kantine hervorsprudelte, und bestaunte das kräftige gutturale Lachen, das aus ihrer so zarten, weißhäutigen Kehle dringen konnte.

Käthe Gold war die Ranewskaja, huschend, umschleiert, mit zerbrechlicher Stimme und aufgelöst. Den Gajew gab Robert Lindner. Ihn mochte sie sehr. Sie mochte die Art, mit der dieser noble, immer ausgesucht elegant gekleidete, sehr gut aussehende Mann selbstironisch und humorvoll sein konnte. Und sie hatte Vertrauen zu ihm, obwohl er sie gern kraft seiner Männlichkeit in Verwirrung brachte. In einer Szene des Stückes saß sie auf einer Gartenbank, und er hatte hinter ihr zu stehen. Völlig unpassend zum Geschehen, begann er sie mit seinen großen, schönen Händen, die auf ihren Schultern lagen, zu massieren. Die herbe Warja bekam weiche Knie, was nicht vorgesehen war. Als sie ihn bat, damit aufzuhören, lachte er entzückt auf, berührte ihren Nakken aber beim nächsten Mal noch um einiges zärtlicher.

Sie mochte diese Vorstellung und saß gern im Halbdunkel der Hinterbühne, um auf ihren nächsten Auftritt zu warten. Irgendein altes Möbel stand immer herum, in dem sie es sich bequem machen konnte. Sie lauschte den Chopin-Klaviersonaten und Chopin-Walzern, mit denen die Inszenierung durchflochten war, saß möglichst aufrecht da, die Hände im Schoß ihres langen, dunklen Kleides, und fühlte Frieden und Beruhigung. Wenn das Theater ihr die Möglichkeit zu meditativer Besinnung bot, mochte sie es am meisten.

Die nächste größere Aufgabe hingegen war hiervon weit entfernt und erwies sich als schwer zu nehmende Hürde. Rudi Steinboeck inszenierte die Boulevard-Komödie *Mein Freund Harvey*, mit Heinz Rühmann in der Hauptrolle. Und wieder einmal hatte sie die kleine, böse Adrienne Gessner in gefährlicher Nähe, spielte sie doch deren Tochter oder Anverwandte. Aus unerfindlichen Gründen wurde der Backfisch namens Myrtle Mae mit ihr besetzt. Die liebenswürdige Ernie Kniepert, eine wunderschöne, hochelegante Frau mit einem feinen Profil und kurzem Haar, das weißgolden glänzte, entwarf die Kostüme. Sie hat ›Ernie‹ im Lauf der Jahre sehr nahe kennengelernt, in vielerlei Bühnenkleidung wurde sie von ihr gehüllt, und meist zum Besten. Diesmal jedoch zog man ihr ein schreckliches bonbonrosa Kleid mit Rüschen an, staffierte sie als zuckersüßen Backfisch aus. Bei einem zierlichen jungen Mädchen wäre das am Platz gewesen, aber sie, mit ihrer kräftigen Taille und dem großen, runden Gesicht, sah wohl aus wie ein verkleideter Elefant. Noch dazu eröffnete sie das Stück – nach Aufgehen des Vorhangs stand sie mutterseelenallein auf der Bühne und führte ein Telefonat. Bei der öffentlichen Generalprobe erlebte sie zum ersten Mal, was sich bei jeder Vorstellung wiederholen sollte und woran sie sich, nach ihrem ersten Entsetzen, fast gewöhnte. Der Vorhang schwebte also in die Höhe. Sie stand da, grellrosa und mächtig. Sie nahm den Telefonhörer ab. Kaum aber begann sie zu sprechen, fuhr wie ein Windstoß Raunen und Gelächter durch das Publikum. Daß aus diesem rosa Backfischkoloß auch noch eine tiefe, sonore Stimme hervorrollte, ging über das Fassungsvermögen des Publikums.

Anfangs war sie völlig verunsichert, später füllte sie die Figur der Myrtle Mae bewußt mit dieser Form von Komik. Vielleicht hatte Rudi das von Anfang an beabsichtigt – aber gesagt hatte es ihr keiner. Das war das eine. Das andere waren ihre Erfahrungen mit dem Schauspieler Heinz Rühmann, den sie so oft in Kinofilmen gesehen und der immer rührend und liebenswert auf sie gewirkt hatte, für sein Publikum der Inbegriff von Bescheidenheit und sanfter Schläue. Jetzt lernte sie einen beinharten Komiker aus der Nähe kennen. Den unerbittlichen Kampf um Pointen und Effekte, um zentrale Bühnenstellungen und Wirkungen. Weder war er liebenswert, noch war er bescheiden. Sie beobachtete sein Tun ohne Freude und mit immer geringerer Anteilnahme. Sein pfiffiges Lächeln, die sonnig zusammengekniffenen Augen, die Unschuld seiner Reaktionen wurden ihr plötzlich zum Inbegriff von etwas anderem – von Verlogenheit. Dieses Auseinanderdriften von Charakter und erzeugter Wirkung blieb ihr weiterhin unangenehm, sie reagierte auch auf große schauspielerische Leistungen mit innerer Abwehr, wenn sie auf solchem Wege erzielt wurden. Mein Gott, sagte man ihr oft, ein guter Schauspieler braucht doch kein guter Mensch zu sein! Nein, das nicht, lautete ihre Antwort, aber ein wahrhaftiger schon. Einer, der sich selbst nutzt und aufbricht – ein *ganzer* Mensch eben, ein vorbehaltloser –, das sollte ein Schauspieler schon sein

... Mit der Zeit sprach sie diese Antwort jedoch nicht mehr aus, sondern schwieg oder lächelte höchstens. ›Sie haben wohl recht‹, dachte sie. ›Ein guter Schauspieler braucht kein guter Mensch zu sein. Daß ich es gern so hätte, zählt nicht.‹

Doch es wäre ihre Rechtfertigung für diesen Beruf gewesen. Sie wollte ihn mit einem Ethos verbinden, einer priesterlichen Einstellung, um ihn der Banalität und ständigen Entäußerung zu entreißen, dem ›Kasperl‹-Sein. Aber da so viele Schauspieler sich selbst als ›Kasperln‹ bezeichnen und damit selbstironisch durchschauen, worum es ihnen geht, sind ihre Kämpfe um Moralität und Solidarität innerhalb dieser Zunft immer wieder gescheitert. Sie waren naiv im Hinblick auf das Schauspielervölkchen. Im Alleingang und als Nicht-Schauspieler hat sie ihre Überzeugungen dagegen weitgehend bewahrt und in ihr Leben einbezogen. Wie das meiste nur im Alleingang zu realisieren ist.

Sie wurde also unentwegt ›beschäftigt‹ – wie man das Tätigsein eines Schauspielers am Theater zu nennen pflegt (als ginge es dabei um eine Therapie, um eine Gnade oder einen Zeitvertreib). Und sie lernte hinzu. Ging immer wieder zu Zizi, wenn sie in Not war. Schlug sich, wie ins Wasser geworfen, durch diverse Aufgaben. Und erhielt, wenngleich selten, durch einen Regisseur wertvolle Belehrungen.

In *Die Besessenen* von Albert Camus wurde Martha Wallner umbesetzt, und bei der Neubesetzung fiel die Wahl auf sie. Es galt, die kranke und verrückte Schwester des Hauptmanns Lebjadkin zu spielen, für eine Anfängerin nicht leicht. Leopold Lindtberg, der das Stück inszeniert hatte, nahm sich – was nicht üblich war – persönlich Zeit und probte zwei Vormittage lang mit ihr auf der Probebühne am Lusterboden, im Dachgeschoß des Burgtheaters.

Nur zwei Vormittage, in denen sie jedoch mehr gewann

als bei so mancher wochen- oder gar monatelangen Probenzeit. Lindtberg war oft nervös, wenn er Regie führte, jeder kannte sein schnelles und heftiges Zurückstreichen der Haare, eine Geste, die er mehrmals wiederholte, wenn er angespannt war. Nun aber, allein mit ihr in der Stille des Probenraums und ohne die Last einer Premiere vor sich zu haben, war der Mann von ruhiger, eindringlicher Geduld. Und sie erlebte seine große menschliche Erfahrung, seine Fähigkeit, Schauspieler weise zu führen, sein pädagogisches Können als Konzentrat, alles schien gebündelt zu sein und auf sie überzugreifen. Sie verstand ihn schnell, setzte schnell um und bewältigte die Aufgabe erstaunlich gut, als sie in die erste Vorstellung geworfen wurde.

Noch einige Arbeiten führten sie mit Leopold Lindtberg zusammen. Unter anderem wurde ihre Amalia in Schillers *Räuber* unter seiner Regie ein so bestimmender Erfolg, daß er ihre Position in die einer ersten Schauspielerin verwandelte.

Sie mußte am Ende des Stückes auf die Bühne stürzen, eine hohe Schräge hinablaufen und »Karl! Karl!« rufen, ein wilder emotionaler Ausbruch sollte es sein ... Sie lief also. Aber ihrem Munde entrang sich der Name des Geliebten nur schwach, und es klang, als schreie sie: »Kahl! Kahl!« ... Eine plötzliche Unfähigkeit, das R auszusprechen – besser zu brüllen –, bemächtigte sich ihrer, und ihre Emotionalität wollte ebenfalls nicht strömen, wurde immer mehr zum Krampf. Lindtberg fuhr sich unentwegt und immer wilder durchs Haar. »Ein Kahl-Schlag ...«, brummte er, »Karrrrl, der Mann heißt Karrrrl ...« Schließlich herrschte er sie an: »Gehen Sie bitte in die Kantine und trinken Sie einen Cognac!« Sie starrte verblüfft in seine Augen, aber er sagte: »Ja! Los, einen Cognac! Wir überspringen vorläufig Ihren Auftritt –«

Sie begab sich also verwirrt, aber folgsam in die Kantine. Aus finanziellen Gründen bestellte sie keinen echten Cognac, nur einen doppelten Weinbrand, stürzte ihn aber auf einen Zug hinunter. Schon als sie zur Bühne zurückging, breitete er sich wie ein warmer Schleier in ihr aus. »Aha«, sagte Lindtberg, als er ihrer ansichtig wurde, »also, versuchen Sie's noch einmal ...« Sie nahm Anlauf, donnerte die Schräge abwärts, schrie »KARL! KARL!!!«, daß das Theater erzitterte, warf sich stürmisch auf den Geliebten und hatte alles locker und gewaltig zur Hand. Lindtberg nickte.

Doch das geschah Jahre später.

Im März 1961, in ihrer dritten Spielzeit also, hatte *Die unheilbringende Krone* von Ferdinand Raimund Premiere. Rudi Steinboeck besetzte sie, trotz der vorangegangenen plumpen Myrtle Mae, hier als schwebendes, humorvollzauberisches Wesen namens Atritia – was für sein Vertrauen zu ihr sprach. In der Jugend können sich in einem halben Jahr Aussehen und Haltung einschneidend verändern – vielleicht war es das. Oder daß sie sich in einem ihr gemäßeren Rahmen bewegte. Jedenfalls gelang ihr diesmal, ein junges *und* ansehnliches Geschöpf zu gestalten, was auch ihr Selbstvertrauen hob. Sie erinnert sich an Silberbänder im dunklen, geflochtenen Haar, und an ein Gewand in Blautönen. Diesmal hatte Oskar Kokoschka ihr Kostüm entworfen, die gesamte Ausstattung war von ihm. Doch ihr Interesse für Name, Ruhm, Lebenswerk war gleich Null. Nur was ihr tief und persönlich widerfuhr, berührte sie.

Auch von der Vorstellung selbst blieb ihr wenig im Gedächtnis. Sie hatte Szenen mit Inge Konradi, Josef Meinrad und Ernst Anders, mit letzterem vor allem, der den Dichter Ewald spielte. Und an ihr Bühnengefühl kann sie sich erinnern. Es hatte mit Leichtigkeit zu tun, mit einem leichten, wendigen Körper und mit Worten, die zu beleben ihr leichtfiel. Und immer diese wehenden bläulichen Schleier oder Stoffbahnen, die mit ihr und mit denen sie spielte, die sie weich umgaben als zweite Körperlichkeit. Wo rührte dieser neue, leichte Umgang mit ihrer Physis her? Weshalb plötzlich eine hübschere und leichtfüßigere junge Frau?

Ein Sprung – an Bärbels Seite. Die beiden Mädchen gehen durch die Wollzeile, eine Straße in der Wiener Innenstadt. Es war an einem grauen und unscheinbaren Tag im Herbst. Die Tür eines Lokals öffnete sich, Papierrollen stürzten einem Menschen, der dieses eben verlassen wollte, aus der Hand. Sie rollten ihnen vor die Füße, und sie bückte sich schnell und hob eines der Papiere auf. Als sie sich wieder aufgerichtet hatte, stand ein gedrungener junger Mann vor ihr, der sich ebenfalls um seine Papierrollen bemühte und Bärbel begrüßte. Sofort fielen ihr seine kräftigen Hände mit den leicht gekrümmten Daumennägeln auf, und seine Körpergröße. Er war um einen Kopf kleiner als sie selbst. »Das ist der Udo Proksch«, sagte Bärbel jetzt zu ihr und wirkte befangen. »Du weißt, dieser Udo, von dem wir dir schon erzählt haben – der –«, sie lächelte verlegen, »– der so begabt ist –« Dieser Udo schien es als Selbstverständlichkeit hinzunehmen, daß von ihm erzählt worden war und daß er als so begabt galt. Er wandte sich ihr zu. »Und wer san Sie?« fragte er. Bärbel nahm ihr die Erklärung ab, nannte ihren Namen und begann sie ein wenig zu beschreiben. Er fiel ihr schnell ins Wort. »Eine Schauspielerin wollen's werden? – Eh ein guter Beruf für a Frau – – Aber sind Sie a fesch genug? ... Ein Witz!« fügte er hinzu, als sie errötete, und sah sie mit weichen braunen Augen an. Diese Augen und die Locken, die seine Stirn umkränzten, widersprachen seltsam dem ruppigen und energiegeladenen Benehmen, das er an den Tag legte. »I muß weiter«, sagte er unvermutet. »Servas, Barbara. – Und Ihnen good luck, schöne Frau ...« Er nickte kurz in ihre Richtung, umfaßte seine Papierrollen fest mit beiden Armen, und weg war er.

Bärbel wandte sich ihr lächelnd zu. »Der hat so eine Art, weißt du«, sagte sie, »zu jedem, weißt du. Aber wie er *malt*! – Er ist ein Genie. Sogar der Gul bewundert ihn.« Sie nickte zu Bärbels Worten. Aber weder dieser genialische Jüngling noch der ihn bewundernde Gul konnten ihr viel Anteilnahme abringen. Sie ging mit der Freundin weiter und nahm das unterbrochene Gespräch wieder auf.

Dieses erste Zusammentreffen kam ihr in den Sinn, als sie eines sonnigen Tages mit Walter Pichler, alias Gul, am Kohlmarkt dahinging – wohl zu Anfang dieser kurzen Liebesverbindung, denn sie erinnert sich an eine helle, glückhafte Stimmung. Plötzlich hielt ein weißes Auto neben ihnen an, ein alter, schöngeschwungener Jaguar. Sein Verdeck war geöffnet, am Steuer saß dieser Udo mit vom Fahrtwind zerwühlten Locken und neugierigen Augen. Er grinste aus dem Auto zu ihnen hoch.

»Ein hübsches Paar –«, sagte er, »hallo, ihr zwei Liebenden, wollt's ein bissel mitfahren?« Sie wäre eigentlich lieber an Guls Seite weitergeschlendert, der aber entspann eines dieser spöttischen, von Lachen durchsetzten Männergespräche und zog sie mit sich auf den Rücksitz des Sportautos. Sie schmiegte sich an ihn und ließ die beiden reden. Im Rückspiegel sah sie Udos braune Augen, der mit einem Aufröhren des Motors losgebraust war und ziemlich halsbrecherisch fuhr. Ab und zu fixierte sie sein Blick, und er streute eine witzelnde Bemerkung in den Dialog, die ihr galt. »Na, was macht das Burgtheater? Steht's noch?« – Oder: »Sie mögen den Pichler wirklich, obwohl er a Tiroler ist? Die Tiroler san lustig ... net vergessen!« Der Wind wühlte in ihren Haaren, sie fühlte Guls Arm um ihre Schultern und schwieg mit fraulich-nachsichtigem Lächeln. Oh, diese verteufelte, schweigsame, freundliche Nachsicht, zu der man sich damals als weibliche Person verpflichtet fühlte!

Damals? Nun, heute wirkt das Verhalten junger Frauen zumindest äußerlich selbstbewußter. Damals, in den sechziger Jahren, betrugen sie sich so anschmiegsam-unterwürfig, daß es sie noch heute schaudert. Es lag in der Luft. Man hatte es in den Knochen. Es steckte in den anerzogenen Gedanken, den Filmbildern, Modejournalen und in den Witzen, die man erzählte. Auch als denkender, kluger, mit Bildung ausgestatteter, junger weiblicher Mensch benahm man sich über kurz oder lang wie eine Idiotin, schmiegte sich hingebungsvoll an eine Männerschulter und genoß das Glück des Augenblicks, ohne den Mund aufzumachen. Das überließ man lieber den ›Herren der Welt‹ – als welche sie anzuerkennen man blödsinnig rasch bereit war. So saß sie windzerzaust im Fond dieses Sportwagens und fühlte die Sprache ihres Körpers, die helle Luft, das warme Männerkinn an ihrer Schläfe – statt den eigenen Kopf zu betätigen, auf anzügliche Scherze zu reagieren und sich in Debatten einzumengen, bei denen sie Bescheid gewußt hätte. Die selbst auferlegte weibliche Beschränkung triumphierte.

Noch spät am selben – oder an einem anderen Tag befanden sich Udo und Gul bei ihr in der Kohlmarktwohnung. Sie tranken russischen Champagner. Und unter dem Gewölbe der alten Küche kam ein seltsamer Vertrag zustande: Udo sollte in Zukunft an allen Werken Pichlers beteiligt sein, da sein Einwirken sie miterschaffen hätte. Und wirklich stand Pichler damals unter dem Einfluß von Udos Ideen. Sie lassen sich bis heute im sakralen Anspruch, in den ›Altären‹ und philosophischen Konzepten seiner Kunst aufspüren.

Udo streute also Salz über seine und Pichlers Schulter, stampfte mit seinen kurzen, kräftigen Beinen auf den alten

Bodenkacheln der Küche herum, daß es klirrte, die beiden sprühten einander Champagner ins Haar und baten sie, ›Zeugin‹ dieses Rituals, dieser Vereinigung zu sein.

Sie blieb zwar Zeugin, nur die beiden Männer blieben einander nicht lange so gewogen. Pichler würde von Udos Einfluß heute nichts mehr wissen wollen, sich dagegen verwahren – und Udo wollte bald nur noch die Welt erobern, ›Kunst‹ wurde ihm schnurzegal.

Sie beobachtete die beiden fasziniert, als wären sie fremde und wilde Tiere, die in ihr stilles Gewölbe eingebrochen waren, um sich zähmen zu lassen. Der eine schlank, groß und dunkelhaarig. Der andere kurzgewachsen, kräftig und blondlockig. Beide trugen sie schwere, handgefertigte Schuhe und abgetragene, aber stets edel geschnittene Sakkos. Alles sah aus wie von ungefähr, unterlag jedoch strikten visuellen Gesetzen – später sollte sie erfahren, wie eisern diese erfüllt wurden. Und heute noch stellt sie im südlichen Burgenland, wo die Künstler aus dem Kreis um Pichler auf ihren Bauernhöfen wohnen, dieses ungeschriebene Gesetz einer Alltagsästhetik fest, der alle zu gehorchen scheinen. Sie kann sich des Gefühls nicht erwehren, einen Orden der besonderen Art zu beobachten. Pichler war und blieb eine rücksichtslos ausgeprägte und die anderen prägende Persönlichkeit, Udos Einfluß auf ihn stellte anscheinend eine frühe Ausnahme dar, die rasch revidiert wurde.

Wohl bald nach dieser champagnerbegossenen Vertragsnacht – in der Udo ihrer beider Liebesbezogenheit übrigens fraglos zu respektieren schien – begannen die unruhevollen Zeiten, in denen Pichler ausblieb. Sie litt. Wieder saß sie neben der Porzellanlampe über ihren Büchern und schrieb, nur von der Katze aufmerksam beäugt, pathetische Selbstdemütigungen, demütigte sich vor irgendeinem fiktiven Gott, um der Enge ihrer Gefühle Erhabenheit zu geben.

Und gleich darauf eine erbitterte, abstandnehmende Theaterimpression – der Umgang mit den gottähnlichen Mann-Künstlern vertiefte und verschärfte natürlich die eigene Abwehr: *Aus dem Nebel wurde bereits leichter Regen, als sie am späten Mittag das Theater verließ. Sie verläßt jeden Tag einige Male das Theater. Sie betritt es auch jeden Tag. Das Theater, die Muschel, die in sich tönt, Ringelreihen und Unterholz. Sie bückt sich und schlüpft durch Portale und läßt sich beleuchten. Sich, Fleisch und Gebärde, sich, Worte und Stimme. Sich, Haut, bunte Haut, bemalte Haut, verstärkte Haut. So, da steht sie, da kauert sie, da sitzt sie, singt und schweigt und zittert und weint und grinst und schreit, vielfarbige Haut, ins Licht gestellt, wandernde, glosende, grelle und grüne Lampen von allen Seiten her in ihr Gesicht geworfen. Sie spricht und hebt die Hand. Sie ist Freude, Schreck und Trauer, Blödheit und Mutter. Sie hebt die Augen wie Pfeile und zielt in das schwarze Nichts, in den Schlund derer, die viele sind, atmende Wärme, Augen, Ohren, eigenschaftslos.*

Es wurde ihr zum Bedürfnis, die eigene Arbeit zynisch und abwertend zu betrachten. Gottlob verlor sich dieses Bedürfnis sofort, wenn sie wirklich arbeitete – und sie scheint mit Einsatz gearbeitet zu haben, sonst hätte sie sich schauspielerisch nicht entwickelt. Aber diese Entwicklung zählte nicht bei den ›wahren Künstlern‹. Ja, sie hielt diese Gott-Männer für wahre Künstler, und sich selbst ›nur‹ für eine Schauspielerin. Sie akzeptierte diesen Unsinn reinen Herzens.

Eines Tages läutete Udo an ihrer Tür. Ob er nun wußte oder nur instinktiv annahm, daß sie sich verlassen fühlte – jedenfalls stand er vor ihr, lächelte sie an und fragte: »Gehn's mit mir zum Demel?« Und sie ging mit ihm zum Demel. Die schwarzgekleideten Damen mit ihren weißen Krägelchen dort, die alle Gäste in der dritten Person ansprachen, schienen ihn gut zu kennen. Ihr selbst war die Nobel-Konditorei bislang zu teuer gewesen, sie sah sich die altertümliche Pracht der Innenräume mit neugierigen Augen an und sog tief den Geruch nach Kuchen und ofenwarmem Teig ein. Udo bestellte, ohne sie zu fragen, Apfelstrudel, dick mit Schlagobers bedeckt. »Das ist das beste hier ...«, sagte er, und sie widersprach nicht. Sie aßen. »Na«, fragte er irgendwann, »ist alles okay mit dem Geliebten?«, und seine Augen lachten warm und braun zu ihr her. Sie weiß nicht mehr, inwieweit sie ihm Auskunft gab. Sie weiß auch nicht mehr, wie die ersten Gespräche mit ihm verliefen. Und ob es überhaupt Gespräche waren, ob nicht eher sie zuhörte, während er sprach. Sehr schnell entrollte er seine Lebensphilosophie vor ihr, die mit Begriffen wie Macht, Krieg oder Tod umging, als wären sie Freunde. Er meinte, die Männer bedürften des Krieges, er sei ihre Form von Neuschöpfung, weil sie nicht in der Lage wären, Kinder zu gebären wie die Frau. Das Zerstören von Leben würde so zu ihrer Form von Kreativität. Ewig würde der Mann es der Frau neiden, daß sie Leben gebären könne. Leben zu *zeugen* sei daran gemessen eine trostlose Lächerlichkeit – beliebig, immer und zu schnell möglich –, und *nie* wisse der Mann, ob das Kind *sein* Kind sei. Die Frau immer.

Verblüfft lauschte sie und erfuhr zum ersten Mal von männlichen Traumata solchen Ausmaßes. Was er vor ihr entwarf, schloß sich, wenn auch mit anderen Schwerpunkten, folgerichtig Pichlers Ausführungen an. Sie geriet völlig in den Sog egomanisch-männlicher Behauptungen. Davor hatten diese sich hauptsächlich um die Kunst gerankt, Udo ging da viel weiter, hinein ins Allgemein-Menschliche, in die Mann-Frau-Situation, hin zur Weltmacht und bis hin zu Gott. Alles, was er sagte, widersprach ihrem Lebensbild ganz und gar. Aber vielleicht machte gerade das sie so eigenartig empfänglich für Theorien, die ihr im ersten Augenblick abstrus erschienen. Wieder einmal stellte sie sich selbst gänzlich in Frage. Sie rang um ihr Selbstvertrauen, der ihr zugefügte Liebesverlust ließ sie an ihren eigenen Überzeugungen zweifeln, also wurde das ganz andere für sie reizvoll. Bis sie es schließlich zu glauben begann. Im nachhinein findet sie diese Empfänglichkeit für gigantomanische Macht- und Mannesvisionen verwunderlich, wenn nicht gar zutiefst bestürzend.

Dieser junge, zweifellos charismatische Mann näherte sich als Energiezentrum, sie hätte sich nur energisch dagegen verwahren können. Aber ihre Bereitschaft, jemandem das eigene Leben zu überantworten, war übermächtig, und er, der sie mehr und mehr in seinen Bann zog, hatte natürlich auch noch andere Verlockungen zu bieten. Er schien eine Kraftquelle zu sein, ständige pulsierende Gegenwart. Seine Lebensform ließ sich nicht einordnen, sie war bis zum Exzeß ›unbürgerlich‹, phantastisch – Wasser auf ihre Mühlen –, wirkte jedoch zugleich kulinarisch-genußvoll auf sie.

Unangekündigt, aber meist zum intuitiv richtig gewählten Zeitpunkt stand Udo also immer wieder einmal vor der Wohnungstür und holte sie ab. Und der Demel blieb nicht der einzige Ort, wo sie einander gegenübersaßen. Es gab rasante Jaguar-Fahrten und schnell und üppig georderte Speisenfolgen in nächtlichen Restaurants. Geigende Zigeuner wurden an den Tisch bestellt, er sang gern mit einer hellen Tenorstimme dazu und klatschte mit seinen gewölbten, kräftigen Händen so laut, daß die anderen Gäste fast vom Stuhl fielen. Er brachte ihr russischen Champagner und russische Schallplatten. Selbst trug er oft eine russische Pelzmütze mit Ohrenklappen, sie gehörte zu seinem Bild, wenn er im offenen weißen Sportwagen angefahren kam und die lederbehandschuhte Hand hob, das Gesicht vom Wind gerötet.

Was genau er mit Rußland zu tun hatte, erfuhr sie nicht und fragte auch, seltsam interesselos, nicht nach. Es waren Geschäfte irgendwelcher Art. Er selbst hatte ja die Kunst mittlerweile an den Nagel gehängt (»Dafür hamma so Leut' wie Ihren Tiroler Geliebten«, meinte er), war Brillendesigner geworden – wodurch ihr der Begriff ›Designer‹ erst geläufig wurde – und nannte sich auf diesem Gebiet ›Serge Kirchhofer‹. Sein eigentlicher Beruf trage einen ganz anderen Namen, erklärte er ihr. Er sei ein VERÄNDERER. Das sei seine Bezeichnung – wenn er überhaupt zu bezeichnen sei.

Seine nicht einzuordnende Welt, der Schwung, den er stets mit sich brachte, und die Möglichkeit, schweigend lauschen zu können – selbstvergessen, wie man so schön und schrecklich sagt –, zogen sie immer mehr in seine Nähe. Eines Nachts ging sie mit ihm in seine Wohnung in der Köllnerhofgasse. Es waren fast leere Räume in einem alten Haus, in denen nur das Nötigste stand. Aber wie alles, was ihn umgab, besaß auch diese Improvisation einen eigenartigen Reiz, das Ungefähre gewann so etwas wie Schönheit. Er legte Tschaikowskys *Schwanensee* auf den Plattenteller und sie sich zu ihm auf das schmale Feldbett. Irgendwie schliefen sie miteinander.

Aber woran sie sich erinnert, sind die Tränen, die ihr hinterher über das Gesicht flossen. Ja, sie weinte heftig, und er sah sie grübelnd an. Er schien zu verstehen, was sie so schmerzlich bewegte. Sie nahm wiederum Abschied von einer Liebe, noch dazu von einer, deren Ende sie nicht verstand und die sie verletzt hatte. Alles erschien ihr plötzlich fremd und feindlich, sie sehnte sich nach Diego und ihrer menschlichen Geborgenheit bei ihm. Und vielleicht ahnte sie auch, was vor ihr lag und was sie da bejahte, wenn sie diesen ruhelosen, energievollen Menschen mit seinen wilden Gedanken und manchmal so weichen Augen bejahte. Er lag schwer auf ihr, die *Schwanensee*-Musik füllte das kahle, dämmrige Zimmer, und sie weinte vor Verlassenheit.

So fing es an.

Später blieb Udo ab und zu die Nacht über bei ihr. Die Katze Brösi pinkelte sofort eifersüchtig in seine Pelzmütze, und sie hatte lange damit zu tun, diesen Geruch wieder herauszuwaschen. Sie schrubbte verzweifelt, es war ihr peinlich, und die Mütze wurde nie mehr so recht, was sie war. Udo jedoch machte kein Aufhebens davon, quittierte die Sache mit Humor. Er betrachtete die Kohlmarktwohnung, ihr großes schwarzbeschriebenes Buch, das Schattenleben der Katze und ihr eigenes zwischen Schwanenfenstern und Gewölbe mit interessierten Augen, aber noch ohne Forderung. Noch nahm er alles, wie es war, und es schien ihm nicht zu mißfallen. Sie glaubt auch, daß er in ihrem Buch las, es lag immer offen da unter der Lampe. Daß er ihre biblisch-poetisch ausufernden Versuche, den Schmerz einer getäuschten Liebe zu bewältigen, wahrnahm. Daß er von ihrer Trauer wußte. Aber er sprach nicht darüber.

Eines Abends kamen sie spät in die Wohnung. Als sie aufgeschlossen hatte, sah sie Licht in der Küche, roch Zigarettenrauch und wußte sofort, wer sie erwarten würde. Gul, der noch ihren Schlüssel besaß, saß da und lächelte ihnen entgegen. Die beiden Männer begrüßten einander mit scherzhafter, aber brüchiger Gelassenheit, kein wahres Wort fiel, sie standen in der Küche herum und blödelten verkrampft, um das Ausbrechen von Schweigen zu verhindern. Sie hatte plötzlich das Gefühl, beide aus der Wohnung werfen zu müssen, eine Wut ohnegleichen erhob sich in ihr. Wer schert sich eigentlich um mich? dachte sie, der eine hatte mich und blieb einfach weg, der andere hat mich jetzt, es ist, als wäre ich ein Ball, den sie sich zuwerfen und den im Moment beide haben wollen, nur so, aus Spielerei.

Die Stimmung zwischen ihnen dreien wurde unerträglich, es war, als würden die beiden Männer wie in einem Wettkampf erproben wollen, wer den längeren Atem hätte. Und sie befand sich dazwischen, als würde an ihr gezerrt. Als sie knapp davor war, aufzuschreien und die zwei hinauszuprügeln, war es plötzlich Udo, der sagte: »I geh' jetzt ...«

Gul nahm das in aller Ruhe zur Kenntnis. Und sie – sie schaffte es einfach noch nicht, in seiner unvermuteten Anwesenheit nur die Geste gekränkten Stolzes zu erkennen. Noch erfüllte sie ein letzter Wunderglaube. Sie brachte Udo – der bislang keinen Schlüssel besaß – zur Haustür hinunter und fühlte sich elend und beschämt dabei. Ihn verliere ich jetzt für immer, dachte sie, und zu Recht ... Er aber wandte sich ihr zu, sah sie ernst an und sagte dann lächelnd: »Keine Sorge. Ich komm' wieder.«

Er ging davon, und sie stieg die Steintreppen zu ihrer Wohnung wieder hinauf. Und da, im nächtlichen Flur, unter den trüben Lampen, während sie eine Stufe nach der anderen nahm und wußte, daß ihr entschwunden geglaubter Geliebter oben auf sie wartete, wurde ihr klar, daß sie sich entschieden hatte. Daß sie sich endgültig für diesen kleinen, robusten, lockigen Menschen mit seiner runden Nase, seinen großen Händen, seinen braunen Augen, seinen wilden Gedanken und abstrusen Visionen, seiner Diktatur und seinem Freiheitswahn, daß sie sich für ihn entschieden hatte.

Sie verbrachte noch eine Nacht mit Gul und nahm wortlos, aus tiefster Seele, Abschied von ihm. Als er sich gegen Morgen auf den Weg machen wollte, als hätte er vor, irgendwann wiederzukommen, bat sie ihn, ihr den Wohnungsschlüssel zurückzugeben. Überrascht hob er die Augen. Sie bildete sich plötzlich ein, einen Hauch von Schmerz in ihnen zu erkennen. Aber sie hat es sich wohl wirklich nur eingebildet. Lächelnd drückte er den Schlüssel in ihre Hand und ging.

Sie erfuhr bald, daß auch Udo ein Mädchen hatte, eines, das ihm näher stand als seine üblichen Eskapaden. Aber sie erfuhr es von ihm, und er stellte sie einander vor. Dieses Mädchen arbeitete für ihn, war so etwas wie eine Sekretärin und saß tagsüber in seiner Wohnung in der Köllnerhofgasse am Telefon und über irgendwelchen Papieren. Sie war hoch gewachsen – noch größer als sie selbst – , überschlank und hatte ein fein geschnittenes Gesicht. Obwohl sie meist lächelte, lag ein Schimmer von Traurigkeit in ihren Augen, der sich nie verlor. Immer war sie sorgfältig gekleidet, von aristokratisch anmutender Eleganz und Haltung. Sie war genau eine dieser Frauen, die Udo sein Leben lang bevorzugen würde, die seinem Wesen und seiner Erscheinung so offensichtlich völlig konträr waren – und ihm vielleicht gerade deshalb regelrecht verfallen konnten.

Anfänglich zog er die junge Schauspielerin nur tief in seine Ideenwelt hinein. Ihre berufliche Selbständigkeit bezeichnete er als »eh gut für a Frau«, obwohl er selbst niemals ein Theater betrat, es als Lächerlichkeit abtat.
 Er hat sie nie auf der Bühne gesehen. Erst vor kurzem, in einem Saal des Grazer Gefängnisses Karlau, betrachtete er sie zum ersten Mal auf einem Podium, singend, musizierend, ihren Beruf ausübend. »Wenn der Prophet nicht zum Berge kommt …«, sagte sie, seine Mitinsassen lachten, sie hatte ihn in der ersten Reihe direkt vor sich sitzen und sang für ihn. Ja, der Berg kam zum Propheten, spät und schmerzhaft.

Sie trafen einander in unregelmäßigen, aber immer kürzeren Abständen, und auf seine Weise begann er sie wohl zu lieben. Sie begleitete ihn nach Traun bei Linz, wo er in einer Brillenfabrik ein ungewöhnlich großes Büro innehatte. Am Ende des saalartigen Raumes hing ein riesiges Bild von Lenin, das berühmte, auf dem dieser, auf eine Reling gestützt, die Wolga oder ein ähnliches Gewässer überblickt. Vor diesem Bild pflegte Udo an einem ebenso riesigen Zeichentisch zu sitzen, auf dem – vertraglich zugesichert – täglich eine frische Blume zu stehen hatte. Wenn er über Nacht in Traun blieb, bewohnte er ein äußerst bescheidenes Untermietzimmer und verstand sich gut mit der Vermieterin, einer einfachen bäuerlichen Frau. Diese nickte auch ihr freundlich zu und schien an Damenbesuch gewöhnt zu sein.

Sie wanderten gegen Abend tief in die Donauauen hinein, die damals näher als heute an die Ortschaft Traun heranreichten. Die Stille der Aubäume, die Dunkelheit und das Atmen des dichten Laubes ließ etwas zwischen ihnen entstehen, das aller Beiläufigkeit abrupt und ernsthaft widersprach. Hier, in den Wäldern am Fluß, an diesem einen rauchblauen Abend, mag es gewesen sein, daß sie einander reinen Herzens und mit Leidenschaft liebten.

Es war Frühling, der Frühling 1961. Sie beschrieb ihn in ihrem großen, dunklen Buch immer wieder.

Die Sonne drischt meinen Kopf wie eine goldene Keule. Das Licht brennt in den Wimpern, das sie groß werden vor den Augen wie Sträucher. ... Der Wind weht von den Wiesen her und bewegt die Wärme in den Bäumen auf und nieder. ... Die großen Kornhäuser an den Flußarmen flattern in der Sonne, und verschiedene Vögel ziehen Kreise aus den Au-

wäldern hervor. Aufruhr liegt über dem Fluß, blauer Wellenschlag. ... Eine Flamme wächst in die Gesichter. ... Es ist schön, daß die Blumen diesen gewaltigen Duft haben. Es ist schön, wie im Frühling die Dämmerungen auferstehen, leise und lau. Die Liebe geht umher, ich höre sie.

Eigenartigerweise ließ sie sich gerade in dieser Zeit auf die Annäherungen anderer Männer ein, ein wenig nur, aber so, als müsse sie sich prüfen, als traue sie sich selbst nicht mehr. *Meine Lippen schmerzen von einem langen, harten, seltsamen Kuß, ich spüre, wie eine fremde Sehnsucht vor meinem Mund auf mich wartet, dieses Gesicht, das mich ungerührt läßt –?* steht da zu lesen, und sie weiß nicht mehr so recht, um wen es ging. Woran sie sich jedoch erinnert, ist eine Segelbootfahrt auf dem Neusiedlersee, ihr gegenüber ein junger Mann mit ruhigen, interessierten Augen, während das Wasser leise plätscherte. Er fotografierte sie: langes, dunkles Haar, kräftige Beine mit sehr weiblichen Schenkeln und ein durchaus weiblich lockender Blick. Sie besitzt nur diese Fotos und diese kurze Erinnerung.

In all dieser Zeit gab es weiterhin genügend Theaterarbeit, die einiges regulierte, weil sie zur Konzentration zwang. Sie hatte viele Vorstellungen zu spielen – Raimund, Anouilh – und probte unter Gustav Rudolf Sellner die Ismene in Sophokles' *Antigone*. Die Titelrolle spielte Joana Maria Gorvin. Diese zarte Frau wurde ihr vom Regisseur, der sich ihr gegenüber jovial und herzlich verhielt, immer wieder als Beispiel vor Augen geführt. Er zog sie im dunklen Zuschauerraum zu sich her, wenn die Gorvin probte, und flüsterte: »Schau dir das an – schau dir gut an, was sie macht – hör zu und paß auf, da kannst du alles lernen –« Sie befolgte Sellners Rat, und wirklich war diese zierliche Schauspielerin ein Ausbund reifen Könnens. Wie sie ihren kleinen Körper verhielt, den Atem führte, die Sätze durchleuchtete ... Ismene lernte viel von ihrer Schwester Antigone.

Fritz Wotruba schuf Bühnenbild und Kostüme – sie erinnert sich an ein schmales Kleid aus grob gewebtem Stoff. (Aber noch nicht die grauweißen Umhüllungen, Steinplastiken nachempfunden, die sie später bei der Wotruba-Ausstattung eines anderen antiken Dramas tragen mußte, zu irgendwelchen Salzburger Festspielen.) Wotruba selbst? Eine wuchtige Gestalt irgendwo im dunklen Zuschauerraum, ein paar kurze Worte bei der Anprobe, nicht mehr. Maria Gorvin trug ein ähnlich schmales Gewand, in dem sie aussah wie ein dünner schwarzer Pfeil. Nach der Premiere wurde kurz Maria Gorvins Ehemann, der bereits umnachtete, ehemals geniale Regisseur Jürgen Fehling, sichtbar. Er saß abseits, in einem Nebenraum, durch die halbgeöffnete Tür sah sie das Lächeln und Herabneigen von Joana Maria, und darunter eine in sich geschlossene Schwere und Dunkelheit aus Körper und Gesichtszügen. Dann wurde die Tür wieder geschlossen.

Wen sie bei dieser Arbeit blond, gesprächsfreudig, einen Pullover ländlich-locker um die Schultern gelegt, wahrnahm, war der Schriftsteller Rudolf Bayr, dem die Übersetzung aus dem Griechischen oblag. Und ihr lieber Freund Albin Skoda spielte den Kreon, schleppte dabei Haimon – alias Reyer oder Benning, beide schwergewichtige Jünglinge – brüllend über die Bühne. Es hieß später, diese Überanstrengung habe seinen nicht mehr ferne liegenden Tod durchaus mit verursacht.

Ihre Ismene wurde ein Erfolg. Sie war zu diesem Zeitpunkt schauspielerisch ›gut in Fahrt‹. Auf den Fotografien ist ein intensives Gesicht zu sehen, weniger kindlich rund als zuvor und deshalb hübscher. Ihr Körper schien zu blühen, ohne allzu dick zu sein. Ja, sie stand in Blüte. Und wie in der

Natur üblich, währt diese nur kurze Zeit, eine kurze schwebende Zeit sich selbst nicht bewußter Pracht, das war's.

Es mußte in den Maitagen dieses Jahres gewesen sein, daß sie die letzten Zeilen in ihr dunkles Buch schrieb. Sie brach danach einfach ab, ließ es zur Hälfte unbeschrieben. Aus unerfindlichen Gründen scheint sie sich das Schreiben verboten zu haben – vielleicht wie einer sich verbieten kann, er selbst zu sein. Mit Selbstaufgabe hatte es wohl zu tun. Und über Jahre blieb sie auf diese Weise stumm, sie schrieb späterhin nur ab und zu eine verzweifelte Notiz auf ein Blatt Papier oder einen traurigen Brief an Diego. Einiges davon ist erhalten geblieben – winzige Inseln, die sie vor dem Ertrinken retten sollten. Lange Zeit ruderte sie im Dunkel eines Meeres von Verstörung, aber sie ertrank nicht. Als sie wieder schrieb, lebte sie wieder.

Ihr großes, dunkles Buch jedoch beendete sie mittendrin, nachdem sie geschrieben hatte:

Hast Du Fragen? Stelle sie ruhig, stelle ganz ruhig alle Fragen aus Dir heraus, stelle sie auf den Rasen wie Steinfiguren, gehe rundherum und betrachte sie, all die Angesichter, auf denen die Maisonne schläft. Erinnere Dich an die Parkwege vor dem Jagdschloß und an die wandernden Pfaue, die schrien wie Kinder. Hast Du Fragen? Haben nicht Fragen Dich beschlichen und unmerkliche Nester in Dir gebaut, Vogelnester, über denen Deine Seele brütet? Du dachtest, den Fragen entronnen zu sein, nicht wahr? Du bist es nicht. Aber andererseits verstehe ich Dich, wenn Du die Fragen in Dir verhältst und nicht zur Kenntnis nimmst. Du hast ja recht. Schweige still, schweige weiterhin still und sei fraglos. Es gilt nur die Wirklichkeit zu erfüllen. Die Tiefen atmen von selbst. Ich weiß keinen Kampf mehr, den ich mir beschreiben könnte, um ihn dann zu verstehen. In den Büchern habe ich, so scheint es, ausgekämpft. Vielleicht vorübergehend, kann sein, davon weiß ich nichts. Ich kann meine Gedanken nicht mehr beschreiben, aber manchmal möchte ich schreiben, was soll ich denn schreiben? Hymnen? – Hymnen werden mir zu Verkleinerungsgläsern, die Begeisterung läßt die Dinge schrumpfen. Und ich bin nicht begeistert, ich bin ganz kühl ... Und dann gibt es die Wahrheit, ohnehin, und das Wissen. Ich glaube, die Feder hat mir ausgedient. Ein wenig möchte ich sagen: schade. ... Sie muß aufhören, sich ihres Herzens zu schämen, nur weil es einmal zutiefst erschreckt wurde. Sie muß diese Härte beiseitelassen, glaube ich, diese krampfhafte Härte, die aus Angst geboren ist. Ich muß ihr sagen, daß die Liebe kein Fehler ihres Herzens ist, sondern dessen wahrhafter Zustand. Ich muß ihr vieles sagen, aber sie will mir ausweichen. Sie weint, weil sie der Liebe nicht entgehen kann. Schönes Leben.

Die Blumen fallen ab und liegen über die Böden gestreut, weich wie die Haut auf alten Frauengesichtern, kleine weiße Stücke schlaffer Haut, und sie riechen so sanft wie das Vergangene. Die Blumen entblättern sich ganz leise wie ein zu Ende gegangenes Fest.

11

Der Schlüssel, mit dem man nachts die Tür öffnen konnte, lag unter einem umgestürzten Blumentopf neben dem Eingang. Es war ein riesengroßer Schlüssel aus dunklem Eisen, der schwer in der Hand lag und genau so aussah, wie man sich ihn für dieses Schloß vorgestellt hätte. Für beides: das Schloß in der geschwungenen, dunkelgebeizten Holztür – und für das ›Weiße Schloß‹ selbst. Sie nannten es so – Weißes Schloß – im Gegensatz zu dem anderen schloßähnlichen Gebäude des Dorfes, dem ›Roten Schloß‹.

Ihr war ein Zimmer hier angeboten worden, und sie hatte sofort zugestimmt, oh, ja, sie würde während dieser Sommerwochen gern in einem Schloß wohnen! Also wurde sie dorthin begleitet und nach freundlichen Erklärungen, wann und wo die erste Probe stattfinden werde, sich selbst überlassen.

Sie meinte zu träumen. Das große Eckzimmer war mit weißgoldenen Empire-Möbeln angefüllt, vor den Fenstern lag ein stiller Park mit Rosenrabatten, Buchsbaumhecken und großen Töpfen mit blühendem Oleander. Durch die Ahornbäume und Platanen wehte Sommerluft.

Eine Weile lang stand sie still da und schaute sich um. Die mit Seide tapezierten Wände ihres Zimmers waren von Bildern bedeckt, die ebenso alt waren wie die goldenen Rahmen, die sie einfaßten. Ahnen und Vergänglichkeiten eines Landadelgeschlechts sahen sie an, aber sie fühlte sich wohl unter diesem Blick. Sie packte langsam ihren Koffer aus, atmete den Geruch der alten Schränke und ordnete ihre wenigen bescheidenen Toilettengegenstände auf der Glasfläche eines pompösen Spiegeltisches an. Als sie die Augen hob, sah sie sich plötzlich selbst in dieser Umgebung dasitzen, mit einer weißen kurzärmeligen Leinenbluse und dem kräftigen Gesicht darüber. Sie nickte ihrem Spiegelbild im weißgoldenen, vielfach geschwungenen Rahmen aufmunternd zu. Ganz nett, aber sehr plebejisch, dachte sie.

Das ›Weiße Schloß‹ war weder besonders groß noch sonst eine stilistische Kostbarkeit. Es war ein einfaches Landschloß. Tagsüber wurde die Tür nie verschlossen, genau wie in den anderen Häusern des Dorfes. An den Wänden der kühlen, hohen Stiegenaufgänge hingen unzählige Geweihe und vor Alter gedunkelte Gemälde. Die Besitzer bekam sie kaum zu Gesicht, oft hatte sie das Gefühl, allein hier zu wohnen. »Mein Schloß!« sagte sie schnell.

Und obwohl sie sich in Wien nur halbherzig dazu entschlossen hatte, das überraschende Angebot aus Jagsthausen anzunehmen und im dortigen Burghof die Adelheid im *Götz von Berlichingen* zu spielen, erschien ihr dieser Aufenthalt jetzt als bereichernd – und nicht so sehr seines Anlasses wegen. Die Proben, das Stück, die späteren Aufführungen nahm sie eher gelassen hin. Man spielte im Freien, der originale Hof der Berlichingschen Burg wurde zum Theaterraum umfunktioniert, das halbe Dorf wirkte als Statisterie mit. Die ländliche Stimmung, in der die Schauspieler ihre Arbeit verrichteten, als wären sie auf Sommerfrische, nahm der Unternehmung den blutigen Ernst sonstiger Theaterarbeiten. Sie trug ein schwarzes Samtkleid mit weißem Kragen und tiefem Ausschnitt und gab der Figur der

Adelheid alle Dämonie, die ihr zur Verfügung stand – in Anbetracht der eigenen Jugend wohl auf sehr äußerliche Weise, so, wie sie eben meinte, daß ein dämonischer Mensch sich benehmen und aussehen müsse. Selbst hatte sie wenig Ahnung davon, entsprechende Erfahrungen lagen noch vor ihr.

Manchmal lief der Hund des Hauses mittendrin über die Bühne, und die Darsteller verbissen sich das Lachen. Es waren durchwegs nette Leute und zweitklassige Schauspieler. Den Götz spielte ein Herr Golling, rotgesichtig, bramarbasierend und ihr als einziger unangenehm. Man sagte, er sei ein herzhafter Nazi gewesen.

Ein junger Schauspieler, ihr im Stück als unglücklich Liebender ergeben, verliebte sich auch privat in sie. Es war ein dünner, schwarzlockiger Bursche, sein Gesicht stets so weiß wie ein Blatt Papier und in seinem Verhalten auf amüsante Weise verrückt. Er stolperte ihr schmachtend hinterher und umstrich düster und mit fahrigen Schritten das ›Weiße Schloß‹, die Blicke wie dunkle Saugnäpfe an ihre Zimmerfenster geheftet. Da er ansonsten höflich und nett war, ließ sie ihn milde gewähren. Und mehr noch – sein um sie gebreitetes Begehren wärmte sie, umgab sie wie eine beständige weiche Welle, in der ihr wohl war. Der schmerzhafte Wiener Winter, die aufrauhenden Erlebnisse und Entscheidungen des Frühlings – all das schien für eine Weile wie losgelöst hinter ihr zu liegen, nur Juliwärme und ländliche Gegenwart um sie.

Hier tat sie etwas, wozu sie nie vorher – und in ihrem ganzen weiteren Leben nicht mehr – Gelegenheit hatte: Sie ritt. Und sie konnte es in der einzigen ihr gemäßen Weise tun, nicht sportlich bemüht, sondern als natürliche Form einer Fortbewegung.

Der Oberförster dieser Gegend hatte sie ins Herz geschlossen und ihr angeboten, sein Pferd zu benutzen. Er selbst bewegte sich nicht mit dem Auto, sondern reitend durch die Wälder, denn erstens war er passionierter Pferdeliebhaber, und zweitens wollte er bei seinen geruhsamen, beobachtenden Wanderungen in den Forsten nicht von Motorlärm gestört werden. Er erzählte ihr das sehr dezidiert. Sie verstand seine Abneigung und Vorliebe sofort, der verhaltene Mann mit seinem luftgebräunten Gesicht und den unverwandten Augen, in denen die Wälder, die sie ständig umgaben, einen ruhigen Schatten zurückgelassen zu haben schienen, beeindruckte sie. Aber sie mußte bedauernd erklären, daß sie nicht reiten könne.

»Auf meinem Pferd können Sie reiten«, sagte der Förster, »wenn es Sie mag – und es wird Sie mögen –, brauchen Sie nichts zu tun, es macht alles allein.«

Und so war es dann auch. Während der Mann zu Fuß über Waldpfade und Feldwege dahinging, folgte ihm sein Pferd, auf dessen Rücken sie saß. Es ließ sich von ihr aber auch auf Umwege lenken, gehorchte sanftmütig und klug ihrem schüchternen Gebrauch der Zügel. Sie begriff, warum Menschen sich ›auf dem Rücken der Pferde‹ so leidenschaftlich wohl fühlen können. Die Landschaft schien um sie ausgebreitet, als könne sie sie von großer Höhe aus überblicken, höher, als ein Pferd es an sich war, von einer imaginären und geistig bestimmten Höhe aus.

Als sie etwa zwanzig Jahre später ein einziges Mal vom Rücken eines Kamels aus – das sich zu ihrem Schrecken wiegend, rollend und seltsame Laute von sich gebend erhoben hatte – die algerische Wüste überschaute, erfaßte sie ein ähnliches Gefühl. Sie saß im großen Brautsattel wie in einer sanft bewegten Schachtel, jemand geleitete unter ihr das Kamel langsam durch den rotglühenden Abend, sie fühlte sich wieder über jedes Maß hinaus hochgehoben, in eine alles überschauende Höhe, und meinte fernere Horizonte zu erblicken als je zuvor in ihrem Leben.

Der ruhige Atem dieser Sommerwochen drang tief in ihre Seele. Ihre Gedanken und Empfindungen gewannen einen ähnlich sanften Rhythmus, sie ließ das Ferne fern bleiben und genoß jede Sekunde dieser mühelosen Ausgeglichenheit. Ja, sie war ausgeglichen. Nichts nahm überhand, das Spiel, der Beifall, die Menschen hatten ihren Platz, und ebenso die Stille der Landschaften und Nächte, ihr sanftes Nachdenken und ein gedankenloses So-Sein.

Natürlich dachte sie an ihn, der ihr Leben in den letzten Monaten und bis zu ihrer Abreise aus Wien so eindrücklich in Besitz genommen hatte, an diesen Udo und seine Unfaßbarkeit – in jeder Hinsicht. Einerseits konnte sie es nicht wirklich fassen und nachvollziehen, wie nahe er ihr kommen konnte und daß sie begonnen hatte, ihn zu lieben. Andererseits blieb er ein Mensch, der nicht zu fassen und nicht zu erfassen war, immer auf dem Sprung, immer in Bewegung, ein Bündel von Ideen, aus dem plötzlich Blumen und plötzlich Schatten brechen konnten, übergangslos und vehement. Die Blumen und Blüten von besonderer Farbigkeit, die Schatten besonders hart und schmerzlich. Es tat ihr wohl, ihn jetzt aus gewisser Entfernung zu sehen, einer äußerlichen – und auch einer inneren.

Zwar schickte er seinen Vater, einen Journalisten, nach Jagsthausen, der samt einem Salzburger Fotografen kam und ein oder zwei Tage blieb. Sie ließ sich willig fotografieren, im Kostüm, in der Burgschänke, mit Kollegen und lachend, in ihrem Schloßzimmer, allein und versonnen. Zum ersten Mal erfuhr sie Udos Interesse an medialer Zurschaustellung – wenn sie schon irgendwo arbeite, solle das auch in die Zeitung, fand er. Sie fand zwar nicht, daß dies nötig sei – aus Jagsthausen zu berichten! –, tat aber folgsam, was er und sein Vater von ihr wollten. Dieser war liebenswürdig und von ihr angetan, berichtete und grüßte von Udo, der sei in England, des ›Goldfingers‹ wegen ... Lange vor dem gleichnamigen James-Bond-Film hatte Udo einen goldenen Finger kreiert, naturgetreu nachgeformt, den man über seinen eigenen stülpen konnte wie einen verlängerten Fingerhut. Der Fingernagel war mit Brillantsplittern besetzt oder mit winzigen Rubinen – es gab einige Entwürfe von ihm, nach denen bereits Prototypen entstanden waren. Aber sie hörte nicht gern von diesem extravaganten Schmuckstück, zu eindringlich sah sie die Hände von Udos stiller, schmerzlicher Freundin vor sich, ihr Ringfinger war Modell der Urform gewesen, und auf den ersten Fotografien des Goldfingers war sie es, die ihn trug. Schönes edles Gesicht, schöne edle Hände. Und in diese Gemeinsamkeit wurde sie selbst hineingeholt, eine Rücksichtslosigkeit und ein Schmerz, von Udo beiden Mädchen zugefügt und in keiner Weise abgeschwächt. Starke Frauen könnten das ertragen, war sein Standpunkt. Und Frauen, die sich mit ihm einließen, müßten stark sein. Er liebe Frauen und nicht nur eine Frau, aber seine Liebe sei voll Kraft und ›for ever‹. Sie zwang sich also, diese These zu bejahen, und prinzipiell konnte sie es auch. Auch sie wollte aus Liebe kein Gefängnis werden lassen, auch sie glaubte an diese Utopie von ›Freiheit‹. Aber sie war eine Gefangene ihrer Gefühle und litt, ungeachtet ihrer großen Vorsätze. Deshalb wollte sie von diesem goldenen Finger mit all seinen Perlen, Rubinen, Diamantsplittern, wollte sie von diesem Schmuck einer anderen Zweisamkeit nicht viel wissen. Der Vater Proksch fuhr wieder ab, und sie versank wieder in der Geruhsamkeit von Sommer und Sommerspielen.

Aber überraschend tauchte Udo selbst in Jagsthausen auf, an einem der letzten Tage, die sie dort verbrachte. Er kam mit seinem alten weißen Jaguar in das Dorf gebraust und fand sie rasch. Da stand er wieder vor ihr, klein, stämmig, lockig, windzerzaust, und begrüßte sie auf seine humorvoll rauhe Weise. Aber in seinen Augen, deren weiches Braun der Härte seiner Umgangsformen stets widersprach und sie deshalb von Anfang an verblüfft hatte, lag eindeutig der Schimmer von Wiedersehensfreude.

Sie hatte an ihn gedacht in diesen Wochen und sich ihn vorgestellt. Sicher hatte sie Sehnsucht gehabt nach ihm. Aber wie beim letzten Atemholen vor dem Untertauchen blieb sie auf sich selbst konzentriert und dachte nicht voraus, dachte nicht an den Sprung.

Jetzt sprang sie. Obwohl sie sich äußerlich ruhig verhielt, sprang sie, verließ sie das feste Ufer und tauchte in ihn ein. Die Barriere dieser Sommerwochen brach, ihre Gleichmut und Ausgeglichenheit mündeten in Hingabe.

Udo nächtigte bei ihr im großen weißgoldenen Bett des Schloßzimmers, die Fülle der Ahnenbilder, der Park, diese versponnene, landadlig-dörfliche Atmosphäre gefiel auch ihm. Nachdem die Festspiele ausgeklungen und alle Besucher verschwunden waren, versanken der kleine Ort und die große Burg in Lautlosigkeit. In der Schänke saß sie mit Udo, sie aßen geröstete Schnecken in Knoblauch (für sie ungewohnt und einige Überwindung erfordernd), schauten aus den gewölbten Burgfenstern über das Land und waren die einzigen Gäste.

Auch von der Schauspielerin Rose hatte sie sich bereits verabschiedet, die im Stück ihre Kammerfrau gewesen war. Roses Gesicht hatte sie tatsächlich an ein Rosenblatt erinnert, in Form, Farbe und Frische. In ihren sommerlichen Gesprächen eröffneten sie einander allerlei, so auch, daß Rose die Geliebte eines älteren und berühmten Schauspielers sei. Das erfüllte ihr Leben, als Glück und beständiges Leid. Sie sollte Rose noch einige Male wiedersehen und jedes Mal um vieles unglücklicher und weniger rosenhaft frisch. In den Jagsthausener Sommerwochen jedoch lag das Leben hell vor ihnen beiden ausgebreitet, und alle Hoffnungen blühten.

Aber Udos Ankunft, sein Wuchs und sein Aussehen, verwirrte alle Schauspieler, und so auch Rose. Sie selbst erlebte zum ersten Mal, was ihr später selbstverständlich wurde – daß Außenstehende nicht begriffen, was sie wohl zu diesem Mann hinzog, der so gar nicht zu ihr zu passen schien. Und an Roses Gesicht erlebte sie erstmals auch, daß sich bei Frauen dieses erste dünkelhafte Zurückweichen ins Gegenteil verwandeln konnte. Nachdem Udos wilder Charme kurz auf Rose eingewirkt hatte, blühte sie noch rosiger auf, ihre Augen begannen zu glänzen, und sie fühlte sich wohl. Das konnte Udo Frauen stets sehr schnell vermitteln. Wohlgefühl. Eine andersartige, ungewohnte Aufmerksamkeit, ein Ausbrechen aus der konventionellen Umgangsweise, in der sich ihnen Männer sonst zu nähern oder darzustellen pflegen. Es gab keine Langeweile an Udos Seite, und die meisten Frauen leiden an der langweiligen Phantasielosigkeit, die bei Männern trostlos überwiegt. Udo war nicht schön, zu klein gewachsen, aber er erfrischte. Sie sah – nach Rose – immer wieder Frauen, die unter seinen ungebührlichen Worten aufblühten, als ginge ein Sommerregen auf sie nieder. Sie erkannte bald, daß er etwas in der weiblichen Seele – oder Struktur – zu animieren verstand, weil er es tief erfaßte. Das galt natürlich nicht für alle Frauen, aber doch für auffällig viele. Und meist waren es nicht die dümmsten.

Nachdem also Verblüffung und heimliches Kopfschütteln sich in freundliche Zustimmung verwandelt hatten – auch, weil Udo es sich nicht nehmen ließ, jedes Abschiedstreffen zu finanzieren und alle Rechnungen für Speis und Trank zu übernehmen –, reisten die Schauspieler ab.

Sie beide blieben zurück, als wären sie hier gestrandet. Die Stille des ›Weißen Schlosses‹ und der spätsommerlichen Landschaft, die Geruhsamkeit des Dorfes, ihre einsamen Mahlzeiten zwischen Burgmauern, das alles schien Udos Ruhelosigkeit zu besänftigen. Sie erlebte ihn plötzlich mit weichen, zurückgelehnten Körperhaltungen. Er sah über das Land und fabulierte etwas von fernen Kriegen, die – wenn sie stattfänden – nicht bis zu ihnen dringen würden. Er schien sich sicher zu fühlen. Auszuatmen.

Aber nicht lange. Er konnte selten irgendwo bleiben. Es war, als würde ihn jeder Aufenthalt bedrohen.

»Ich muß nach Stockholm«, sagte er bald, »komm, fahr mit mir 'nauf nach Schweden.«

Daß er mit ihr reisen wollte, freute sie. Und da noch Zeit war bis zum Beginn der Wiener Theatersaison, überlegte sie nicht lange und fuhr mit ihm ›hinauf‹ nach Schweden. Es erschien ihr wirklich, als müßten sie den Norden langsam und stetig erklimmen. Der alte Jaguar war vollgepackt, das Verdeck meist geöffnet. Während sein großer, runder Kopf unter der Pelzmütze Schutz fand, lösten sich ihre Tücher ständig und flatterten ihr ins Gesicht. Sie fuhren über Kopenhagen, und nach Verlassen der Fähre schien ihr die Reise zwischen den nordischen Urwäldern endlos zu währen. Außerdem wurde ihr bald seltsam übel.

Es kommt vom langen Autofahren, dachte sie anfangs. Sie schaute auf die Straße vor sich und wenig zur Seite in die einsamen Wälder hinein. Aber es nutzte nichts. Diese Übelkeit hing in ihr wie ein Schleier, der nicht zu zerreißen war. Der hohe, kühle Himmel stimmte sie traurig.

In Stockholm wohnten sie im Zimmer irgendeines Freundes, schliefen sie auf Matratzen, die auf dem Holzboden lagen, und ihr war schlecht. In den Restaurants wunderte sie sich über die Lautlosigkeit der Menschen, die schwedischen Gespräche schwebten als schwaches Brummen über dem Klirren der Bestecke, ihre eigenen lauten österreichischen Töne schienen wie Explosionen zu wirken, und ihr war schlecht. Sie empfand die ganze Stadt, als läge sie hinter Glas, hell und leblos. Auch heute noch – wenn sie an Stockholm denkt, wird ihr schlecht.

»Du bist schwanger«, sagte Udo eines Tages ruhig, und sie starrte ihn an.

»Glaubst du?«

»Na ja – könnte doch sein. Oder?«

»So schnell?«

Er lachte. »Ja, das geht schnell.«

»Ist einem auch so schnell übel?«

»Scheinbar, denn sonst wär's dir nicht.«

»Aber vielleicht –«

»I glaub', du bist schwanger«, beharrte er, und es schien ihm zu gefallen.

Als sie nach Wien zurückkamen, ging sie bald zum Arzt. Sie war schwanger. Die Mutter hatte sie zum Gynäkologen begleitet. Und starrte sie jetzt leicht fassungslos an.

»Sag mal – *willst* du es denn, dieses Kind? Und weißt du genau, wer dieser Mann ist?« Es waren die sich ewig wiederholenden, vernünftigen, mütterlichen Fragen. Sie aber schlug sie in den Wind, wie sie zu allen Zeiten in den Wind geschlagen werden, und ging beschwingt neben der Mutter her. Dieses andere, erregende Gefühl für den eigenen Körper erfüllte sie plötzlich wie ein inneres Leuchten. Daß da ein anderes Leben in ihr heranwuchs. Und daß Udo und sie es erschaffen hatten in der Schönheit und Stille des ›Weißen Schlosses‹ und in einer wilden, hingebungsvollen Umarmung. Sie dachte nicht voraus und nicht weiter, sie genoß ein neuartiges, unverhofftes, ihr vom Schicksal zugeworfenes Jetzt. Es lag winzig und unsichtbar tief in ihrem Bauch, sie trug ein Geheimnis durch die Welt. Die besorgten Blicke der Mutter prallten an ihr ab, und als diese schließlich zögernd fragte: »Ich hoffe, der heiratet dich auch?«, lachte sie schallend auf. Ihr war egal, ob der sie heiraten würde oder nicht, darum ging es doch nicht. Es ging nur um die Manifestation von Liebe. Dachte sie. Und sagte zur Mutter: »Du hast vielleicht Sorgen – die typischen, altvaterischen Sorgen deiner Generation!« Sie sagte es im Ton intellektueller Überlegenheit – nicht ahnend, daß die typischen Sorgen meist auch typischen Gefährdungen gelten.

Udo nahm die Nachricht als Bestätigung seiner Vermutung entgegen, und es hatte den Anschein, als freue er sich. Er sollte sich sein Leben lang über jedes seinen Lenden entsprungene Kind freuen und ist jetzt ein Mann, der seiner Töchter, Söhne und Frauen zärtlich gedenkt. Und auch dieses erste überraschende, gemeinsam erschaffene Leben in ihrem Leib bejahte er vollkommen. Er bejahte es, aber er kümmerte sich vorerst wenig darum. Was ihr vorerst auch wenig ausmachte.

Sie war in die schattig stille Wiener Wohnung am Kohlmarkt zurückgekehrt, die Katze Brösi teilte wieder ihre Tage und Nächte. Manchmal teilte auch Udo die Nacht und das Bett mit ihr, aber er pflegte aufzutauchen wie ein Windstoß und so auch wieder zu verschwinden. Sie wußte wenig von seinem Leben außerhalb ihrer Begegnungen. Obwohl sie an seiner Seite Menschen traf, die er ihr vorstellte und erklärte, gab es niemanden, der ihr Interesse weckte. Nur das Wissen, daß seine stille, schöne Freundin ihm weiterhin sekretärinnengleich nahe war und ihn vielleicht öfter zu Gesicht bekam als sie selbst, schmerzte. Und es verletzte sie, obwohl sie sich mit aller Kraft dagegen wehrte. Daß ein gemeinsames Kind ihn nicht bewog, sich klar und eindeutig zu ihr zu bekennen, tat weh und verwirrte sie. Diese Reaktion war nicht weniger typisch als die ihrer Mutter, aber es fiel ihr nicht auf.

Anfänglich jedoch war sie sich dieser Schatten nur vage bewußt und hatte auch wenig Zeit, sich damit zu beschäftigen. Die Theatersaison begann, wie immer öffnete das Burgtheater am ersten September seine Pforten – wie man zu sagen pflegt. Wobei ›Pforten‹ als Ausdruck nur dem großen weißen Haus an der Ringstraße angemessen ist, weniger dem kleineren Akademietheater. Und dort setzten sich die schon vor dem Sommer begonnenen Proben zu Georges Schehades Stück *Die Reise* fort. Sie spielte eine gewisse Cocolina, verrucht, mit langem Haar, tief dekolletiert, in einem gelben Kleid mit großen roten Punkten. Axel Corti führte Regie und konnte das nicht sehr gut. Und ihr lieber Freund Albin Skoda spielte einen wilden Admiral, seine letzte Rolle – und starb während dieser Aufführungsserie, noch im September.

Schnell wurden ihre Brüste prall, und die Schauspielerkollegen warfen erstaunte Blicke auf ihr unvermutet üppiges Dekolleté. Ob dies Axel Corti dazu bewog, sich ihr werbend zu nähern? Es hätte eigentlich nicht zu seiner intellektuellen Persönlichkeit gepaßt ... Jedenfalls begann er sie zu umwerben, und sie ließ ihn kaltblütig abblitzen. Der Arme konnte ja nicht wissen, wie anheimgegeben und im wahrsten Sinne des Wortes ›erfüllt‹ sie zu dieser Zeit war und wie vergeblich er um ihre Zuneigung heischte. Schließlich ging er ihr schlichtweg auf die Nerven, und mit Sicherheit behandelte sie ihn grausam.

Er hat es ihr ein Leben lang nicht verziehen. Erst kurz vor seinem frühen Tod kamen sie einander bei einer gemeinsamen Jury-Arbeit wieder näher. Eines Nachts brachte er sie mit dem Auto bis zu ihrer Gartentür, und in Zuneigung führten sie ein offenes Gespräch – in der Zuneigung, die ihnen gemäß gewesen wäre, hätte nicht eine jugendlich ungeschickte erotische Annäherung sie im Keim erstickt.

Das Stück hatte Mitte September Premiere, und danach begannen die Proben zu Zuckmayers *Die Uhr schlägt eins*, Regie Heinz Hilpert. Diese Aufführung fand im großen Haus statt, und sie erinnert sich, daß man die Kleidung der jungen Isabel (so hieß sie im Stück) immer wieder verändern mußte. Das anfangs taillierte Kleid wich einem lockeren Kostüm, und die letzten Vorstellungen spielte sie in einem fließenden Gewand, das die Umstände, in denen sie sich befand, eher preisgab denn verbarg. Diese Isabel aber sollte laut Stück ein jungfräulich herbes Mädchen sein, und sie genierte sich maßlos auf der Bühne. Ihrem Flehen, sie umzubesetzen, wurde jedoch nicht stattgegeben. »Geh! Die paar Vorstellungen noch …!« hieß es aus der Direktion, und brav quälte sie sich bis ans Ende der Aufführungsserie im Januar, bis in den sechsten Schwangerschaftsmonat hinein.

Eine größere Fernsehrolle, in einer recht unsinnigen Komödie, spielte sie ebenfalls in weiten, verhüllenden Roben. Sie erinnert sich, daß der Geruch der großen Kantine in den Rosenhügelstudios ihre latente Übelkeit bedrohlich steigerte und sie den Raum fluchtartig verlassen mußte.

Dann hörte sie auf zu arbeiten.

Bis dahin war sie kaum mit dem Fernsehen konfrontiert gewesen. Sie hatte zuvor nur in einem Live-Fernsehspiel mitgewirkt, kurz bevor man das bleiben ließ und alles nur noch aufzeichnete. *Die Türen knallen* hieß die harmlose Komödie – Susi Nicoletti spielte mit und hatte sie wohl dafür vorgeschlagen. Sie erinnert sich an die Aufregung und das Abenteuer der Direktübertragung, und daß sie die hektische Stimmung fast genoß. Natürlich knallten unaufhörlich Türen, und man mußte höllisch aufpassen, daß dies auch zum richtigen Zeitpunkt geschah. Beide Fernsehrollen hatten weder sie selbst noch irgendeinen Fernsehzuschauer nachhaltig beeindruckt. Überdies fand sie sich zu häßlich, um je vor einer Kamera bestehen zu können. Einige Freundinnen aus der Schauspielschule gingen da schon ganz andere Wege – sie sah Heidelinde Weis, entzückend aussehend, in einer Familien-Fernsehserie, Marisa Mell und Senta Berger standen bereits am Beginn von Filmkarrieren. Das ist nichts für mich, versuchte sie sich zu überzeugen, ich gehöre ans Theater, für die Bühne bin ich hübsch genug, da sieht man alles von weiter weg ... Aber sie konnte nicht verhindern, daß sie ab und zu trübe, neidvolle Empfindungen überkamen, gegen die sie ankämpfen mußte.

Vor allem, als sie immer unförmiger wurde, nicht mehr arbeiten konnte, in der Kohlmarktwohnung herumsaß und auf Udo wartete. Unaufhaltsam glitt sie in ihr Unglück, ohne jene Abwehrkraft, die Wirklichkeitsnähe verleiht. Obwohl sie ihre dunklen Bücher zur Seite gelegt hatte und nicht mehr mit Feder und Tinte ihre rastlosen Zeichen setzte, befand sie sich nach wie vor träumend in ihren inneren Landschaften. Sie war in keiner Weise gerüstet, Mutter zu werden. Und als aus der ersten euphorischen Idee die immer schwerer zu tragende Wirklichkeit eines unförmigen Leibes, geschwollener Beine und tiefer Müdigkeit wurde – als dieses Kind aufhörte, ein Gedanke zu sein, vielmehr Gestalt annahm und von innen her kräftig gegen ihren Bauch zu stoßen begann, als sie erkannte, wie tiefgreifend dieses neue Leben sie von allem ablöste, trennte, was endlich, nach langen Bemühungen, ihr eigenes Leben ausmachen sollte –, verfiel sie in Zustände tiefster Melancholie.

Jetzt hätte sie wohl jemanden gebraucht, der verständnisvoll an ihrer Seite gewesen wäre. Das heißt – nicht ›jemanden‹, sondern den Vater des Kindes, ihn allein. Der aber entzog sich. Blieb tagelang aus, ließ oft so lange nichts von sich hören, daß sie sich um ihn zu ängstigen begann. In großer Einsamkeit und Ungewißheit lebte sie vor sich hin, zwischen Phasen energischer Gegenmaßnahmen, die aber schnell wieder in lähmender Mattigkeit untergingen.

Sie war jetzt häufiger bei den Eltern zu Besuch und suchte den Zuspruch der Mutter. Niemandem konnte sie das Ausmaß ihrer Bedrückung offenbaren. Auch den Freundinnen gegenüber gab sie sich meist heiter und lebensbejahend, ließ nur selten und nicht sehr tief in die Dunkelheit ihres Gemüts hineinschauen. Wenn sie mit Udo darüber sprechen wollte, fühlte er sich angegriffen und floh.

Und trotzdem gingen sie eines Tages auf irgendein Standesamt und heirateten. Es war eine der freudlosesten Hochzeiten, die man sich vorstellen kann. Sie trug ein dunkelblaues Schwangerschaftskostüm, das einzige Kleidungsstück, das ihr noch paßte, und auch dieses spannte bereits über ihrem dicken Bauch. Ein zufällig anwesender Geschäftsfreund von Udo und der Portier des Standesamts waren die Trauzeugen. Nach der kurzen, häßlichen Zeremonie fuhren sie zum Kohlmarkt zurück und saßen einander trübsinnig in der Konditorei Demel gegenüber. Sie fühlte, daß etwas Schreckliches geschehen war, daß diese Ehe Gefahr bedeutete. Sie fühlte es vage, und ihre Gedanken weigerten sich vorerst, deutlicher zu werden. Während sie in den Salaten und Strudeln stocherte, sah sie auf der anderen Seite des Tisches diesen Mann sitzen, der ihr Geliebter gewesen war und jetzt ihr Ehemann sein sollte. Sie erkannte sich selbst und ihn nicht mehr. Er sah kurz von seinem Teller auf und zu ihr her und versuchte, seine schlechte Laune mit einem Scherz zu kaschieren. Sie lächelte folgsam zurück. Aber seine Augen blieben mürrisch und abwesend, sie erkannte genau, daß er sich einer Pflicht unterworfen hatte und daß ihn diese Unterwerfung erboste. Und sie fragte sich, warum er sich zu dieser Ehe zwang, obwohl sie ihn nie dazu gedrängt hatte, kein einziges Mal. ›Aber geweigert habe ich mich nicht‹, dachte sie traurig. Er hob die Augen, und sie starrten einander an wie Fremde. »Na gut«, sagte Udo, »gemma wieder – ja?«

Er lief davon, hinaus in seine freie, unbekümmerte, ungezwungene Männerwelt. Sie stieg langsam und schwer im kalten Stiegenhaus aufwärts, wurde, nachdem sie die Wohnungstür aufgeschlossen hatte, von den warmen, liebevollen Pfoten der Katze begrüßt und setzte sich müde in die dämmernde Küche. ›Was war das?‹ dachte sie. ›Und was soll das alles sein? Was habe ich mit all dem verloren. Warum nur lebe ich so? Hat mich denn jemand gezwungen? Nein. Niemand hat mich gezwungen, ich habe einen Fehler gemacht.‹

Obwohl sie Udo gerade jetzt mit ganzer Seele und verzweifelt liebte.

Die Mutter tobte kurz, weil man sie zur standesamtlichen Zeremonie nicht eingeladen und keinerlei Feierlichkeit zugelassen hatte. »Ich bin schließlich deine Mutter!« schrie sie empört. Ein häufiger und überaus sinnloser Schrei, den sie schon oft vernommen hatte und noch häufig vernehmen sollte. Die Tatsache, daß man eines Menschen Mutter ist, wirkt niemals als Privileg – eher abschreckend, sie hat es später am eigenen mütterlichen Leibe erfahren.

Ihre Eheschließung wurde schließlich zu einer von allen hingenommenen Tatsache. Sie war jetzt eine verheiratete Frau und trug sogar einen Ehering. Udo, der das auf seiner eigenen Hand nie zugelassen hätte, brachte ihr seltsamerweise eines Tages so einen Ring mit nach Hause, und sie steckte ihn gehorsam an. Ließ sich auch nach außen hin und sichtbar zeichnen wie ein Schaf.

Im übrigen lebte sie weiter wie davor, nur ohne den Ausgleich einer Arbeit, die sie forderte. Weitgehend blieb sie in der stillen Kohlmarktwohnung sich selbst überlassen, nur von den Bewegungen des in ihrem Leib heranreifenden Kindes begleitet. Udo kam und ging wie immer, manchmal verbrachte er die Nacht bei ihr. Ab und zu besuchten sie abends ein Restaurant, wo sie meist Freunde von ihm trafen. Auf einem Foto sieht man Udo, wie er zwischen ihr und seiner schönen, stillen Freundin sitzt und beide an sich drückt. Wie ein Faun lacht er in die Kamera, während beide Frauen gequält lächeln. Sie selbst ist hochschwanger. ›Ein grausames Bild‹, denkt sie heute und betrachtet es mit Schaudern. Und grausam war, was damals geschah. Aber es wurde durch die Willfährigkeit zweier paralysierter Geliebten ermöglicht, die einander zudem mit Sympathie gegenüberstanden, nur unsäglich aneinander litten. Jakob Coudenhove – ein inniger Freund bis heute, einer der wenigen aus dieser Zeit – war an diesem Abend ebenfalls dabei, auf einem anderen Bild hält er sie um die Schultern, als wolle er sie stärken. Aus ihren Augen jedoch schaut kaum verhohlenes Unglück, ihr Körper und ihr Gesicht sind schwer und plump.

Warum Udo sie in so quälender Konstellation zum Essen ausführte? Vielleicht, um Lockerheit, Selbstverständlichkeit herbeizuführen, um Eifersucht zu mildern, vielleicht war es sogar ein wohlgemeinter, wenngleich mißlungener Versuch, hilfreich zu sein. Die Großmut, zu der sie sich zwingen wollte, gerann ihr im Herzen und wurde bitter.

In den letzten Monaten vor der Geburt des Kindes begann sie Briefe an Udo zu schreiben, Briefe, die sie ihm nie überreichte. Aber da sie immer schreibend bewältigt hatte, was kaum zu bewältigen war, konnte sie auch jetzt nicht gänzlich davon lassen. Federkiel, Tinte und aufgeschlagene leere Buchseiten blieben jedoch verbannt, sie tippte auf technisierte, abstandnehmende Weise in die Schreibmaschine. Einige dieser zusammengehefteten Blätter besitzt sie noch. Sie sprach Udo darin mit ›Sie‹ an – zum Teil ihrer beider Gepflogenheit und eine, die Udo sehr förderte, wohl als Abwehr gegen schlichte Vertrautheit und Nähe:

Ich habe in der letzten Nacht vieles erwogen, nachdem Sie angerufen hatten.

Ich fühlte aus Ihren Worten etwas wie Haß. Sie wollten mir etwas vor Augen führen, etwas sehr Kaltes, Schmerzendes.

Ich weiß, Sie hassen das Kind in meinem Leib. Da ich so untrennbar damit verbunden bin, müssen Sie natürlich auch mich hassen, ich verstehe das. Nur fordere ich Sie auf, alles zu unterlassen, was Mitleid, Pflichtgefühl und Gewöhnung Ihnen zu tun eingeben. Es bedeutet mir Schmach.

Ich bitte Sie, nie wieder ›I love you‹ zu sagen, wenn Sie mich hassen. Sie brauchen nicht zu glauben, daß ich das hören muß. Ich fühle, wenn Sie mich lieben, auch wenn Sie es nicht sagen. Und umgekehrt.

Vielleicht sind wirklich alle Träume in Erfüllung gegangen, wie Sie sagten. Deshalb träume ich wohl immer, daß Sie fortgehen.

Fragen Sie mich bitte nicht, was die Frau Maria morgen kochen wird und wie es meinen Eltern geht, denn es ist Ihnen völlig egal. Und es ist mir völlig egal. Ehe diese Dinge Verbindungen zwischen uns werden, bin ich lieber auf ewig von Ihnen getrennt. (Ich meine, die einzigen Verbindungen.)

Das bürgerliche Leben bedrückt Sie, und Sie werfen mich dazu, als einen plötzlichen Zwang zur Bürgerlichkeit. Aber ich sage Ihnen dies: Wenn es Sie nicht freut, habe ich kein Interesse an einem Leben an Ihrer Seite. Lieber bin ich allein und weine um Sie, wie dieses schöne Mädchen, das scheinbar meinethalben in diese Lage kam – lieber das. Ich hatte große Scheu, Sie zu heiraten. Jedoch hat die Ehe für mich nichts geändert, ich sehe Dich, wie ich Dich sah, ich liebe Dich, ich glaube an Dich. Nur Dich, so scheint mir, hat etwas getroffen, etwas lastet auf Dir. Ich würde nicht so fühlen, wenn es nicht so wäre.

Natürlich ist da der Großteil Deines Lebens, den ich nicht berühre, ich weiß ihn nicht, und er geht mich nichts an, ich fühle nur Wellen hervorschlagen, Bewegung aus Dir.

Auf jeden Fall habe ich den festen Vorsatz, mich zu kräftigen, sobald mein Körper wieder mir gehört. Ich werde dieses Kind lieben. Aber ich werde Wege finden, mich Dir so weit zu entziehen, als Sie es brauchen – sehen Sie, ich geriet in das Du, ohne es zu wollen. Mein Herz soll Sie jedoch nicht duzen. – – –

Ja, ich werde mein Leben so gestalten, daß es Sie niemals einschließt, außer Sie begeben sich in Freude und Freiheit zu mir, wie Sie es taten, als Sie mein nächtlicher Liebhaber waren und mich besuchten, wie Ihr Freund mich vorher besucht hatte. Damals mußte ich mich nicht mit dem Gedanken an eine Schuld herumschlagen, denn nichts ließ Sie mich umarmen als Ihr vogelfreier Wille.

Was weiß ich von Deinen wahren Gedanken – – – Geliebter, könnte ich Sie doch gänzlich verstehen.

Nachträglich meint sie ihn doch recht gut verstanden zu haben, und dieser Brief beweist es. Nur bewirkte ihr Verständnis nicht sehr viel, das schreibende Einordnen konnte chaotische Auftritte nicht bannen. Ja, Udo, der sie geehelicht hatte, der dafür sorgte, daß eine Wirtschafterin – die im

Brief zitierte ›Frau Maria‹ – sie bekochte, aufräumte, nach der Geburt des Kindes um sie sein sollte, der sich bemühte, organisierend einer Pflicht zu gehorchen, war, um es einfach zu sagen, mit seinem Herzen nicht dabei. Eigentlich wollte er weder eine schwangere Frau noch eine Häuslichkeit. Da diese Frau aber ihrerseits anderes von ihm wollte – nicht einengende, alles bezwingende Liebe nämlich –, wurde ihm endgültig alles zuviel. Er mied die Kohlmarktwohnung, so gut es ging. Und wenn er kam, gerieten sie oft in schreckliche Auseinandersetzungen, die sich zu wilden Streitereien steigern konnten.

Unter den Aufzeichnungen dieser Zeit hat sie ein maschinebeschriebenes Blatt und einen handgeschriebenen kurzen Brief an Diego vom März 1962 gefunden, die wohl beide ein und denselben nächtlichen Aufruhr thematisieren:

Es wäre jetzt an der Zeit, zu Dir zu gehen – aber ich werde es nicht tun. Ich könnte antelefonieren, nur leider kann ich es nicht – ich kann nicht sprechen, alles sitzt ein bißchen locker. Ich habe heute einen tiefen, tiefen unnennbaren Tag, ein wenig Wüste, ein wenig Hölle und ein fürchterlicher ferner Gott.

Besser, ich verharre dabei, um es zu besiegen – Du verstehst mich –

Darf ich am Montag anrufen?

Soeurette

Und getippt hatte sie:

So, das wäre es also wieder einmal gewesen.

Warum man wohl immer wieder einmal durch die Hölle gehen muß?

Immer wieder einmal. Und die Höllen werden immer

tiefer. Also gibt es eine unsagbare Höllentiefe, die ich noch nicht kenne. Aber der Tod ist noch weit. Ich werde sie kennenlernen.

Oder ist der Tod nahe? Kann sein. Jedoch glaube ich es nicht, denn mein Leben ist zäh und freudig in seinem Kern.

Auch ich bin in Dich ›hineingefallen‹. Ich werde aber die Kraft aufbringen, hinauszukriechen, laß mich erst wieder stark sein und schlank, mit dem echten Drang zur Arbeit.

Ich werde das Kind nähren, die Katze streicheln und arbeiten.

Wohl bin ich eine von unzähligen Frauen, nicht sehr schön, nicht sehr gescheit, aber das ist mir egal. Ich werde aufhören, Dich zu erwarten, wie ich schon oftmals die Erwartung beiseitegelegt habe und mich wieder in die Hand genommen. Ich sehe, in Deine Hand darf ich mich nicht geben, wenn ich mein Leben erhalten will und meine Ruhe. Da ich nichts anderes bin als mein eigenes Leben, will ich dieses erhalten, da ich mich erhalten will. Denn auch ich liebe mich, so denke ich.

Also werde ich versuchen, aus Dir herauszukriechen, langsam, mit der Zeit, und ganz vorsichtig werden meine Füße sein und mein Herz hart.

Ob es mir gelingen wird?

All diese losen Blätter, auf die sie schnell und unachtsam schrieb, sollten den Eindruck von Beiläufigkeit erwecken – sie wollte ja nicht mehr schreiben. Trotzdem hat sie alle in einer Mappe gesammelt. Schreckliche Ergüsse der Ergebung, einer sich erniedrigenden Liebe sind dabei, die muß sie schnell wieder aus der Hand legen. Trotzdem wird aus ihnen etwas klar: wie Udo sich ihr darstellte und wie sie es annahm. Er bestand darauf, daß sie ›an ihn glaube‹ – und sie glaubte an ihn. Er ließ sich gerne ›Herr Udo‹ nennen –

und sie tat es. Er entwickelte die Theorie, große Männer seien ›Halbgötter‹ – und sie schrie nicht auf vor Lachen, sondern erwog es ernstlich. Auch, daß sie selbst ›nur eine Frau‹ sei und deshalb prinzipiell beschränkt, wenn es um etwas anderes ging als Kindergebären und den ewigen, einzigen Mann lieben. Aus schwer erfindlichen Gründen ließ sie sich von diesen törichten Ideologien betören und verinnerlichte sie sogar. Udos Persönlichkeit war von solcher Kraft und Suggestion, daß sie ihm nicht widerstand, sondern sich ihm ergab bis hin zur Selbstaufgabe, ja Selbstzerstörung.

Trotzdem gibt es in diesen Blättern immer wieder einige Zeilen, Reste von Vernunft und klarer Einschätzung ihrer Situation, die darauf hinweisen, daß sie ihre Intelligenz nicht gänzlich verloren hatte. Gleich nach der Hochzeit schrieb sie – unterbrochen von Liebesbeteuerungen –:

Herr Udo
  Sie haben mich heute also geheiratet
  Ich weiß, daß ich kein Bündel mehr habe, das ich schnüren kann und weggehen.
  Allemal vorher war das die Gewißheit in mir, diese eigentliche Ungebundenheit meiner Liebe. Ich hatte Schmerzen, Freuden, Sehnsucht, Verlangen – alles. Aber all dies war nicht gebunden an einen ausschließlichen Menschen – das wußte ich, obwohl ich es mir nicht eingestand. Ich wußte um ein Nachher.
  Ich weiß um kein Nachher mehr bei Dir.
  Deshalb, Herr Udo –
  Ich werde mir jegliches Leiden um Sie mit meiner gesamten Kraft verbieten.
  Ich werde oftmals weinen, wohl – aber höchstwahrscheinlich, weil es mir hilft.

Ich habe erkannt, daß ich bisher immer genau das getan habe, was mir geholfen hat, und ich vertraue, daß mir das verbleiben wird –

Ich vertraue, daß ich nicht vergehen kann. Auch nicht durch Sie.

Oder sie schrieb:

Meine Sehnsucht war es wohl, an den Mann zu glauben, den ich liebe – eben wie an den Ausläufer Gottes…

Es ist verderblich, sich selbst aufzugeben, wenn man sich hingibt. Aber die Liebe von Frauen ist gefährlich wie das Meer, in dem man versinken kann.

Ich neige dazu, mich übersehen zu wollen.

Ein anderes Blatt:

Wohl ein Zeichen von Unklarheit, daß es mich wieder drängt, Überlegungen niederzuschreiben. Wohl das Zeichen einer neuen Entwicklung, die beginnt. Immer steht dieser seltsame Unfriede mit mir selbst am Beginn. Ich bin voll Ungenügen mit mir. Ich werfe mir Angst und Schwäche vor und ein ungebührliches Zittern im Herzen. Ich versuche meine Stärke und Würde zurückzufinden, denn mir scheint, als hätte ich beides nahezu verloren. Ich sehe die Tränen aus meiner Kontrolle geraten und zum Gespött werden – was anderes soll ich tun, als auch meiner Tränen zu spotten, da ich sie nicht zurückhalten kann?

Und ich schäme mich meiner Unruhe, die in den Nächten aufwacht wie ein Frühlingssturm. Ich schlage mir auf den Kopf. Jedoch die Gedanken bleiben am Leben, diese Gedanken der Bitterkeit.

Ich fühle mich schutzlos ausgeliefert, ohne Reserve, nackt bis in die Knochen, und abhängig. Und aus diesem Gefühl, da es mich peinigt, sehe ich eine Veränderung meiner selbst entstehen.

Das Folgende ist handschriftlich auf ein Stück Papier notiert:

Wege zur Beseitigung von Schmerz:
  ARBEIT
  Ordnung halten
  Gewissen Gedankengängen nicht folgen, sondern laut singen
  Mit Katzen spielen
  Immer wieder auf den Morgen warten, wenn es Abend wird
  Schnell einzuschlafen versuchen
  Sich lange im Bad aufhalten + den Körper pflegen
  Gewisse notwendige Tränen weinen, ohne darüber nachzudenken
  Nicht viel trinken (Alkohol)
  Kaffee trinken
  Sentimentale Musik vermeiden, besonders in der Nacht
  Die Nächte zum Wäschewaschen verwenden

So die kleinen Inseln ihrer Selbstbehauptung – sie wurden jedoch von Fluten hanebüchener Ideen und dem Sog einer verzweifelten Unterordnung immer mehr gefährdet. Demütigungen und Ängste (auch vor der nahenden Geburt) fraßen sich ein.

Diego sah sie selten, sie wurde traurig vor ihm mit ihrem dicken Bauch, und die kühle Stille des Klosters erfüllte sie mit Heimweh nach Verlorenem. Obwohl er sie immer noch so nannte und mit liebevollen Augen ansah, war ihr, als hätte Soeurette sich davongemacht. An ihrer Stelle saß da eine müde, schwere Frau, und das ertrug sie kaum.

Wen sie aber in hochschwangerem Zustand immer wieder traf, war Dr. Wolfgang Kraus, den Leiter der ›Österreichischen Gesellschaft für Literatur‹. Irgendwann hatte er sie aufgefordert, in seinen Räumen in der Herrengasse zu lesen, und anschließend waren sie einander im Gespräch näher gekommen. Er, Theoretiker in Fragen des Theaters und der Literatur, dabei Osteuropa-Experte, gewann ein seltsames Interesse an ihr, einer jungen schwangeren Frau, die sich nie mit Theorien irgendwelcher Art auseinandergesetzt und stets intuitiv gearbeitet und gedacht hatte. Meist trafen sie einander in der Konditorei Demel, saßen unter geschliffenen Spiegeln an einem Tischchen mit Marmorplatte, tranken Tee und vertieften sich in ihr Gespräch. Der Mann mit der blassen, gleichmäßigen Gesichtshaut, dem dunklen Haar und den schmalen, schräggestellten Augen sah hinter seinen dicken, ungefaßten Brillengläsern zu ihr her und schien sie eingehend zu beobachten. Er sprach schnell und wohlgeordnet. Manchmal lächelte er so, wie früher Männer gelächelt hatten, wenn sie ihnen gefiel. Das tat ihr wohl, dieser vergessene, zarte Geschmack nach Erotik. Aber vor allem versuchte Wolfgang Kraus in ihr ein neues, anderes Bewußtsein für den Schauspielerberuf wachzurufen, er verstand nicht, daß sie nur entgegengenommen hatte, was sich ihr bot. Er meinte, sie müsse sich selbst mehr in die Hand nehmen, herausfinden, was genau sie wolle, und das zu erreichen versuchen. Obwohl diese Gespräche ihr gefielen, da sie in andere Bereiche führten, als ihr tägliches gefesseltes Herumbrüten es tat – obwohl sich ihr dabei Aspekte eines zukünftigen Weges auftaten, Aspekte des Weiterlebens –, sie verunsicherten sie auch.

Im Demel blieb sie ruhig und hörte aufmerksam zu. Erst daheim, an der Schreibmaschine, reflektierte sie.

Ja, vielleicht ist es wahr, und ich habe etwas verabsäumt. Vielleicht habe ich wirklich verabsäumt, die konkrete intellektuelle Übersicht über mein Berufsleben zu gewinnen, eine Übersicht, die man ebenso nur durch Stetigkeit und jahrelange Ausdauer gewinnen kann wie jede andere Übersicht. Ich habe immer meiner Passivität und Einsatzbereitschaft im gegebenen Augenblick vertraut. Ich habe an meinen Weg geglaubt, ohne einen bestimmten Weg einzuschlagen. Ich habe mich führen lassen, und lange Zeit fuhr ich gut damit. Ich habe gelebt, erlebt und Einsichten gewonnen. Ich habe mich zur Liebe erzogen.

Jetzt ist die Jugend vorbei, und ich bin uralt. Das Leben ist wunderbar und aussichtslos. Ich will arbeiten.

Und zwar aktiv arbeiten. Nicht den Zufällen und dem Allfälligen überlassen, sondern bewußt und konkret meine Arbeit steuernd. Deshalb brauche ich eine Idee, den Willen und ein konkretes Ziel. Ich müßte genau wissen, was und wohin ich mit mir will. Ich müßte sagen können: Das will ich spielen, und zwar an Ihrem Theater, und ich weiß, daß genau das es ist, worin ich stark bin und stärker als alle übrigen. Ich will an Ihrem Theater diese Rolle X spielen.

Das müßte ich sagen können.

Aber nun ist es so, daß ich diese Rolle X nicht weiß, daß ich meinem Willen keine konkrete Richtung geben kann, da ich mich um diese Richtung nie bemüht habe. Ich habe zwar einen Willen, aber mir zuwenig Wissen angeeignet, ihn mir gemäß zu steuern. Ich bin nicht imstande, ›mein eigener Dramaturg zu sein‹, wie der Herr in der Konditorei es formulierte, weil ich mich selbst mit Dramaturgie zuwenig in Verbindung brachte. Mir schien (und ich muß sagen, mir scheint noch immer) alles im Bereich meiner Möglichkeiten zu liegen, deshalb zerbrach ich mir nie den Kopf über meine schauspielerischen Ziele. Ich hatte eine vage Vision dessen, was da kommen müsse, und glaubte an das Auftauchen der Rolle X, die ich jetzt noch nicht wußte und anstrebte. Ich las kaum Theaterliteratur, und wenn, dann personifizierte ich mich selten mit einer der Figuren – außer ich wußte, daß ich sie demnächst darzustellen hätte.

So tat ich, und so tue ich immer noch. Nur rühren mich jetzt Zweifel. War ich faul? Sollte ich nicht doch lesen und Verbindungen legen zu mir und trachten, mich zu entdecken, um den anderen die Entdeckung meiner Fähigkeiten zu ermöglichen? Sollte mein Fleiß sich der Dramaturgie zuwenden, die mich bisher so kalt ließ – einfach weil ich sie benötige? Ich frage mich.

Jedenfalls brauche ich etwas in Händen, das mich befähigt, selbst die Impulse für mein Weiterkommen zu geben. Mein Wille muß sich konkretisieren. Mein Glaube an mich selbst bedarf der Überzeugungskraft. Deshalb muß er sich ballen, um ein Geschoß werden zu können. Ich bin ein geladenes Gewehr ohne Lauf.

Es tut mir weh, meine schöne und ruhige und reiche Passivität zu verlassen. Muß es denn sein? Und wie – genau – habe ich zu handeln? – Mein Leben hängt daran.

Sie hat Dr. Kraus nach unendlich langer Zeit, im Herbst 1995, in Warschau kurz wiedergetroffen, beide um vieles älter geworden und ergraut. Und, ohne daß sie ihr Gespräch in irgendeiner Form fortsetzten, dankt sie ihm heute noch die Klarheit dieser kleinen übergeordneten Überlegung inmitten einer erdrückenden Anhäufung persönlicher und verschwommener Gedankengänge. In einer Zeit privaten Elends bemühte er sich darum, ihrem Kopf und Verstand Anstöße zu geben. Daß sie damals noch nichts fruchteten, ist nicht seine Schuld. Auch nicht, daß sie eine gewisse abwartende Haltung ein Leben lang nicht aufgegeben hat und wissenschaftlich erworbene Motivierungsprozesse nie ihre Sache wurden. Auch ›ihr eigener Dramaturg‹ wurde sie auf andere Weise, als von ihm gemeint, und nie am Theater. Am Theater blieb es weiterhin so, daß das für sie Beste sie ereilte, sich ihrer bemächtigte – statt umgekehrt. Solange ihre Liebesbeziehung mit dem Theater währte, hat es sie immer wieder überrascht und sie ihm nie diktiert. (Aber die Zeiten dieser Liebe sind vorbei.)

Jedenfalls konnte sie sich damals mit Hilfe eines Menschen, der sie intellektuell zu fordern versuchte, kurzfristig und über einem Stück Kuchen aus der Trostlosigkeit lösen, in der sie dahinlebte.

So litt sie mehr und mehr unter panischen Zuständen, wenn Udo lange Zeit nicht auftauchte und nichts von sich hören ließ. Ihre Vorstellungskraft entwarf die Bilder gräßlichster Unfälle, sie bangte so herzzerreißend um sein Leben, daß sie manchmal meinte, das Kind zu verlieren, so sehr zitterte sie bis in die Tiefe ihres Körpers. Im übrigen verließ sie die Wohnung immer weniger. Und deren entlegene Stille und Einsamkeit, die sie früher so genußvoll in sich aufgesogen hatte, wurde ihr zur Tortur. Es war die abnorme seelische Abhängigkeit, die ihr alle Kraft raubte, sich selbst dieser Dunkelheit zu entreißen. Udo hatte sie in seinen Bann genommen, ohne zu ahnen, wie sehr er sie damit aus dem Leben verbannte. Sie wurde ein zu williges Instrument, als daß ein machtfixierter Mensch wie er sich ihrer *nicht* bemächtigt hätte. Er wußte, daß er sie völlig in der Hand hatte, mehr als je angenommen oder beabsichtigt, und das verlockte ihn wohl zu Machtspielen. Auf der anderen Seite ist ihr heute klar, wie sehr diese Last an ergebener Liebe ihn niederdrücken mußte. Also floh er und suchte die freie Wildbahn. Mit Sicherheit betrog er sie unaufhörlich.

Als die Geburt näher rückte, dachte sie auf abstrakte Weise, aber immer häufiger an den Tod. Es war, als erwarte sie ihn, nicht neues Leben. Oder der Gedanke an ihn erschien ihr vertrauter, ihr selbst gemäßer als der Gedanke an ein Kind.

Sie tippte in die Schreibmaschine:

Die Tage sind lang und leer, sie murmeln, wie Bäche im Abendnebel murmeln. Sie tragen keinerlei Ereignis in sich, da das zu Erwartende in meinem Leib liegt und sich rührt. Es rührt sich mit der Kraft einer Woge quer über meinen Bauch, es wölbt ihn aus wie mit Hammerschlägen, es läßt ihn zittern wie sanften Wellenschlag im Frühlingswind.

Doch ist mein tätiger Leib nicht ich. Ich fühle, wie wenig er mich braucht bei seinem Tun. Dieses Werk in seinem Inneren gehört ihm, es ist sein Eigen, und ich stehe tatenlos daneben. Nur Nahrung führe ich ihm zu und mahne ihn zur Vorsicht, wenn die Straßen glatt sind, ich führe ihn ein wenig behutsamer.

Ich sitze in diesem Haus herum und sehe, wie die Sonne auf den Rauchfängen langsam ausgeht. So wird es Nacht. Ich fühle das Leben wie etwas, das mich nichts mehr angeht, ich bin ihm entfallen. Ob ich es wiedergewinnen kann – –?

Gefährlich ist, daß es mir zuinnerst gleichgültig ist – zeitweise.

Gefährlich ist der ständige Tod in meinen Gedanken.
Gefährlich wofür? Gefährlich für das Weiterleben.
Werde ich weiterleben?
Ich will leben.

Die Geräusche in diesem Haus machen mich langsam verrückt, diese ewig gleichen Geräusche von fremden Leben. Die Schritte über den Hof – immer dieser Hof, diese Schritte, diese Fenster und das Wechseln des Lichtes vom Tag zur Nacht. Die Zeit rinnt davon. Ich bin tätig oder ich bin untätig – es ist nur eine Tat, die ich tue: warten.

Warten auf das Leben, Warten auf den Tod, ich weiß nicht.

Jetzt wird es Nacht. Ich warte mit meinem Herzen wohl auf den Geliebten, der so fern ist, draußen in diesem Leben, dem ich entglitten bin. So fern, als wäre er nicht.

Man kommt nicht gern zu den Gestorbenen. Nur einer kleinen Katze kann mein Gesicht nichts anhaben. Sie spielt. Sie ist um mich. Sie schaut mich an, als wäre ich lebendig.

Es wäre schön, wieder am Leben zu sein. Aus diesem Haus hinauszugehen, es abzuschütteln, dieses Haus.

Die kommenden Tage werden es zeigen, wohin das führt, das alles. Werde ich mich aus der Demut der Liebe wieder aufrichten können in den ehemaligen Stolz meines Lebens? Es wird sich zeigen.

Ich habe leichte Schmerzen in meinem Leib. Geh nur, geh aus mir, Kind. Mögen wir uns gegenseitig gut gebären.

Ich werde versuchen, mich gut dabei aufzuführen. Also sei auch Du willig für Dein Leben. Du wirst sehen, es ist wunderbar zu leben – manchmal. Aber wir werden darüber sprechen, später, wenn Gott es zuläßt.

Komm heraus, Kind, und hilf mir, mich von der Liebe zu heilen.

Ich schenke Dir gern das Leben. Schenke Du es mir auch.

Ich werde ihn lange nicht sehen, ihn, der Dich in mir gemacht hat. Wer weiß, ob er nicht schon fort ist. Aber das hat wohl keine Bedeutung. Es hat keinen Sinn, der Sehnsucht eine Bedeutung beizumessen.

Warum werde ich so traurig, wenn ich der Zufriedenheit und dem Spiel der Katze zusehe. Wenn ich schlafen könnte –

ich ginge gern ins Bett. Aber die warme Nacht ist voller Geräusche, und ich muß sie alle hören. Auch der Schlaf liebt mich nicht mehr sehr.
Alles muß neu wiederkehren. Oder nicht.

Nach diesen Blättern scheint sie vor der Geburt des Kindes nichts mehr aufgeschrieben zu haben. Udo hatte sich auf Reisen begeben und sie sich damit abgefunden, allein zu Rande zu kommen. Aber das Kind ließ sich Zeit. Zum vorgegebenen Termin geschah nichts, und ein Tag nach dem anderen verging, ohne daß ihr schwerer Bauch sich öffnen wollte. Sie trug ihn nur noch mit Mühe.

Da kam Udo zurück. »Aha«, sagte er, als sie ihm unverändert gegenübertrat, und betrachtete prüfend ihren überreifen, müden Körper. Dann tat er das Richtige. (Wie er stets in Krisensituationen das Richtige tun und einem Menschen tatkräftig helfen konnte. So sehr er sich Nöten entzog – in der Not war er da.)

»Zieh dir was an«, sagte er, »gemma spazieren.«

»Aber –«, seufzte sie, »ich bin so müde mit dem dicken Bauch ...«

»Komm jetzt! Ich muß ein paar Besuche machen, also!«

Sie preßte sich in ihr Schwangerschaftskostüm, das viel zu warm war für die Jahreszeit. Auf den Straßen leuchtete ein Maitag, die Sonne brannte kräftig herab. Sie gingen los. Udo hatte einige Termine in der Innenstadt zu erledigen, aber dann schleppte er sie unerbittlich und immer zu Fuß in andere Bezirke, sie pilgerten straßauf, straßab durch Wien, ihr war heiß, und die Beine schmerzten, aber er gab nicht nach. »Dort *muß* ich noch hin –«, sagte er ungerührt, wenn sie jammerte, weil er noch einen halben Stadtteil mit ihr durchkreuzen wollte. Sie folgte ihm aus Gehorsam, und weil sie sich freute, daß er sie überhaupt mit sich nahm. Daß hinter seiner plötzlichen Lust an dieser gemeinsamen Wanderung Methode lag, wurde ihr erst später klar.

Am Abend kam sie erhitzt und todmüde in die Kohlmarktwohnung zurück, ihre Beine waren geschwollen, der Bauch zog sie fast zu Boden. Udo blieb diesmal bei ihr, sie gingen gemeinsam zu Bett. Sie war so erschöpft, daß sie sofort einschlief. Und erst aufwachte, als das Laken unter ihr naß geworden war.

»Das Fruchtwasser!« schrie sie und richtete sich auf.

»Na bitte«, sagte Udo ruhig.

Dann rieb er seine schlaftrunkenen Augen, kroch aus dem Bett und zog sich an. Sie bemühte sich ebenfalls darum, korrekt angekleidet die Wohnung zu verlassen, aber ihr vor Aufregung zitternder Körper erschwerte es. Sie war aufgeregt und gleichzeitig erleichtert. Endlich, dachte sie, endlich hat dieses Warten ein Ende.

Udo brachte sie auf nächtlichen Straßen in das ›Sanatorium Hera‹, in dem sie angemeldet war und das sie bereits kannte. Man hatte dort vor einigen Tagen versucht, künstlich Wehen einzuleiten, und sie dann unverrichteterdinge wieder nach Hause geschickt. Jetzt waren diese durch Udos gewaltigen Nachmittagsspaziergang auf natürliche Weise in Gang geraten, und man empfing sie mit einem »Na endlich!«.

Nachdem er sie abgeliefert hatte, verschwand Udo, so schnell er konnte. Bei der Geburt anwesend zu sein war damals für den dazugehörigen Vater noch nicht erlaubt – und auch von kaum einem allzu sehnlich gewünscht, wagt sie zu behaupten. Lieber stoben sie davon und ließen sich irgendwo, ihre Erregung bekämpfend, vollaufen, während die Frau litt und sich plagte. So war es üblich und selbstverständlich, und auch sie begab sich in die Hände der Hebamme, ohne etwas anderes zu erwarten als einen einsamen Kampf.

Sie hatte jedoch nicht allzu lange zu kämpfen. Die Wehen waren schmerzhaft, das steigerte sich bis zur Unerträglichkeit und entsprach wohl der Norm. Sie bemühte sich, trotz des Schmerzes bei der Geburt aktiv mitzuarbeiten, zuletzt gab es einen panischen Moment – sie erkannte es an den Gesichtern um sich herum –, und sie preßte das Kind förmlich aus sich heraus. Als es aus ihrem Körper ins Freie geglitten war und man es hochhob, sah sie auf dieses blutbedeckte Bündel Leben und war die erste, die schrie: »Ein Mädchen!« Arzt und Hebamme lachten. Sie war unsäglich glücklich. Udo hatte sich ein Mädchen gewünscht!

Den Säugling – der aussah, als hätte die tiefste Erdmitte ihn ausgespuckt, schlammig, blutig, aus Feuer und Asche geboren, urzeitlich, sie vergißt diesen Anblick nie – legte man ihr, nachdem er geschrien und man ihn gewaschen hatte, in ihre Arme. Ein kräftiges Kind, mit Udos rundem Kopf und einer kühn aufgestellten Nase. Sie sah es aufmerksam an. Dann nahm man es ihr wieder ab. Diese Ferne der Mütter zu den Neugeborenen, die damals ebenfalls gefordert war, ist etwas, das sie nachträglich sehr bedauert. Heutzutage wäre das kleine Mädchen sofort neben ihr gelegen, sie hätte es weiter beobachten und ans Herz nehmen können. So aber trug man es davon.

Sie verlangte ein Telefon, bevor man sie nähte und wusch, und man brachte es ihr an das von Schweiß, Blut und Anstrengung gezeichnete Lager. Es war etwa fünf Uhr morgens, und sie erreichte Udo in der Kohlmarktwohnung. Noch ein wenig atemlos vom Schmerz des Gebärens schrie sie es auch ihm zu: »Ein Mädchen!! Es ist ein Mädchen!«

Sie weiß nicht mehr, was er antwortete – aber sie weiß von seiner Rührung, die in den Worten fühlbar wurde. Vielleicht sogar hat sie sich nicht getäuscht, und er weinte. Das erste Tageslicht fiel durch die Fenster, sie hörte die Laute ihres frisch gewickelten Kindes irgendwo im Raum. Und als man sie aus dem Kreißsaal in ihr Zimmer schob, sie dort gesäubert und friedlich liegen konnte, mit einem flach gewordenen Bauch vor sich, schien alles, der gesamte Kosmos und ihr kleines Leben, wohlgeordnet und wunderbar um sie ausgebreitet zu sein. Das Kind war gesund, sie hatte Udo ein Mädchen geschenkt, sie liebte ihn, er liebte sie, die bösen Zeiten waren vorbei, das Zukünftige lag hell vor ihr.

Während der Morgen heranbrach, schlief sie ein.

12

Udo kam mit einem gigantischen Strauß roter Rosen. Er betrachtete das Kind, und sie lachten beide, als er sagte: »Schaut aus wie der Chruschtschow.« Mit dem noch kahlen, runden Köpfchen und der frechen Nase ließ Anna diesen Vergleich nicht unbegründet erscheinen.

Ja, Anna. Sie hatte diesen Namen, der, von beiden Seiten betretbar, rund und warm klingt, immer gemocht. Auch und sogar, weil ihre Mutter so hieß. Sie wollte das Kind so nennen, und Udo war dafür. Aber er reicherte ihn in seinem Vaterstolz sofort bombastisch an. Anna Katharina Nastassja! So muß sie heißen, fand er, und sie hatte keine Einwände.

Vom Direktor des Burgtheaters, Ernst Häussermann, kam ein Telegramm, er begrüße das »neue Mitglied«, und sie war erfreut über diese Geste. Im Sommer würde sie in Salzburg spielen, und schon für den Herbst hatte man sie mit einer recht bedeutenden Rolle betraut, der Isabel (wieder einer Isabel) in Calderons *Der Richter von Zalamea*. Sie lag in ihrem Spitalzimmer und dachte ein wenig ungläubig voraus. Im Spiegel sah sie ein Gesicht voll kleiner roter Risse, das Herauspressen Annas hatte Äderchen platzen lassen. Und sie bemühte sich angestrengt und mit mäßigem Erfolg, das Kind zu stillen. Pumpvorgänge, die nötig wurden, erinnerten sie an das Melken einer Kuh, sie starrte auf ihren

Körper, der nur noch nach Funktionen befragt zu werden schien. ›Ob er jemals wieder sein Eigenleben entwickeln wird?‹ fragte sie sich. Und sie stellte zum ersten Mal fest, daß die Schwangerschaft ihn hatte abmagern lassen. Solange der schwere Bauch an ihr hing, war es nicht aufgefallen. Jetzt sah sie auf dünne Beine und schmale Schenkel herab. Sie war mager geworden.

Am zweiten Tag brachte man ihr unvermutet eine kleine Torte ins Zimmer, auf der geschrieben stand: ›Der lieben Mutter‹. Es war Muttertag, und das Spital würdigte so seine Wöchnerinnen.

Ihr aber wurde beim Anblick dieser Torte elend zumute. Es war zuviel. Dieses ›der lieben Mutter‹, wie sie es vor kurzem noch ihrer eigenen – froh, es nicht vergessen zu haben – auf Blumen oder Kuchen überreicht hatte, überforderte sie. Daß plötzlich sie selbst das sein sollte – diese LIEBE MUTTER –, jetzt, wo sie gerade erst anfing, dieses kleine Wesen, das ihr in Stundenabständen gebracht und an die Brust gelegt wurde, als zugehörig und ein wenig vertrauter zu empfinden... Sie starrte auf den Zuckerguß der Torte, die aus Schokolade gedrechselten Buchstaben. Sie konnte nicht gemeint sein. Sie war doch noch lange nicht erwachsen genug, um Muttertagswünsche zu erhalten...

Und mit Wucht brachte gerade diese lächerliche Torte ihr zum ersten Mal die neue Verantwortung und das daraus resultierende, völlig veränderte Leben zu Bewußtsein. Plötzlich wußte sie, daß sie Mutter geworden war.

Zwar stand der Rosenstrauß an ihrem Bett, aber Udo kam selten vorbei. Die Blumen begannen zu welken, und in ihr erhob sich peinigende Ungeduld. Das Kind war geboren, ihr Körper wieder dünn – wozu noch lange in der Klinik bleiben, dachte sie. Nur endlich wieder zurück in ein tätiges und freies Leben. Dachte sie. Daß sie hier im Bett liegen konnte, man ihr die Mahlzeiten und das Kind regelmäßig ins Zimmer brachte, sie also keinerlei Mühe zu bewältigen hatte, bedachte sie nicht. Sie drängte und quengelte so lange, bis man sie früher als vorgesehen mit dem Kind nach Hause entließ.

Die Kohlmarktwohnung füllte sich mit einem Kinderbettchen, dem Wickeltisch und Windeln, die zum Trocknen an gespannten Schnüren hingen. Auf den alten Holzborden der dämmerigen Küche standen Babypuderdosen und Cremetiegel, das einst mönchische Schweigen der Räume wich dem Geschrei des Säuglings. Frau Maria kam täglich ein paar Stunden und half ihr, die alte, bäuerlich-ruhige Frau tat ihrer Unerfahrenheit wohl. Sie hatte herzliche, verschmitzte Augen, von Lachfältchen umgeben, und sie trug ein Kopftuch, das säuberlich unter dem Kinn geknotet war. Sie kochte, wusch Wäsche, paßte zeitweise auf das Kind auf. Auch die Mutter erschien häufig, um ihr Ratschläge zu geben und Handgriffe bei der Besorgung des Kindes zu zeigen. Und natürlich kamen die Freundinnen und diverse Bekannte und Anverwandte vorbei, Anna wurde herumgereicht und bewundert.

Aber die meiste Zeit blieb sie wieder allein und sich selbst überlassen. Zwar hatte sie jetzt Anna um sich und bemühte sich nach Kräften, ihren Pflichten als junge Mutter zu genügen. Aber sie erkannte bald, daß sie nicht zu diesen Frauen gehörte, für die ein Kind sofort zum Mittelpunkt des Lebens wird. Ja, sie tat ihre Pflicht und betrachtete das kleine Wesen mit großer Liebe. Sie beobachtete das Wehen von vielfältigen Empfindungen auf seinem Gesichtchen, wenn es schlief, und ließ sich von seinem ersten Lächeln erheitern. Aber Anna schrie reichlich, weckte sie nachts aus dem Schlaf und stürzte sie schnell in panische Sorgen. Das Kind war so klein. Sie selbst schien so ungeschickt zu sein, immer hatte sie Angst, Fehler zu machen. Und sie sehnte sich nach Udo, nach einem unbeschwerten Zusammensein. Sie sehnte sich nach seiner Gesellschaft und Ermutigung. Sie konnte nicht anders, er blieb weiterhin der Mittelpunkt ihrer Gedanken, alles bedachte sie im Hinblick auf ihn. Auch ihr Kind, das jetzt ihre uneingeschränkte Liebe gebraucht hätte, liebte sie traurig und mit halbem Herzen, wenn er ausblieb.

Und anfänglich tat Udo ohnehin für sie, was ihm bei seiner unruhigen Lebensführung möglich war. Er besuchte sie und das Kind häufiger, als er sonst in die Kohlmarktwohnung gekommen war. Und eines Abends, bald nach ihrer Rückkehr aus dem Spital, gingen sie zusammen aus. Sie saßen zuletzt in der Cobenzl-Bar – damals ein illustrer nächtlicher Treffpunkt –, und auch tatsächlich auf Barhockern, als ein Hausfotograf dies festhielt. In ihrer beider Gesellschaft befanden sich Hans Neuffer, ein Freund Udos, und Hedda Egerer, eine hübsche Blondine und wohl so etwas Ähnliches wie ihre Freundin. Die beiden waren zu dieser Zeit – oder an diesem Abend – ein Paar. Hedda lacht auf dem Bild jung und wohlgestalt in die Kamera, Hans Neuffer, hoch, schmal, mit seinem länglichen Gesicht und den enggestellten Augen, schaut so humorvoll verhalten aus, wie sie ihn in Erinnerung hat.

Hans lebt nicht mehr. Aus Hedda wurde, nachdem ihr Weg als Schauspielerin sich nicht realisieren wollte, eine ehrgeizige Fernsehdame. Unter gleichbleibendem glattem Blondhaar schien ihr Gesicht immer enger zu werden.

Neben den beiden also sitzt sie selbst, und Udo lachend an ihrer Seite. Sie trug an diesem Abend einen Khakirock und eine gemusterte Bluse, ihr Haar war pagenkopfartig kurz geschnitten. Dünn wie ein Mädchen lehnt sie sich gegen Udos Schulter, und das Lächeln auf diesem Gesicht rührt die Frau, die es heute betrachtet, als wäre es nicht ihr eigenes, wehmütig an. Es war das reine, hingegebene Lächeln, das nur im Glück der Gegenwart eines geliebten anderen entstehen kann, im Aufstrahlen nahezu unirdischer Freude. Mehr als im Zurückdenken findet sie auf diesem Bild, wieviel dieser Mensch, dieser Mann, ihr bedeutet hatte.

Udo begehrte sie und erwartete mit Ungeduld ihren gesunden Körper zurück. Im Wunsch, ihm zu genügen, tat sie auch so, als wäre sie gesund. Aber sie war es nicht.

Mit der Zeit konnte auch sie es nicht mehr als nebensächlich abtun, daß sie seit der Geburt des Kindes Blutungen hatte und daß diese nicht nachlassen wollten. Schließlich ging sie zu dem Frauenarzt, der sie entbunden hatte, in die nämliche schäbige Ordination, wo ihre Schwangerschaft festgestellt worden war. Der Mann wirkte etwas ratlos. »Das beste ist, wir machen eine kleine Kürettage«, beschloß er schließlich. Er beschloß es leichthin, und deshalb nahm auch sie es leicht. Sie trafen eine Verabredung für den Eingriff, sie sollte in den nächsten Tagen in irgendein Spital kommen – heute weiß sie nur noch, daß es ein von Klosterfrauen geleitetes war.

Am Morgen des verabredeten Tages also fuhr sie in dieses Spital. Hier erst wurde ihr klar, daß sie sich zu einer Operation entschlossen hatte. Man legte sie auf den Operationstisch, der Arzt und Klosterschwestern mit verhüllten Gesichtern umgaben sie. »Und jetzt eine kurze Narkose«, hieß es, »zählen Sie bitte laut ...« Sie begann zu zählen und entschwand ...

Als sie erwachte, lag sie in einem riesigen Krankensaal mit vielen Betten. Klosterfrauen mit ihren großen Hauben gingen auf und ab, aber niemand beachtete sie. Sie hatte das Gefühl, in warme Feuchtigkeit gebettet zu sein. Und als sie den Kopf zur Seite wandte, erschrak sie tödlich. Blut tropfte aus ihrem Bett.

Anfänglich meinte sie zu träumen oder sich in einem schlechten Film zu befinden, so irreal erschien ihr diese Lache eigenen Blutes und das Herabtropfen aus den Bettlaken. Dann sprach sie eine Schwester an.

»Schauen Sie – ich blute sehr stark ...«

»Herr des Himmels!« schrie diese auf, ihre blasphemische Anrede in keiner Weise wahrnehmend. »Was treiben *Sie* denn da ...«

Sie hatte nicht das Gefühl, irgend etwas zu »treiben«, hilflos lag sie in ihrem Blut und wußte nicht, was zu tun sei. Man säuberte sie ein wenig, und vor allem und mit vorwurfsvollen Blicken den Fußboden und die Matratze. Sie aber fühlte weiterhin ein warmes Strömen aus ihrem Körper dringen, und das ängstigte sie maßlos.

»Wo ist der Doktor?« fragte sie.

»Der kommt später«, antwortete man lapidar.

»Wann?« lautete ihre bange Frage.

Ein Schulterzucken war die Antwort. Sie fühlte keinen Hauch christlicher Nächstenliebe, nur mürrische Herzlosigkeit. Ich will nach Hause, dachte sie, ich will nach Hause und nicht hier sterben ...

»Könnten Sie für mich bei mir zu Hause anrufen?« fragte sie eine jüngere Klosterschwester. Die blieb wenigstens stehen und sah sie an.

»Das ist nicht üblich«, sagte sie, »daß wir so was tun –«

»Ich gebe Ihnen das Geld –«, stieß sie in ihrer Verzweiflung hervor. Sie sah ihre Handtasche auf dem eisernen Nachttisch liegen, nahm sie, griff in die Geldbörse und drückte der Klosterfrau einen stattlichen Geldschein in die Hand. Gleichzeitig nannte sie ihr eindringlich die Telefonnummer. »Wer immer abhebt – sagen Sie bitte, wo ich mich hier befinde – *bitte!*«

Mit einer schnellen Bewegung ließ die Schwester den

Schein in ihrer Rocktasche verschwinden. »Ausnahmsweise ...«, murmelte sie und ging davon.

Die Tränen, die ihr bei dieser Aktion in die Augen gestiegen waren, rannen jetzt ungehindert über ihr Gesicht. ›Hoffentlich erfährt es Udo!‹ war ihr einziger Gedanke, ›hoffentlich erfährt er es und kommt her!‹ Sie lag bewegungslos in ihren blutigen Verbänden, schloß die Augen, hörte das Rumoren des Krankensaales um sich her und wartete.

Die von ihr bestochene Klosterschwester schien den Auftrag wenigstens korrekt ausgeführt zu haben. Wie immer aber die Information zu ihm gedrungen war, sie erreichte Udo bald, und er erfaßte wohl augenblicklich, daß sie in Not war. Als er nach einiger Zeit tatsächlich vor ihrem Bett stand, brach sie wieder in Tränen aus.

»Udo – ich glaube, ich verblute –«, stieß sie schluchzend hervor, »und niemand kümmert sich drum – ich hab' gedacht, so eine Kürettage geht ganz leicht – und ich komme gleich wieder nach Hause – aber jetzt liege ich so da ...«

Seine Augen wurden eng vor Zorn, sie kannte diesen Blick. Er sah sich um und schüttelte den Kopf.

»So ein Scheißhaufen –«, sagte er dann. »Komm! Nix wie weg.«

Er hob sie, so wie sie war, aus dem Bett und trug sie einfach davon.

Dies war eine seiner nie vergessenen Taten der Mitmenschlichkeit. Obwohl sie auch dabei nicht umhin konnte, an ›Tarzan‹ zu denken oder an sonst einen Film, in dem ein starker, lichtumflossener, unerschütterlicher Held erscheint. Es war zwar nur das Licht eines trüben Krankensaales, das Udo umfloß, aber für sie wurde er zum Engel, der sich herniederneigte und sie an sein Herz hob. Für ihn hingegen war es der Entschluß eines Augenblicks, er wollte nichts anderes, als sie von dort wegbringen und in Sicherheit, und deshalb tat er das Nächstliegende, er trug sie weg. Über die Treppen des Krankenhauses, vorbei an verdutzten Gesichtern trug er eine blutende Frau, die ihre Tasche und Kleidung an sich gepreßt hielt, trug sie bis zu seinem Auto, setzte sie hinein und stob davon. Während er zornig dahinfuhr, weinte sie immer noch leise vor sich hin, aber vor Erleichterung und Dankbarkeit jetzt.

»Drecksäcke ...«, brummte er, den Blick dunkel vor sich hin und auf die Straße gerichtet. Dazwischen jedoch wandte er sich ihr zu, und das blitzschnell erwachende, warme und heitere Braun seiner Augen leuchtete sie an.

»Wird schon wieder, schöne Frau«, sagte er, »nur die Ruhe – das wird schon wieder!«

Am Kohlmarkt erklommen sie die hochgelegene Wohnung, und als sie endlich im Halbdunkel der Schlafkammer in ihrem breiten Bett lag, hatte sie das Gefühl, sich nie mehr erheben zu wollen, ihr endgültiges Ziel erreicht zu haben.

Frau Maria und die Familie kümmerten sich um Anna, das Kind mußte eilig auf Fläschchennahrung umgestellt werden. Die schöne Cousine Liesi wurde auch als Ärztin herbeigerufen, man sprach mit dem bestürzten Gynäkologen, der diesen Ausgang seines Eingriffs keineswegs erwartet zu haben schien. Sie wurde mehrmals konsultiert und untersucht. Während sie wie schlafend lag und ihr Blut fließen fühlte, hörte sie nebenan ein leise geführtes Gespräch und Worte wie: »... eventuell alles raus ...« Da begann sie wieder zu weinen.

Es wurde nicht so schlimm, wie diese besorgten Worte sie vorerst glauben machten. Aber eine schlimme Zeit folgte, die ihren Körper nachhaltig schwächen und schädigen sollte. Sie hätte sie ohne Udos Hilfe wohl nicht derart überstanden, so nämlich, daß der drohendste Schatten abgewehrt werden konnte.

»Ich war Schweinezüchter, wie du weißt –«, sagte er ruhig, wenn sie ihn seiner Hilfeleistungen wegen bedauerte, »ich hab' die Tiere, die ich gern gehabt hab', schlachten müssen. I kenn' mich aus, glaub mir's – bei Blut und Dreck kenn' ich mich aus. Ich hab' immer versucht, sie gut und möglichst schmerzlos zu schlachten – Aber dich schlacht' ma ja noch nicht, Gott sei Dank ––« Und er grinste sie an.

Er war in diesen Tagen ein wunderbarer, sachlicher, unsentimentaler Krankenpfleger. Sie blieb bei all den notwendig gewordenen Prozeduren daheim, und Udo erledigte sie mit ihr. Es gelang, sie vor Beginn des Sommers so weit wiederherzustellen, daß sie ihre Tätigkeit bei den Salzburger Festspielen nicht absagen mußte. Sie würde mit der kleinen Anna und Frau Maria in einem gemieteten Haus nahe Schloß Leopoldskron wohnen, Udo hatte alles organisiert. Das Haus gehörte der Mutter seines Freundes Hans Daimler, und diese war bereit, es ihnen für die Sommerwochen zur Verfügung zu stellen. »Da habt's an Garten und gute Luft –«, lautete Udos Beschreibung, und fraglos nahm sie es hin. Wenn er meinte, etwas wäre gut, dann *war* es gut. Nachdem sie ihm nun auch noch die Rettung ihrer Gesundheit und ihre Unversehrtheit verdankte, lag ihre Seele ihm vollends zu Füßen. Weniger exaltiert läßt sich ihre Ergebenheit von damals kaum beschreiben.

Sie spielte in Nestroys *Lumpazivagabundus* eine der beiden Töchter der Signora Palpiti, und ihre Aufgabe beschränkte sich nahezu auf eine einzige Szene. Diese war jedoch durch ein Opern-Quodlibet angereichert, sie mußte also wieder einmal mit tiefer Stimme singen – oder so tun, als wäre das, was sie tat, Gesang.

Trotzdem hatte sie den Eindruck, daß die ehemals grandiose Sängerin Ljuba Welitsch sich dabei noch um einiges schwerer tat. Man hatte sie dafür gewonnen, als Signora Palpiti aufzutreten. Die füllige, weiche, immer noch weißhäutige Frau, die einer verblühten Sommerrose glich, schien optisch wie geschaffen für diese Figur. Aber es wurde zur Qual, ihrer zerbrochenen Stimme zuzuhören. Sie erinnerte sich an »Meine Arme sind schmiegsam und weiß«, von ebendieser Sängerin schmachtend und strahlend gesungen – oder an deren Salome, »Ich habe seinen Mund geküßt«, mit einer Stimme, die einem das Blut in den Adern gleichzeitig aufwühlte und gefrieren ließ. Jetzt kam aus ihrer ehemals begnadeten Kehle nur noch kraftloses, schepperndes Stückwerk, und die Sängerin selbst schien bitter darunter zu leiden.

Am ungetrübtesten schaffte es Elfriede Ott als die andere Palpiti-Tochter, ihre Opernparodien zu schmettern. Sie nähme kontinuierlich Gesangsunterricht, erzählte sie, und in ihren Worten schwang eine freundlich-belehrende Aufforderung mit. Auch gab sie ihr immer wieder pädagogische Hinweise zum ›Setzen‹ einer Pointe, das seien fast kühl zu berechnende Vorgänge, die aber äußerste Konsequenz und Konzentration erfordern würden, erklärte sie. »Da hat mir der Ernstl unglaublich viel beigebracht …«, fügte sie hinzu. Der ›Ernstl‹ war der Komiker Ernst Waldbrunn, ihr um vieles älterer Lebensgefährte, der in diesem Sommer ständig an ihrer Seite zu sehen war.

Die Aufführung sollte im Salzburger Landestheater stattfinden, und dorthin ging sie auch zu den Proben. Attila Hörbiger spielte den Knieriem, unverwechselbar und genial, wie sie ihn in dieser Rolle noch mehrmals sehen sollte. Aber sie nahm diesmal nur wenig von allem wahr, was rund um ihre eigenen Proben geschah. Diese strengten sie unverhältnismäßig stark an, und es bestürzte sie. Nach ein, zwei Stunden Probenarbeit und Gesang verspürte sie eine Erschöpfung, die einer nahenden Ohnmacht glich. Ihr Organismus war noch lange nicht normalisiert, stellte sie bedrückt fest.

Das ebenerdige Haus bei Leopoldskron stand zwar in einem schön blühenden Garten, aber die Räumlichkeiten waren eng und ein wenig muffig. Nachdem Udo die Zeit extremer Not hilfreich mit ihr geteilt hatte, entschwand er jetzt wieder. Selten kam er in Salzburg vorbei, und wenn, dann kurz und heftig, in sie erschöpfenden, fordernden Auftritten, die nur wenige Stunden dauerten. Frau Maria war anfangs um sie, später löste die Mutter sie ab. Und ihre jüngere Schwester besuchte den Kokoschka-Sommerkurs, wohnte bei ihr, malte und paßte manchmal auch auf Anna auf. Am 6. Juli 1962 schrieb sie an Diego:

So bist Du also dort, wo es so still für Dich und Gott ist. Schicke mir ein bißchen davon, bitte, von Deiner Ruhe. Ich kann nicht sagen, daß ich unruhig lebe zur Zeit – im Gegenteil, es wurde alles sehr viel friedlicher hier in Salzburg, ein Garten, eine ländliche Umgebung – noch nicht allzu viele Proben – Aber alles in allem ist mir mein Leben immer noch ungewohnt –

Du ahnst es ja sicher. Denn im Grunde genommen ist es nicht wirklich mein Leben, und deshalb nimmt es mich her. Ich war heute beim Arzt, ich bin immer noch nicht ganz gesund, und ein klein bißchen Krankheit wird vielleicht bei mir bleiben –

Es ist mir ja sehr verständlich, diese kleine Anna, die ich sehr liebe, war ein allzu großer, meinem Leben viel zu fremder Einbruch, und so konnte auch mein Körper es nicht verstehen. – Ich habe nicht den leisesten Wunsch nach einem Zurück, im Gegenteil, ich möchte weitergehen in das wunderbare Leben, so wie es mir entgegentritt, und ich möchte es meistern. Ich möchte mich selbst wieder voll und ganz in das Leben gebettet fühlen, frei von Menschen – es wird noch lange Zeit dauern, ich weiß, aber die Arbeit, die endlich wieder da ist, wird helfen – die Zeit – und die wiederkehrende Gesundheit, wenn Gott will. Ich sehe schon, daß ich einen ganzen Brief lang über mich sprechen werde – aber Du hast viel Platz bei Dir, nicht wahr?

Mein Kind schläft im Garten unter einem Jasminbaum, es regnet heute zufällig nicht – Frau Maria bäckt Striezel, Börgi malt, Brösi sitzt am Fenster mit gelben Augen – alles ist gut. Ich bin ständig dabei, diese Last von Verantwortlichkeit, die mich drückt und die ein Blödsinn ist, abzuwerfen. Es wird mir gelingen.

Und diese viele Last von Liebe – aber sie müßte ich ja eigentlich gewöhnt sein, denn diese Schwere macht das Gewicht meines Lebens aus, glaube ich. Nur seltsam die Liebe zu einem Kind – sie stimmt mich traurig, diese Liebe, warum wohl?

Aber vieles habe ich mir schon entwirrt, es waren böse Zeiten – es war da der plötzliche Schatten des Todes, er war schön und schrecklich – sehr schrecklich – und wunderbar hat mich Udos Liebe festgehalten.

Udo – auch ihn muß ich noch meistern – sein Gewicht – denn er wiegt schwer.

Kennst Du mich noch?

Für mich bedeutet es immer wieder viel, Dich zu wissen. Bin ich noch Soeurette?

– Wie lange ich Dich schon kenne – seit meiner frühesten Jugend – und jetzt bin ich hochbetagt – uralt – bald bin ich tot –

Es fängt wieder an zu regnen, ich muß mein Kind unter den Jasminsträuchern hervorholen.

Diego antwortete mit einem seiner liebevollen, sie durchschauenden und weise tröstenden Briefe. ANNA heiße GNADE, schrieb er ihr unter anderem. Und sie ihm am 18. Juli 1962 zurück:

Danke für Deinen Brief. Es hilft mir immer, Dich zu hören.
Ich habe verhältnismäßig viele Proben, weil so viel getanzt und gesungen werden muß dabei, und ich fühle mich wohl in meinem – halt doch meinem, da gibt's nichts – Element.
Eigentlich seit Deinem Brief fühle ich mich überhaupt schon viel richtiger – wieder gerichtet ... – und mein Herz wird ruhig.
Die kleine Gnade lächelt mich an, ganz klar gewaschen vom Schlaf, erwacht in ihr suchendes Leben. Wie sie lächeln kann. Und wie sie brüllen kann! Ich liebe es sehr, dieses kleine erwachende Leben.
Nach der Premiere werde ich einige Tage an das Meer fahren, meinen Körper zu heilen. Ich freue mich auf den Anblick des Meeres – auf das schöne weite unendliche Meer.

Obwohl sie klagte, beschrieb sie Diego ein gefestigteres Leben, als sie es tatsächlich lebte. Wenn Udo auftauchte, blies ein Sturmwind durch ihre mühsam errichteten Wälle aus Ordnung und Zuversicht, er kam mit Ideen, die er wieder verwarf, mit Vorschlägen oder Geboten, die sie verwirrten. Manchmal setzte er sie in sein Auto und brauste mit ihr nach Mondsee, in das Lokal der Gräfin Almeida. Dieses befand sich im Schloß, war extravagant bunt eingerichtet, und extravagant waren dort auch die Preise. Die Gräfin, eine kleine, dicke Frau mit schwarzgefärbten Haaren und Brauen und einem stets sorglos rotgeschminkten Mund, kam in ebenfalls buntgemusterter Kleidung auf sie zu, bereit, ihnen alles aufzutischen, was gut und teuer war. Und Udo, als Stammgast, ließ sich nicht lumpen. Manchmal saßen sie dort auch mit Freunden und Bekannten aus seiner ihr fremden Welt beisammen, sie meist schweigsam und nur beobachtend oder sich überhaupt in einem Kokon aus selbstbezogenen Gedanken und Träumereien hüllend. Immer hätte sie es vorgezogen, mit Udo allein zu sein. Heute weiß sie, wie fatal es sich auswirkt, wenn Frauen Liebe ersehnen und schenken wollen, ohne auch das Umfeld des geliebten Menschen zu lieben. Dieses ›Nur mit ihm‹ wird diesem zur schrecklichsten Fessel, er muß sie wohl oder übel zerreißen. Und flüchten.

Es gab jedoch auch Zwischenfälle, die Udo provozierte und die ihre mühsam erlangte Fassung und Gesundung immer wieder in sich zusammenfallen ließen. Einmal zum Beispiel geriet er aufgrund eines lächerlichen Mißverständnisses in einen solchen Jähzorn, daß er ihre Mutter aus dem Salzburger Haus warf. Sie stand dazwischen und heulte. Zu dieser Zeit erlebte sie bei ihm die ersten Anzeichen unkontrollierter Wut und Gewaltanwendung. Ob sie damals schon etwas mit seiner im Entstehen begriffenen Alkoholkrankheit zu tun hatten, kann sie nicht sagen. Jedenfalls versuchte sie an jedem neuen Morgen, nachdem sie ausgeweint hatte, Scherben jeglicher Art aufzusammeln und aus ihnen vorläufig wieder eine kleine heile Welt zusammenzukleben. Mit dieser Sisyphusarbeit sollte sie Jahre zubringen.

Nach der Premiere von *Lumpazivagabundus* Anfang August schrieb sie an Diego:

Zur Zeit bin ich ganz allein mit meiner Anna hier in Salzburg – Frau Maria hat Urlaub, Börgi ist nach Bonn gefahren, Udo ist unterwegs. So kommt es, daß ich mich ganz und gar der kleinen Gnade und ihren Windeln widmen muß. So eine kleine Gnade braucht genügend Windeln und hat genügend Hunger, einen den ganzen Tag in Trab zu halten. Die Stunden gehen vorbei – es wird Mittag – es wird Abend – der rote Phlox blüht im Garten, die Windeln flattern im Wind – Anna in ihrem Korb erzählt oder brüllt oder schläft – ohne Kalender wüßte ich nicht, welcher Tag heute ist – ich würde vergessen, morgen ins Theater zu gehen – mit der Zeit würde ich wohl vieles vergessen und eine völlige Mutter werden. So wie diese unzähligen einsamen und traurigen Mütter auf Erden, die das Glück in ihren Kindern suchen und es voll Bestürzung nicht finden – –

Wir waren nicht am Meer. Schon in Richtung Süden, haben uns plötzlich die vielen Autos und der Gedanke an einen wimmelnden Strand davon abgebracht. Wir sind an einen kleinen See im Pinzgau gefahren. Es war schön dort – ruhig, sommerlich heißes Gebirge rundherum, viel Essen, viel Wein und gerade reife Kirschen auf den Bäumen.

Das Meer kann warten und ich auch.

Nächste Woche bin ich einige Tage in Wien, zu irgendwelchen Aufnahmen – und eine neue Wohnung zu suchen! Ja, der Kohlmarkt wird sich auflösen! Wir werden eine größere Wohnung mit Garten – vorläufig – mieten – vielleicht ziehe ich überhaupt gleich dorthin, von hier aus – siehst Du, so muß jeder Faden, der nach rückwärts zieht, abgerissen werden – wie Du sagst, alles muß verraten werden.

Und es ist gut so.

Jetzt frage ich nicht mehr nach den alten Formen meines Lebens. Ich versuche den neuen gerecht zu werden, ohne allzu sehr zu ermüden. Vielleicht klingt das seltsam bei mir – aber noch immer ist eines mein größter Feind: die Müdigkeit.

Ich werde viel Arbeit haben in Wien. Gleich nach dem ›Richter von Zalamea‹ spiele ich die Marei in ›Florian Geyer‹.

Ob Du bleiben sollst oder wieder nach Wien gehen –? Ich

weiß es nicht – Ich weiß nicht, wie Du die vielen einsamen Tage erträgst – wenn sie Dir wohltun und Dich erfüllen, dann würde ich sagen: Bleibe! – ...

Ich erinnere mich an all meine Träume – ich erinnere mich an alles. Aber es ist vergangen, wie alles vergeht. Und es besteht, wie alles besteht.

Meine Gnade ruft nach mir.

Leb wohl.

Und knapp vor ihrer Rückreise nach Wien:

– wieder ist es soweit, der Sommer wird brüchig und schwer, die Blumen sind am Verglühen, der Himmel entrückt. Nur noch wenige Tage bin ich hier in Salzburg, dann geht es – vorerst – noch einmal zum Kohlmarkt zurück. Aber es gibt sie schon, die Wohnung, in der wir wohnen werden. Im dritten Bezirk und riesengroß. Ich glaube, daß sie mich gut umgeben wird und für alles ausreichend Raum schaffen kann. Und sie hat Helligkeit genug, meine kleine Anna nicht verkümmern zu lassen. Die Gnade lebt und wird und lacht. Ihre Hände fassen bereits zu und halten fest – wie sehr sie das wieder verlernen wird müssen –

Wie lange bleibst Du noch in der Einsamkeit? ... Eine große Sehnsucht nach Deiner Art des Lebens wohnt in uns Einsamen, die wir s o nicht können – ...

Ja – die Müdigkeit ist mein ›Feind‹ geworden, und sie ist bitter, weil sie aus meinem Körper kommt und meine Seele niederschlagen will – immer wieder. Aber ich verachte diese meine Niedergeschlagenheit. Ich werde sie besiegen.

Ich müßte soviel schlafen wie ein kleines Kind, aber dazu läßt mir mein Leben zuwenig Zeit – und auch meine wachen Gedanken wollen und können das nicht: auf Befehl in den Schlaf fallen.

In Wien begann die Theatersaison. Sie lief über den Heldenplatz zu ihren Proben, wie eh und je, und dann wieder heimwärts zu ihrem Kind. Sie kam wenig dazu, sich wirklich auszuruhen, und kämpfte nach wie vor mit ihrem geschwächten Körper.

Josef Gielen war bei *Der Richter von Zalamea* wieder ihr Regisseur, der mächtige, dicke Schauspieler Schomberg spielte die Hauptrolle. Sie merkte bald, daß sie versagen würde, sie fühlte es quälend voraus. Die Figur dieser Isabel forderte ihr etwas ab, was sie zu diesem Zeitpunkt einfach nicht leisten konnte. Ihr Hauptauftritt bestand aus einem langen Monolog nach der Pause. Nachdem also das Publikum Sekt und Brötchen genossen hatte, sich langsam wieder zurechtrückte und auf das Bühnengeschehen einstellte, würde der Vorhang hochgehen und sie in ihrem Jammer auf der Bühne liegen und Calderons klagende Verse ausstoßen. Von der Vergewaltigung, von allem, was dieses Mädchen davor erlitten hatte, zeigte das Stück kaum etwas. Und dann diese solistische *tour de force*, die einer reifen Schauspielerin mit großem technischem Können bedurft hätte. Statt dessen war da ein junger, schauspielerisch noch recht unerfahrener Mensch, der vor Müdigkeit ständig zusammenzubrechen meinte und sich mit einem schwierigen Text abquälen mußte.

Sie sah so aus, wie die Rolle es verlangt hatte, das schon. In der Garderobe fand sie sich schön, wenn sie in den Spiegel schaute. Das schwarze spanische Gewand umschloß eng ihre jetzt überschlanke Taille, das schmäler gewordene, blasse Gesicht umgaben ihr schwarzes, in der Mitte gescheiteltes Haar und eine schwarze hohe Kopfbedeckung. Ihre Augen blickten sie sehr groß und dunkel an, während sie sich mit einiger Zufriedenheit betrachtete.

Aber das alles half nicht gegen ihr Unvermögen, mit der

Rolle fertig zu werden. Am Abend der Premiere fühlte sie sich so kraftlos, daß sie während des Monologs private Tränen vergoß. Ja, sie weinte heimlich und für sich, nicht als vergewaltigte Isabel, wie sie es hätte tun sollen. Mit Mühe entledigte sie sich des langen Textes und wußte die ganze Zeit, daß sie ihn nicht erfüllte. Aus irgendeiner Entfernung sah sie sich zu, den Bewegungen ihres Körpers und ihrer Lippen. Ihre Worte hörte sie so, als kämen sie nicht aus ihrem eigenen Mund. Zum ersten Mal erfuhr sie die gräßlichste Gefährdung eines Schauspielers: plötzlich nicht mehr bei sich zu sein – ›daneben zu stehen‹, wie man es am Theater zutreffend nennt. Und deshalb weinte sie hilflos in den Bühnenboden hinein, ohne mit diesen Tränen irgend jemanden im Publikum zu rühren. Sie waren allzu echt und galten nur ihr selbst, ihrer tiefen privaten Verzweiflung.

Geknickt kam sie nach Hause. Die Kritiken tags darauf waren natürlich schlecht, man fand sie überfordert, sie hätte das Versprechen ihres jugendlichen Talents nicht eingehalten. Und die Direktion des Burgtheaters, von der sie sich so herzlich zurückerwartet gefühlt hatte, versank ihr gegenüber in Stillschweigen, auch dort schien man enttäuscht zu sein. Statt sie weiterhin zu fördern, schob man sie auf ein Wartegleis. Die Kontinuität der auf sie zukommenden Aufgaben brach ab.

In dieser Zeit mußte sie auch die Wohnung am Kohlmarkt verlassen, aber es schmerzte sie kaum noch. Mit Udo und dem Kind bezog sie hohe, große Räume in einem alten herrschaftlichen Mietshaus in der Weyrgasse. (Man erzählte ihr, der längst verstorbene pompöse Schauspieler Raul Aslan habe in dieser Straße gewohnt. Und um den Taxifahrern den Unterschied zu einer nahegelegenen ›Bayrgasse‹ klarzumachen, habe der imposante Homosexuelle in rollendem Burgtheaterdeutsch gesagt: »Weyrgasse! Verstehen Sie? – W! – W wie *Wollust* ...« Die verdutzten Blicke schlichter Taxler kann man sich vorstellen.)

Udo hatte darauf bestanden, die Wohnung in düstere Farben zu tauchen, und ihr gefiel das ebenfalls – vielleicht auch, weil seine Vorlieben sie völlig für sich einnahmen. Es gab Räume in dunklem Grün, in dunklem Rot und in dem Violett von Auberginen. Dazu Vorhänge aus schwarzem oder silbernem Moiré um die hohen Fenster. Auch das Mobiliar, von Udo herangebracht, bestand aus dunklen und schweren Stücken, die aber Schönheit und auch Wert besaßen. Er versuchte, eine eher phantastische denn häusliche Welt zu erschaffen, und sie widersprach nicht.

Einzig die große Küche und, daran angeschlossen, Annas Zimmer und das der Kinderfrau, das ebenfalls große Badezimmer und Schlafzimmer ergaben einen fast gesonderten Bereich, weiß getüncht, und deshalb heller und freundlicher als die übrigen Räume. Und hier versuchte sie eine Wohnlichkeit herzustellen, die dem Kind gemäßer war. Sie bemühte sich nach Kräften, etwas wie eine Hausfrau zu werden, kaufte Küchengeräte, Töpfe, Gläser, Pfannen in einem nahen Haushaltswarengeschäft, wo man sie bald als gute Kundin kannte. Nur das Kochen blieb nach wie vor eine Hürde, die sie nie bezwang. So mußte ihre arme Tochter, wenn sie mit ihr allein war, auch in späteren Jahren mit bröckligem Grießbrei und angebranntem Rührei fertig werden... Ihre innere Verweigerung schien auf die Lebensmittel und Geräte überzugreifen, alles verdarb ihr und fiel ihr aus den Händen. (Schon, als sie nur ein wenig älter war, begann Anna ihr die Dinge aus der Hand zu nehmen und ihrer beider Essen selbst zuzubereiten. Zerknirscht ließ sie es bald zu, daß ihr Kind sie so geschickt verköstigte, wie ihm eigentlich von der Mutter zustand ... Anna ist eine Frau geworden, die fabelhaft kochen kann, phantasievoll und mit Schwung. Heute schaut sie ihr begeistert und ungläubig dabei zu.)

Leider blieb die ruhige und zuverlässige Frau Maria mit ihrem herzlichen Altfrauengesicht nicht mehr lange bei ihnen. Sie sei zu alt, hieß es, und ihre eigenen Enkelkinder benötigten sie. Traurig nahm sie von ihr Abschied. Ab nun bevölkerte ein wechselnder Reigen von Kindermädchen oder -frauen das Kabinett neben der Küche, nie wieder trat die schöne, verläßliche Ruhe ein, die bei der alten Frau geherrscht hatte.

Solange sie wenig am Theater zu tun hatte, versuchte sie sich selbst ganz dem kleinen Kind zu widmen. Aber Vorstellungen hatte sie allemal zu spielen, und ohne Kinderfrau auszukommen war unmöglich. Weder Udo, noch ihre Mutter, noch sonst jemand wollte oder konnte verläßlich und jederzeit einspringen, sie mußte sich immer mit Menschen umgeben, die sie dafür bezahlte, daß sie ihr aushalfen. Im Grunde genommen hatte sie von Anfang an die Zusammenfügung von Haushalt, Kind und Beruf allein zu organisieren und zu verantworten.

Nach außen hin schien alles solide in Form gekommen zu sein. Sie waren eine Familie, bewohnten eine gemeinsame geräumige Wohnung, Udo verdiente offensichtlich eine Menge Geld, und sie blieb weiterhin Burgschauspielerin mit einem nicht sehr großen, aber fixen Gehalt. Ihr Leben schien eine Wendung genommen zu haben, wie es bei dreiundzwanzigjährigen Frauen üblich ist – sie heiraten, bekommen ein Kind, und wenn sie Glück haben, können sie das weiterhin mit einem Beruf in Einklang bringen.

Ihre Tochter Anna gedieh. Die Schatten, die sich ausbreiten und auch deren Kindheit erfassen und beeinträchtigen sollten, verdichteten sich nur langsam. Vorerst nahm sie es mit allem Einsatz auf sich, Ehefrau zu sein. Ihre alte Lernlust meldete sich, und sie übernahm systematisch die Einrichtung eines Bügelzimmers, die Ausgestaltung von Wäscheschränken, Gewürzborden und Geschirrkästen, das Anbringen polierter Messingstangen und Türschnallen. Sie ließ weitere Moiré-Vorhänge nähen, in dunklem Flaschengrün diesmal, und die Möbel im Badezimmer knallrot lakkieren, sie schuf aus einem der vielen Zimmer eines, das nur ihr gehören sollte, mit Schreibtisch, Plattenspieler und einem kleinen samtenen Sofa. Eine Weile lang kreiste all ihre Schaffensfreude nur um den häuslichen Bereich.

Udo brachte eine Serie hübsch gemalter Bildtafeln aus einem Nonnenkloster und bedeckte damit die Wände des gemeinsamen Schlafzimmers. Sie mochte die großen Bilder, die das Leid und die Verzückung bleicher Nonnen schilderten und deren Hintergründe sich in weite Landschaften öffneten, in zartes Hügelland unter einem zartblauen, wolkigen Himmel. Allmählich fiel ihr jedoch auf, wie oft sie allein und nur in Gesellschaft dieser Nonnen im großen Doppelbett lag und wie ihr Blick sehnsüchtig zu gemalten fernen Horizonten schweifte, als könne sie dorthin entfliehen. Allmählich erkannte sie, daß die häusliche Idylle, an der sie so heftig gebastelt hatte, niemals idyllisch werden würde, all ihren Bemühungen zum Trotz. Was dazu fehlte, war der idyllische Ehemann.

Udo kämpfte irgendwo draußen einen einsamen Kampf, von dem sie nicht sehr viel wußte und nach dem sie kaum fragte. Nur der Nachhall drang in die dunkelgefärbten Räume, wenn er diese betrat. Immer öfter war er betrunken. Immer häufiger blieb er aus, und sie wußte nie, wo er sich aufhielt. Einmal meinte sie zu wissen, daß er nach Moskau fliegen würde. Als sie vom Absturz genau dieser Maschine erfuhr, verlor sie nahezu den Verstand. Gottlob meldete

Udo sich telefonisch, ehe sie den Verstand gänzlich verloren hatte.

»Ich hab' verschlafen –«, beruhigte er sie und erklärte nicht näher, wo und in welchem Bett. Jedenfalls flog er mit einem Flugzeug voller Särge dem abgestürzten hinterher – eine Geschichte, die er gern kolportierte – und half danach über Jahre der AUA-Stewardeß, die als einzige überlebt hatte, bei einem in der Tat schwierigen Überleben – eine weitere seiner verschwiegenen mitmenschlichen Taten.

Ereignisse dieser Tragweite schienen Udos Lebensgefühl zu bestätigen. Er war dem Katastrophischen aufgeschlossen und hatte zugleich Angst. Immer wieder machte er sie darauf aufmerksam, daß seine kleine Schwester mit vier Jahren in einem Wiener Luftschutzkeller gestorben sei und daß er bei Anna etwas Ähnliches vorausahne. Kaum zu glauben, daß er nicht wußte, was er ihr mit dieser Vorahnung antat. Aber er sprach solches meist in betrunkenem Zustand aus, und von seiner eigenen Angst gepeinigt. Doch ihre eigenen kreatürlichen Traurigkeiten, die sie beim Anblick des winzigen schutzlosen Wesens überkommen konnten, die Tränen, die ihr manchmal in die Augen stiegen, wenn sie Annas Schlaf betrachtete, wurden durch solche Hinweise ins Panische gesteigert.

Dazu kam ihre schlechte Gesundheit und Magerkeit. Immer litt sie unter Schlafdefizit und zählte hysterisch die durchgeschlafenen Stunden. Sie trank schwarzes Bier mit hineingequirltem Eidotter, um zuzunehmen. Aber was ihr fehlte, war eine ruhige und behagliche Gemeinsamkeit – jetzt, wo die Zeiten verträumten Alleinlebens endgültig dahin waren. Die Anspannung, mit Kind und Kindermädchen einsam zu bestehen, Udo vergeblich zu erwarten oder, wenn er kam, einen Betrunkenen fürchten zu müssen – sie zehrte an ihr und an ihrem Körper.

Und dann die Tatsache, daß sie am Theater nichts zu spielen bekam. Sie litt mehr darunter, als sie sich eingestand. Bisher hatte die Schauspielerei folgerichtig und selbstverständlich nach ihr gegriffen, sie war es nicht gewohnt, sich so gedemütigt und herabgesetzt zu fühlen. Ab und zu ließ man sie eine Rolle von einer anderen Kollegin übernehmen, die eher kleinen Aufgaben und kurzen Übernahmeprobezeiten brachten sie jedoch keinen Schritt weiter. Ein volles Jahr lang bot man ihr keine adäquate Rolle an.

Seltsamerweise suchte sie noch immer nicht im Schreiben Zuflucht. Es war wirklich so, als hätte sie es sich verboten. Sie las und hörte Musik, wie es jeder andere Mensch in ihrer Situation wohl auch getan hätte, um sich von der Realität abzulenken. Aber sie schrieb nicht. Radikal warf sie diese Möglichkeit, dieses Talent aus ihrem Leben, ohne viel darüber nachzudenken. Widerstandslos schien sie einem inneren Verbot zu gehorchen.

Nur ein Blatt aus dieser Zeit ist erhalten. Es ist mit großen Buchstaben und blauer Tinte beschrieben, in einer aus Verzweiflung überdeutlichen Schrift. Auch das Datum setzte sie groß an den oberen Seitenrand, 21. März 63, so als wäre es ihr wichtig gewesen, diesen Zeitpunkt festzuhalten.

Hiermit lege ich in großen Zügen meine begründete Angst nieder –

Diese Angst ist insofern begründet, als deutliche Spuren im Bereich meiner physischen Aktivität darauf hinweisen.

Der krankhafte Geist zeichnet sich mehr und mehr in einer kränkelnden Ausstrahlung meines ehemals sehr gesunden Körpers ab. Ich treibe einer eigenartigen Form des Untergangs entgegen, vermute ich. Es scheint, daß ich selbst zu meinem Untergang wurde – besser gesagt: werde.

Dennoch gibt es vereinzelte Tage der Hoffnung.

Und dies macht mir angst: der Keim eines krankhaften Zerstörungstriebes, der mehr und mehr von meinem Geist Besitz zu ergreifen scheint. Ich werde alles zerstören, und der Teufel wird mich holen.

Und am 28. Mai 63 schrieb sie an Diego:

Wenn Du mir bloß helfen könntest. Was ist nur in mich gefahren! Der Teufel höchstwahrscheinlich.
  Ich benehme mich immer schrecklicher und bin vollkommen würdelos. Es überfällt mich, wie einen wohl der Wahnsinn überfallen mag. Ich sehne mich nach vollkommener Einsamkeit und bin auch im Alleinsein ruhelos wie zwischen Armeen ...
  – O ich sehne mich nach meinem reinen schönen Gott der Ruhe. Wo kann ich ihn finden?
  Die alte Frage. Wie mächtig sind die Fesseln der menschlichen Liebe. Sie zerreiben mich.
  Bedenke, ich schreibe in einer Aufwallung, ich bin verrückt.
  Grüße mich.
  Soeurette.

Sie durchlebte zum ersten Mal die Agonien einer unrichtigen, fehlgeleiteten Zweisamkeit. Durch Ehe und Kind an ihn geschmiedet, konnte sie diesen Mann nicht lassen. Obwohl er wenig um sie war, klammerte sie sich mit all ihren Gedanken und Erwartungen an ihn, sie wurden zu unsichtbaren emotionalen Fesseln, die er fühlte und die ihn noch weiter von ihr wegtrieben. Aber gleichermaßen wuchs ihr Drang, ihn zu besitzen und ›seine Frau‹ zu sein. Der instinktive starke Freiheitswille von früher war zu einer verzweifelten Sehnsucht geschrumpft, der Sehnsucht, all dem an einer großen sorgenden Hand zu entrinnen, einer, die sie hinwegführen sollte, und sei es gegen ihren eigenen Willen. Aber es fehlte ihr die Kraft, sich selbst an der Hand zu nehmen, wie paralysiert machte sie sich immer tiefer abhängig. Es kam zu Szenen zwischen ihr und Udo, und vielleicht war es in dieser Zeit, daß er sie zu schlagen begann. Auch das tat er nur in betrunkenem Zustand und von seiner eigenen Verzweiflung überwältigt. Er war vom plötzlichen Familienleben überfordert, wollte sich nicht vereinnahmen lassen und kämpfte dennoch mit Verantwortungsgefühlen. Er sah sie leiden und konnte es nicht ertragen. Deshalb schrie er sie an oder lief davon.

Eine Begebenheit aus der Zeit ihrer wilden Zwiste wurde ihr vor kurzem von Udo selbst wieder in Erinnerung gerufen. Er scheint an dieser kleinen Geschichte zu hängen, hat sie im Lauf der Jahre häufig mit Begeisterung erzählt, wenn er jemandem die ungewöhnliche Beziehung schildern wollte, die sie beide in ihren Ehejahren – trotz allem – auch verband. Im Besuchsraum des Gefängnisses beschwor er sie jetzt nochmals, diese Episode in ihren Erinnerungen nicht zu vergessen. Gut, sagte sie, und beide lächelten einander an.

Eines Nachts also, nachdem er sie mit quälenden Vorhaltungen bis aufs Blut gereizt hatte, lief er wieder einmal einfach davon. Schloß die Wohnungstür hinter sich, und weg war er. Da sah sie plötzlich rot. Ja, sie fühlte das Blut hinter ihren Augen toben und klopfen, fühlte, wie ihre Vernunft sich auflöste. Sie griff nach einem Gewehr, das sich in der Wohnung befand, und lief ihm hinterher, wohl willens, ihn zu ermorden. Da sie gerade dabei gewesen war, sich auszukleiden, trug sie zu diesem Zeitpunkt nur noch einen schwarzen Seidenunterrock und schwarze Strumpfhosen. Also folgte Udo eine lautlose Gestalt durch das hohe, altertümliche Stiegenhaus, eine Frau in schwarzer Unterwäsche und mit vor Wut kreidebleichem Gesicht, das Gewehr im Anschlag. Er hörte nur ihr leises Keuchen und das ganz feine Schleifen von Seide, es machte ihn jedoch darauf aufmerksam, daß sie ihm folgte. Er beschleunigte seine Schritte, war knapp vor ihr an der Haustür, wischte hinaus und schloß ab. Dann starrte er grinsend durch die Fensterlücke aus dickem Bleiglas, die in das alte, schwere Tor eingelassen war, zu ihr herein. Keuchend stand sie im Inneren des schwach erleuchteten Hauses. Sie sah sein triumphierendes Gesicht, verlor den letzten Rest von Verstand und stieß den Gewehrkolben mit aller Kraft durch die Glasscheibe. Erstaunlicherweise gelang ihr das trotz ihrer dünnen Arme – wohl die Kraft des Wahnsinns! Mit tosendem Geklirre fielen die schweren Glasbrocken zur Erde. Udo sprang kurz zurück, näherte sich dann verdutzt der zertrümmerten Fensterlücke, und sie schauten einander erstaunt und ernüchtert in die Augen. Plötzlich begannen sie beide zu lachen. Er schloß die Tür auf, kam herein und nahm sie in die Arme. Innig umschlungen, stiegen sie gemeinsam wieder hinauf.

Tags darauf, als sie einträchtig die Wohnung verließen, trafen sie vor dem Hauseingang empörte Hausbewohner, die ihre Köpfe schüttelten und die zerstörte Glasscheibe beklagten. Ebenfalls kopfschüttelnd, gingen sie beide an den Leuten vorbei, brummten etwas von »So ein Vandalismus« und schauten einander mit glitzernden Augen an.

Trotzdem blieb die auf diese Weise wiedererstandene Einigkeit und Versöhnlichkeit nicht von langer Dauer. Es überwog weiterhin das Trennende, das unaufhebbar aus ihrer beider Jugend, Unerfahrenheit und Gegensätzlichkeit resultierte.

Zudem prägte die sechziger Jahre – weit deutlicher als heute – eine fatale Männerdoktrin, der sich junge Männer fast gegen ihren eigenen Willen unterwerfen mußten. Es ging einfach nicht an, bei Frau und Kind zu sein, sie lieb zu haben und sich ihrer Gesellschaft zu erfreuen. Nein, das war eines wahren Mannes nicht würdig. Ein wahrer Mann zog einsam mit seinen ebenso einsamen Freunden durch nächtliche Lokale, und es war seine Pflicht, jedes aufkreuzende weibliche Geschöpf zu umwerben und in sich verliebt zu machen. Sogar, wenn er lieber mit seiner kleinen Tochter gespielt oder daheim im warmen Ehebett ruhig geschlafen hätte – das ging nicht an. Es war ein ungeschriebenes Gebot, sich seiner Familie zu schämen und sie zu meiden. An den Gasthaus- oder Caféhaustischen fielen zynische und abwertende Worte über heimisches, häusliches Leben, und dann widmete der rauhe, einsame Held sich bis zum Exzeß seiner Freiheit.

Ab und zu, wenn Udo sie dennoch irgendwohin ›mitnahm‹, beobachtete sie diese Verhaltensmuster an der Situation anderer gleichaltriger Ehepaare. Denn trotz der Ablehnung ehelicher Fesseln wurde in dieser Zeit und in diesen Kreisen heftig geheiratet, wurden viele Kinder in die Welt gesetzt. So saß sie also an Udos Seite im Café Hawelka, und einige seiner Freunde hatten ebenfalls ihre Gefährtinnen bei sich. Sie betrachtete schweigend die ebenfalls schweigenden Frauen, deren leidgeprüfte Gesichter und blasses Lächeln, während Männergespräche sie umgaben. Auch miteinander sprachen die Frauen nicht, ein kurzes Nicken und Begrüßen war meist alles. Wenn ein hübsches, junges, ›neues‹ Mädchen an den Tisch trat oder von einem der Männer mitgebracht wurde, sah sie witternde Unruhe die weiblichen Augen verdunkeln und schämte sich gleichzeitig ihrer eigenen Irritation. Der Umstand, wie ein Hündchen, das ein wenig Auslauf braucht, mitgezerrt zu werden, dann wortlos, lauschend und kaum zur Kenntnis genommen an einem

Caféhaustisch, zwischen anderen eingezwängt, Gesprächen zuzuhören, die sie nicht wirklich interessierten, und sich, ähnlich einem Regenschirm, in Besitz gebracht, mitgenommen, dann wieder nach Hause verfrachtet zu fühlen, beschämte und quälte sie. Gewiß deswegen konnte sie das – an dieser Sachlage eher schuldlose – Café Hawelka nie richtig leiden. Und heute noch, wenn sie es betritt, überfallen die Gerüche nach warmen Buchteln, das freundliche alte Jungmädchengesicht der Frau Hawelka, die zeitunglesenden oder flüchtig aufblickenden Besucher sie wie zurückkehrende Lähmungserscheinungen. Sie muß sich erneut versichern, daß sie frei und beweglich geworden ist. Heute noch.

An der Ecke Weyrgasse/Landstraße-Hauptstraße befand sich damals das ›Eos‹, eines der vielen lokalen Kinos, die später an Besuchermangel starben. Und da ein häuslicher Fernsehapparat noch lange nicht zur Norm gehörte und sie keinen besaß, ging sie häufig ins Eos-Kino, wenn ein angekündigter Film sie interessierte. Sie mußte nur eine Jacke überwerfen und die wenigen Schritte über die Gasse zurücklegen, sich bei der keksekauenden Kassiererin eine Karte lösen und saß dann meist fast allein, in den Kinosessel geschmiegt, vor einem Geschehen, das sie ihrer eigenen Welt entzog. Diese Kinobesuche waren ihr auch Ersatz für das schauspielerische Leben, das sie kaum noch führte. Sie ließ sich Geschichten erzählen, glitt in andere Charaktere und Träume, ging wieder so ins Kino wie als Kind. Lernte wieder die Traurigkeit kennen, wenn der Film endete und sie in der alten, verglasten Aufzugskabine durch das halbdunkle Stiegenhaus zu ihrer Wohnung hochratterte. Dann sah sie nach der schlafenden Anna, küßte sie leise und schob die Bettdecke höher, sprach vielleicht ein paar Worte mit dem jeweiligen Kindermädchen, besprach den morgigen Tag, machte zwischen den roten Badezimmermöbeln ausführlich Toilette, legte sich unter all den schwarzen Nonnen und hellen Landschaften allein zu Bett, las ein wenig, drehte bald das Licht ab und wünschte nichts so sehr als Empfindungslosigkeit und einen abgrundtiefen Schlaf. Oder daß Udo heimkäme, ohne getrunken zu haben, mit sanften braunen Augen und belebenden, liebevollen Worten. Daß diese Liebe wieder so würde, wie sie ihr früher erschienen war, einzigartig und himmelstürmend.

Für den Sommer 1963 erhielt sie das Angebot, bei den Bregenzer Festspielen zu arbeiten. Es war eine Aufführung, die das Burgtheater in der Herbstsaison in seinen Spielplan übernehmen sollte. Sie sagte sofort zu, obwohl das Stück – *Franziskus* von Max Zwieg – sie nicht begeisterte. Josef Meinrad spielte den Franz von Assisi, sie selbst die heilige Clara. Regie führte der Schauspieler Paul Hoffmann, und er setzte der frommen Sentimentalität des Bühnenwerks zumindest eine klare, sachliche Bühnenlösung entgegen. Er ließ die Schauspieler im Halbrund auf einer Art Chorgestühl sitzen und ihre Texte statisch präsentieren. Zum ersten Mal trug sie auf der Bühne Nonnenkleidung, eine Tracht, in die sie noch mehrmals schlüpfen sollte. (Sogar im Fernsehen, Jahre später, als ›Schwester Bonaventura‹, die einen Kriminalfall löst ... Das Publikum mochte sie als Nonne.)

Sie reiste also nach Bregenz, ohne Anna mitzunehmen. Das Kind blieb in der Pflege von Kinderfrau und Großmüttern, und sie war nach langer Zeit wieder einmal sich selbst überlassen. Sie wohnte im ›Hotel Post am See‹, nahe dem Wasser, so ruhig, wie heute, der Durchfahrtsstraßen wegen, niemand mehr dort wohnen würde. Bregenz besaß damals noch die Stille einer ländlichen Kleinstadt, die Festspiele standen erst in ihren Anfängen.

Sie probten – und spielten später – im Bregenzer Landestheater. Wenn sie keine Proben hatte, lag sie auf dem warmen hölzernen Dach der alten, in den See hinausgebauten Badeanstalt und ließ ihren Körper von der Sonne bräunen. Karl Mittner, ein Schauspieler des Burgtheaters, leistete ihr herzlich bewundernd dabei Gesellschaft. Er nannte sie ›seinen Goldfasan‹ – nennt sie übrigens auch heute noch so – und tat ihr, ohne es zu wissen, Gutes damit. Jede arglose Zuneigung tat ihr gut.

Am 21. Juli schrieb sie an Diego:

Ich ertrage Bregenz besser, als ich dachte. Aber ich bin seltsam leer und stumm, auf eine angenehme Art. Ich denke an mein Kind – es ist wie ein kleiner Schmerz – aber ich bin weit von ihm entfernt, und weiß nicht mehr ganz genau, wie es aussieht. Der Ring an meinem Finger nützt nicht allzu viel, also ist es höchstwahrscheinlich meine Art, die die Menschen dazu bringt, mich anzulächeln wie ein Mädchen.

Sie schöpfte also wieder Atem, indem sie Arbeit zu leisten hatte und von Menschen umgeben war, die ihr nichts anderes abforderten als spielerische Gegenwart. Gestärkter kam sie nach Wien zurück, zumindest seelisch. Ihr Körper war immer noch zu dünn, so als hätte die Magersucht ihrer frühen Jugend sie nochmals ereilt. Aber sie kämpfte dagegen an und zwang sich zu essen.

Da sie als heilige Clara auch angesichts der Kritiken nicht versagt hatte, bekam sie bald eine nächste Aufgabe zugeteilt. Ihr lieber und ihr gewogen gebliebener Rudi Steinboeck besetzte sie in *Schnee*, einem Stück des flämischen Autors Paul Willems, eine versponnene, herbe Geschichte. Und es war ihre erste Bühnenbegegnung mit Paula Wessely. Diese spielte die Hauptrolle, eine wirre, halbverrückte Frau, gespenstisch und boshaft. Sie spielte faszinierend – mit Händen wie verstörte Vögel, flatternden Löckchen um das blasse Gesicht, im seidenen Umhang, dessen Rascheln ihre fahrigen Schritte begleitete.

(Leider nahmen die Kritiker – wie so oft Totengräber – Anstoß an dem Faktum, daß ›eine Paula Wessely!‹ eine boshafte und teilweise auch unsympathische Figur spielte. Für immer raubten sie der Frau dadurch den Mut, sich anders auszuloten. Ab nun war sie in ihren Rollen nur noch ›sympathisch‹.)

Sie selbst spielte in *Schnee* ein verwahrlostes, geschundenes Geschöpf, was gut zu ihrer Magerkeit paßte. Mit wilden Haaren rund um ihr blaßgeschminktes Gesicht, in rauhen Röcken unter dem zerschlissenen Mieder konnte sie außerdem viel Zeit auf der Bühne verbringen, ohne zu sprechen. Die Rolle wirkte nicht durch Text, sondern durch lautlose Präsenz. Und diese Forderung wiederum entsprach ihrem Vorrat an Energie. Sie mußte sich nicht kraftraubend nach außen hin erregen, die Kraft ihrer inneren Vibrationen reichte aus. Also gelang ihr mit dieser Figur wieder ein kleiner persönlicher Erfolg.

Mit höchster Aufmerksamkeit verfolgte sie die schauspielerische Arbeit der Wessely, aber sie war noch zu scheu, um mit dieser ringenden, verletzlichen Frau ins Gespräch zu kommen. Die anderen Mitwirkenden waren allesamt freundliche Leute – Liewehr, Michael Janisch, Inger, Dallansky, Anders, Gautier –, und sie konnte sich wieder einmal eines phantasievoll fröhlichen Schauspielertons befleißigen. Da sie ihn lange vermißt hatte, tat sie das jetzt sehr bewußt. Sie wußte, daß diese Ausflüge, tief hinein ins Schauspielermilieu, ihr in dieser Zeit das Leben retten würden.

Von Herzen lieb gewann sie die kleine, kauzige Melanie

Horeschovsky. Trotz ihres Alters schien sie ihr stets die Jüngste im Kreis zu sein, und sie beide – Melanie ebenfalls in Lumpen, mit wirr in die Stirn fallendem weißem Haar – standen oft nebeneinander auf der Bühne herum. Wenn der flinke Blick aus ihren kleinen blitzenden Augen zu ihr herüberhuschte, sah immer ein lebensbejahender, vergnügter Mensch sie an. Und reizte sie mit diesem Blick zum Lachen. Eine Szene des Stückes geriet dadurch nahezu aus den Fugen. Die zerlumpten Schauspieler hatten eine Art Tanz aufzuführen, kreisförmig zur Mitte gewendet, und dabei a capella ein Lied zu singen, das bei den Worten »Schnee-ee ... Schnee-ee ...« in einem lange anhaltenden Ton mündete. Bei jedem »Schnee-ee« mußten alle die Arme hochwerfen. Überraschend von Melanies erheitert funkelndem Blick dabei getroffen, verlor sie eines Abends die Fassung. Sie mußte sich das Lachen verbeißen und konnte das »Schnee-ee« nicht mehr mitsingen, der traurige Chor wurde so um eine Stimme ärmer. Die Lachlust verbreitete sich jedoch im Lauf der Vorstellungen so rapide, daß schließlich nur noch stumme Menschen ihre Arme reckten, und statt »Schnee-ee ... Schnee-ee ...« leises Prusten zu den Zuschauern drang. Um der Vorstellung wieder Form zu geben, beschloß man, einander nicht mehr anzusehen. Aber sie *sah* Melanies Blick vor sich, auch wenn sie sie nicht ansah, die hervorblitzende, freche Munterkeit in den kleinen tiefliegenden Augen ... Bis zum Ende der Aufführungen blieb sie schwer gefährdet, bei diesem Rundtanz in haltloses Lachen auszubrechen.

Viele Jahre später sollte Melanie Horeschovsky sich ihr wieder als junggeblieben und unbekümmert ins Bewußtsein schreiben. Es war in der Zeit ihrer eigenen missionarisch-politischen Bestrebungen, als nur eine erste Ahnung von politischen Zusammenhängen sie gestreift hatte und sie sofort und naiv ihr Handeln davon bestimmen ließ. Später sollte sie wissender werden und sich vor hinfälliger, rein emotionaler politischer Äußerung hüten, die nur zu Aggression und Vereinnahmung führt. Anfangs jedoch gab sie glühenden Herzens viele und zum Teil lächerliche Impulse. Zum Beispiel: das Burgtheaterensemble ein revolutionär angehauchtes Friedenslied singen zu lassen! Trotz ihres recht absurden Ansinnens kam jedoch ein Chor zustande, ein erstaunliches Ergebnis, und Burgschauspieler sangen lauthals bei einem Friedenskonzert: »Der Tag ist nah ...«, ein kindlich-visionärer Text aus ihrer Feder, der rührend den Glauben an die Menschheit beschwor. Und in der vordersten Reihe stand die kleine, schon sehr alte Melanie mit ihrer schlohweißen Haartolle, das nämliche Blitzen in den Augen, und sang aus voller Kehle! So sehr sie das ganze Unterfangen nachträglich wehmütig belächelt – dieses Bild wird sie nie vergessen und auch nicht den angstfreien Elan dieser Frau.

Mit langsamen, kleinen Schritten kam sie also wieder auf ihren beruflichen Weg zurück. Sie ergab sich jetzt völlig dem Schauspielerberuf, legte auch ihr jugendliches Revoltieren dagegen ab. Es lag ihr mehr und mehr daran, in die erste Schauspielergarnitur aufzusteigen, ehrgeizige Gedanken, die sie früher nicht gehabt hatte. Und Nichtigkeiten konnten sie maßlos verletzen und irritieren. So kam Udo eines Tages lachend nach Hause und erzählte, er habe bei einem Heurigen das Gespräch am Nebentisch belauscht. Und da seien Schauspieler gesessen und hätten plötzlich über sie gesprochen. Und einer hätte sie zynisch ›die Duse aus Floridsdorf‹ genannt. Statt ebenfalls darüber zu lachen, empfand sie eine Mixtur aus Groll und Demütigung.

Derartiges sollte ihr noch häufig widerfahren, aus immer

anderem äußerem Anlaß. Der Inhalt blieb derselbe. Er setzte sich zusammen aus verletztem Selbstwertgefühl, quälendem Ehrgeiz, der Empfindung, die eigenen Fähigkeiten würden nicht adäquat wahrgenommen und anerkannt, und der Sehnsucht, geliebt zu werden, möglichst von der ganzen Welt. Es sind dies die üblichen Triebfedern zum Erfolg, und sie hat sie weidlich kennengelernt. Aber auch weidlich unter ihnen gelitten. Jetzt weiß sie, daß auch die Abhängigkeit vom eigenen Erfolgsstreben eine der möglichen Höllen auf Erden ist.

Im Frühjahr 1964 übernahm sie wieder eine Rolle von Martha Wallner, die Marie in Büchners *Woyzeck*, in einer Inszenierung von Erich Neuberg. Er, der hochbegabte und sensible Regisseur, prägte damals auch die ersten – und teilweise hervorragenden – österreichischen Fernsehspiele. Unter seiner Ägide war es jetzt, daß sie zu Fernseharbeiten von einiger Qualität herangezogen wurde. Walter Davy inszenierte *Das vierte Gebot* von Anzengruber, sie spielte mit Helmut Qualtinger und Kurt Sowinetz, und wieder ein armes, abgenütztes Geschöpf, dem ihre eigene körperliche Reduziertheit gut anstand. Und sie genoß es vor allem, die Szenen mit dem Sowinetz zu spielen, es war ihrer beider erstes Zusammentreffen. Denn immer wieder trafen sie in den späteren Jahren zusammen, und sehr oft bei guter Theaterarbeit. Sie hat ihn, wie fast alle, als ›Kurti‹ tief ins Herz geschlossen, er war der genialste und unprätentiöseste Schauspieler, den man sich denken konnte. Als sein Tod ihn 1990 aus dem Ensemble von Gorkis *Kinder der Sonne* riß, tat es weh, ohne ihn weiterspielen zu müssen. Aber das Stück stand noch für Jahre auf dem Spielplan des Akademietheaters, und die Wunde schloß sich. Wie das Theater überhaupt am eindrücklichsten beweisen kann, daß jede

Wunde, die ein Verlust uns schlägt, bereit ist, sich wieder zu schließen.

Nicht lange danach bot man ihr in einer Fernsehadaption von Tschechows *Die Möwe* die Rolle der Mascha an, wieder eine dieser herben und dunklen Figuren, wie sie ihr derzeit lagen. Wen sie bei der Arbeit im Studio schweigend, aber glühend bewunderte, war Erich Schellow, der den Trigorin spielte. Seine ruhige Noblesse, die Schönheit seiner Sprache, und vor allem sein Gesicht zogen sie magisch an. Sie fand, er hätte das schönste Männergesicht, das sie jemals sah. ›Warum ist *er* kein großer Filmstar geworden?‹ fragte sie sich immer wieder, denn in ihren Augen besaß dieser Mann die Klasse eines Cary Grant oder Gregory Peck. Vielleicht hätte es ihn gefreut, wenn sie ihm das je gesagt hätte, aber sie war zu schüchtern, es zu tun.

Diese frühen Fernseharbeiten fielen in eine Lebensphase, die sie wie schlafwandelnd durchschritt. Und das, obwohl sie sich dem Realen weitgehend ergab. Oder war für sie das eine mit dem anderen unterirdisch verbunden? Konnte sie auf den Verlust ihrer selbstbestimmten und traumerfüllten Welten nur antworten, indem sie ihre Wahrnehmungsfähigkeit zum Teil aufgab? Ein Teil von ihr schien zu schlafen.

Sie spielte in einer Wiederaufnahme nochmals die Lady Mortimer in Shakespeares *König Heinrich IV.* und in Molières *Der Geizige* die Elise. Wolfgang Liebeneiner führte bei letzterem Regie, der Harpagon war Joseph Offenbach. Und den Cleante gab ein gutaussehender junger Schauspieler mit fröhlichem Temperament namens Dieter Klein. Als er später Selbstmord beging, bestürzte sie gerade die Erinnerung an seine lebensbejahende Fröhlichkeit. Zum ersten Mal wurde ihr die geheimnisvolle Einsamkeit bewußt, die jeden Menschen umgibt, und das Auseinanderklaffen von äußerem Anschein und innerer Befindlichkeit auch bei einem anderen.

Sich selbst verbarg sie immer gekonnter. Beruflich funktionierte sie und flüchtete gerne in ihre Rollen. Deshalb auch ihre heutige These, daß nur ein schwach ausgeprägtes Eigenleben einen zum wirklichen Schauspieler werden läßt, zum Schauspieler mit Leib und Seele. Man muß sich tatsächlich hingeben. Und sie gab sich hin, als sie mit ihrem Leib und ihrer Seele uneins war, als beides sie quälte. In diesen Jahren wurde ihr die Flucht in ein anderes Geschick, in ein aus der Imagination realisiertes Leben lebensnotwendig. Sie verkroch sich gerne in die Gewänder und Worte einer Person, die nicht sie selbst war, und sie konnte nicht ahnen, daß genau diese Mischung aus Verhaltenheit und Hingabe, innerer Starre und äußerer Exaltation sie späterhin dazu prädestinieren würde, aus sich eine weibliche Kunstfigur machen zu lassen, eine sogenannte Femme fatale, und daß sie als solche ihr ängstliches Herz würde überzeugend verbergen können.

Noch weniger konnte sie ahnen, daß diese Art von schützender Maskierung und all die schauspielerischen Abhängigkeiten und Deformierungen sie Jahrzehnte später, als über fünfzigjährige Frau, mit Schauder erfüllen würden. Daß sie den Rest ihres Lebens unerschütterlich bei sich selbst bleiben würde, als dem Auge, dem Fenster hin zu allem, was sie umgab. So sehr, daß man sie oftmals ›Selbst-Darstellerin‹ nannte. Sie lehnte sich gegen diese Bezeichnung nicht auf. ›Gut so‹, dachte sie, ›lieber das als weiterhin und endlos die Darstellerin von Rollen. Lieber auf gutem Fuß mit mir selbst als auf der Jagd nach guter Meinung über mich. Lieber mich selbst ermächtigen, als Machtinstrument für etwas anderes zu werden. Lieber nie wieder Instrument in anderen Händen sein.‹

Im Februar 1964, knapp vor ihrem fünfundzwanzigsten Geburtstag, schrieb sie einen ihrer letzten Briefe an Diego – danach verstummten auch diese schriftlichen Äußerungen, obwohl sie ihn bis zu seinem Tod immer wieder sah, besuchte, mit ihm telefonierte. Sie schrieb mit großen schwarzen Buchstaben.

Was für eine herrliche Zeit war uns doch beschieden. Sie steht so leuchtend vor meinen Augen, und ich danke Gott – ich danke Dir. Wie vieles kann ich jetzt erst erkennen und ermessen. Deine Güte! In und bei allem.

Es gibt kaum Liebende, die so gut zueinander sind, wie wir es waren. Und die einander so belassen. Das weiß ich jetzt. Wohl auch, weil ich jetzt die Ehe kenne, in der es oftmals schwer wird zu lieben.

13

Jahre später stand sie an einem hohen Eckfenster und schaute über den Garten hinweg bis hinein ins Tullner Feld. Tiefe Stille umgab sie. Nicht so sehr die Stille vor dem Sturm, aber doch die Stille vor einer einschneidenden Veränderung. Und sie wußte es plötzlich. Wußte, daß alles sich verändern würde, daß sie hinter sich lassen mußte, was sie jetzt umgab. Nicht schnell, nicht morgen. Aber es würde geschehen.

Von der Donau her zogen Wolken über die Felder und auf ihr Fenster zu, sie stauten sich bereits an den Flanken der waldigen Hänge, und erste Regentropfen fielen. Auf der Dorfstraße hörte sie jetzt die Stimmen spielender Kinder, sicher war Anna unter ihnen. Sie würde am Abend nochmals nach Wien fahren müssen, da sie eine Vorstellung zu spielen hatte, aber es machte ihr nichts aus. Die ruhigen Fahrten auf den wenig befahrenen Straßen gaben auch ihr Ruhe. Sie hatte Autofahren gelernt, um diesen geschützten, nur ihr gehörenden Raum um sich zu haben, der sie gleichzeitig ohne fremde Hilfe von Ort zu Ort brachte. Das eigene Auto bedeutete ihr in dieser Zeit viel, bedeutete Selbständigkeit, Entwischenkönnen, eine ihr untertane Energie und einsame Nachdenklichkeit.

Das Auto hatte auch möglich gemacht, daß sie nahe bei Wien ein ländliches zweites Domizil aufgeschlagen hatten.

Um genauer zu sein – Udo schlug es auf, und sie und Anna zogen immer wieder für Monate dorthin. Sie wußte, daß ihre Abwesenheit ihn erleichterte, daß er sie und das Kind gern in Distanz zu seinem eigenen Wiener Leben hielt. Aber auch das machte ihr nicht mehr viel aus, manchmal staunte sie über ihre eigene Gelassenheit, die nur ein wenig bitter schmeckte. Manchmal war ihr, als hätte sie ihn losgelassen.

Sie mochte die Stuben und Räume, die sie hier gemietet hatten, sie mochte die Ausläufer des Wiener-Waldes, Wiesen und Waldungen, die die Hügel hinter dem Haus bedeckten und in die sie mit Anna oft hinaufstieg – oder wollte das alles irgendwie mögen. Gleichmütig und ergeben nahm sie die aufgezwungene Ländlichkeit hin und tat so, als wäre es ihr eigener freudiger Wille, hier zu sein.

Aber immer wieder stand sie plötzlich still und horchte in sich hinein, horchte auf etwas, das sich in ihr zu formulieren begann. Es schien ohne ihr Dazutun zu geschehen, und sie hörte nur zu. ›Du wirst weggehen‹, hieß es da, ›du bist auf dem Weg und wirst niemals an ein Ziel kommen. Weil du einen Weg suchst und nicht sein Ende. Weil nur du dich halten kannst und nichts und niemand sonst. Weil du dich erlernen mußt, um langsam leben zu lernen. Weil du noch eine Menge vor dir hast und viel ungenutzte Jugend in dir. Du wirst weggehen, deshalb beeile dich nicht. Wenn es sein soll, wird man dich laut genug rufen.‹

Der Wind trieb die Wolken immer heftiger auf sie zu, es regnete leicht in ihr Gesicht. Plötzlich aber brach die sinkende Sonne durch einen Riß des Gewölks und färbte die Ebene vor ihren Augen schwefelgelb. Die Bäume des Gartens rauschten in den Windstößen.

Mit beiden Handflächen strich sie die Regentropfen von ihren Wangen und schloß das Fenster.

Der Fluß der Jahre umspült ihr gegenwärtiges Bewußtsein, wie fließendes Wasser eine eintauchende Hand umspült. Einiges hält an, staut sich kurz – anderes zieht schnell und ungehindert vorbei.

Aber auch ein geometrisches Bild drängt sich auf. Die unzähligen Punkte von Gegenwart wurden zu einer Linie, die im Jetzt endet und sich dennoch Punkt um Punkt verlängert. Der Ursprung dieses linearen Lebensweges versinkt bereits hinter den Horizonten des Faßbaren, die Spur verblaßt.

Solange wir uns erinnern, herrscht Leben. Vergessen ist Sterben.

Ist Tod vor der Zeit.